伊勢神宮と出雲大社

「日本」と「天皇」の誕生

新谷尚紀

JN053779

講談社学術文庫

はじめに

本書は、伊勢神宮の創祀《そうし》と出雲大社の創建、そして天皇という日本王権の存続、という大きな問題に対して、柳田國男《やなぎたくにお》を中心として折口信夫《おりくちしのぶ》の参加のもとで創生された日本民俗学、つまり民俗伝承学の視点から、一定の仮説を提出してみるものである。柳田も折口も、その民俗学の中心的な課題として日本の神とは何か、という問題を追い続けた。そして、その成果は、祖霊論やまれびと論として広く知られている[1]。筆者もその二人には遠くおよばないものの、日本の民俗学の解読方法を活用しながら、ケガレの逆転からカミが生まれる、という拙論を提示している[2]。しかし、その分析視点は神々の誕生のメカニズムという理論的な問題に関するものであり、具体的な神社の創祀についての事例研究ではなかった。

伊勢神宮の創祀という問題は、日本の歴史と文化を考える上でもっとも重要な問題の一つであり、文献史学の立場からこれまで膨大な研究蓄積がある。しかし、具象と抽象の両界にわたる現象を解析する必要があるはずの、この伊勢神宮の創祀という深遠なテーマの場合には、柳田や折口のような深い歴史視界をもつ日本民俗学の参加による研究の推進も必要ではないか。そう考えて、日本民俗学、つまり民俗伝承学の視点から、あらためて『古事記』や『日本書紀』、また『隋書』などの文献史料と、これまでに発掘されている考古学的な遺物資料などの諸資料が伝えているところの、多様な伝承情報を広く比較論的に整理し分析してみることによって、新たな学説を提示してみたい。

これから本書ではじめる長い論旨の展開の過程で、読者にとっての理解に混乱や負担を招くことのないように、あらかじめ結論として得ることができた要点をここで最初に述べておくことにする。この結論に疑義があるとされる立場の読者も、賛同の意をもたれる読者も、きびしい鑑識眼をもって以下の叙述に監査の眼を向けていただき、このテーマに関する研究がさらに深まることを切望するしだいである。

詳細な結論は終章で述べるが、要点は以下のとおりである。

第一に、もっとも重要であり、最初に確認しておかなければならないことは、倭《わ》に代わる「日本」という国号、大王《だいおう・おおきみ》に代わる「天皇」という称号、これらの成立がいずれも、七世紀後半の天武《てんむ》・持統《じとう》朝においてであったという事実である[3]。そして、その天武・持統朝において成立した「日本」と「天皇」に対して、その存立の基礎であり基盤であったのが、伊勢神宮という神社の創建であった。

第二に、その伊勢神宮の創祀の歴史についての結論は、以下のとおりである。
伊勢神宮の創祀にむけては、推古《すいこ》朝における日神《ひのかみ》祭祀、斉明《さいめい》朝における出雲の祭祀世界の吸収、持統朝の社殿造営と行幸、という三つの画期があった。確実な伊勢神宮の造営は天武二年（六七三）四月の大来皇女《おおくのひめみこ》（大伯皇女）の泊瀬《はつせ》の斎宮《さいぐう》への参籠《さんろう》から翌三年（六七四）一〇月の伊勢への出発の段階である。持統六年（六九二）の伊勢行幸に際して社殿の造営が完了していたことは確実である。それは律令制的な税制度のもとでの伊勢神宮の造営であり、新益京《しんやくのみやこ》（藤原京《ふじわらきょう》）という新たな都城の造営と対をなす国家的事業であった。政治権力の基盤としての「律令制と都城制」、これに対応する宗教権威の基盤としての「神祇《じんぎ》制と官寺制」、という律令国家の体系のもとで、その神祇制の中核としての意義をもつ伊勢神宮の造営と祭祀が完備されたのである。天照大神《あまてらすおおみかみ》のモデルとなったのは高天原広野姫天皇《たかまのはらひろのひめのすめらみこと》をその諡号《しごう》とする持統天皇であった。それまでの倭国に代わる「日本」という国号も、大王に代わる「天皇」という称号も、この天武・持統朝において成立したのであり、まさにそれは現代にまでつながる日本国家の出発点としての意義をもつものであった。

伊勢神宮（上、神宮司廳提供）と出雲大社（下）

　第三に、ただし伊勢神宮の創祀の意味は、このような歴史的な事実関係の追跡からだけでは重要な点が見えてこない。記紀になぜ出雲神話が存在するのか、しかもなぜそれがもっとも重要な意味をもっているのかという難問がのこる。その問題も含めて、出雲大社の祭祀と対をなすものととらえるとき、はじめて大和王権の祭祀世界が見えてくるのである。そこで、〈外部〉としての出雲、という概念設定が有効な分析視点を与えてくれる。そして、以下の諸点が指摘できる。

　天武と持統の大和王権を守る装置として位置づけられたのが、伊勢と出雲という東西の海に面した両端の象徴的霊威的存在であった。王権神話で政治は皇孫に、神事は大己貴神《おおなむちのかみ》にとの分業を語るとともに、同時に、朝日（日昇）―夕陽（日没）、東方（対外的安全領域たる太平洋に臨む海辺）―西方（対外緊張の場であると同時に人材・文物の来流する日本海に臨む海辺）、太陽―龍蛇、陸（新嘗祭《にいなめさい》）―海（神在祭《かみありさい》）、陽―陰、現世（顕世）―他界（幽世）、という対照性のコスモロジーの中に位置づけられる関係性であった。七世紀末から八世紀初頭にかけて成立した天武・持統の大和の超越神聖王権とは、〈外部〉としての出雲の存在を必要不可欠とした王権であった。出雲の祭祀王にとっての龍蛇神祭祀とは毎年繰り返される外来魂の吸収儀礼であり、一方、大和の祭祀王が大嘗祭《だいじょうさい》に先立って執行する鎮魂の祭儀も外来魂の吸収儀礼である。そのような外来魂の吸収という呪術的霊威力の更新の儀礼と信仰を大和の王権が獲得しそれを内部化することができたのは、出雲の祭祀王権との接触によってであり、〈外部〉としての出雲、の設定によってであった。

　第四に、その後の展開である。九世紀から一〇世紀にかけて、それまで祭祀王と世俗王の二つの属性を具備していた古代の天皇が祭祀王に純化し、その一方で、摂関家という新たな世俗王が登場する。幼帝清和《せいわ》天皇《てんのう》の即位と藤原良房《ふじわらのよしふさ》の摂政就任がその一つの画期であった。

その結果、それまで〈外部〉として異様な霊威力で大和王権を支えてきた出雲の存在が必要でなくなった。そして、出雲は神々の原郷、神々のふるさとへとその位置づけを変えていく。それを牽引したのは和歌の世界であった。平安中期以降、大国主神《おおくにぬしのかみ》や大己貴神の国ではなく、黄泉比良坂《よもつひらさか》、伊賦夜坂《いふやさか》の向こうにある伊弉冊尊《いざなみのみこと》の国、そしてその母神を慕って天下った素戔嗚尊《すさのおのみこと》の鎮座する国、それが出雲国だと考えられるようになり、素戔嗚尊は同時に和歌の始祖と考えられるようになった。そこから、全国の神々が母神や兄神への孝養のために出雲に参集されるのだという伝承が中世にいたって生まれたのであった。

第五に、祭祀王として純化した天皇というのは、第一の倭の五王の時代の「大王」の誕生、第二の天武・持統朝における超越神聖王権としての「天皇」の誕生につづく、第三の祭祀王に純化した新しい「天皇」の誕生であった。その「新しい天皇」にとって、鎮魂の祭儀が絶対に不可欠の王権儀礼となった。その鎮魂の祭儀とは、四つの段階、つまり外来魂を集めるむすひ（産霊）、その外来魂を天皇の身体に定着させるたまふり（鎮魂）、そうして内在魂となった天皇の霊魂を増殖させ活性化させるたましずめ（鎮魂）、その天皇の創造力豊かな内在魂を臣民へと分与するみたまのふゆ（皇霊之威・恩頼）、までを含むものである。この天皇と鎮魂の祭儀の関係が形式と実質ともに完成するのは、八世紀初頭の律令国家体制の出発期の神祇令《じんぎりょう》の規定によってではなく、九世紀後半から一〇世紀初頭へかけての貞観《じょうがん》、延《えん》喜《ぎ》の時代であった。神祇令の文言は簡単なものに過ぎず、鎮魂祭の儀礼内容の詳細は史料的には確認できない。それが明らかになるのは貞観から延喜にかけての時期であり、それは世俗王と祭祀王の二つの属性を同時にもちながらもかならずしも安定化していなかった古代天皇のありかたを、純粋な祭祀王へと純化させ、安定化させる過程においてであった。祭祀王への純化と鎮魂祭儀の整備とは構造的に表裏の関係にあり、かつ相互連繫の関係にあったといえる。天皇という存在と機能の基本とは、そのような鎮魂の祭儀による霊魂力（生命力）の不断の更新とその分与にあるのであり、この王権論を普遍化する視点から言うならば、カール・ポランニー（Karl Polanyi 一八八六〜一九六四）の説くところの、王権をめぐる中心性（centricity）と再分配（redistribution）の構造とみることもできる。

目次

伊勢神宮と出雲大社

はじめに……3

第一章　伊勢神宮の創祀

1　従来の学説と、神宮創祀の基本史料……15
2　「神話と歴史」の構成……24
3　歴史の中の伊勢神宮……32
（1）神宮奉祭の起源伝承
（2）推古朝の画期
（3）半島情勢の変化と斉明朝
（4）神宮の成立へ

第二章　〈外部〉としての出雲

1　王権のミソロジー（神話論理学）……101
（1）祭祀王と世俗王
（2）伊勢と出雲
2　出雲世界の歴史と伝承……112

（1）神話と儀礼
（2）出雲大社の創建
（3）出雲の霊威力
3　祭祀王としての天皇……167
（1）聖化する大王
（2）新たな〈外部〉の創生
4　出雲の地位の変化……175

第三章　祭祀王と鎮魂祭
1　新嘗祭と大嘗祭……197
2　鎮魂祭の歴史……199
（1）令制下の鎮魂祭
（2）鎮魂祭の儀礼内容
（3）〈祭祀王〉清和の誕生と鎮魂祭
3　鎮魂祭の解釈……216

終　章　〈日本〉誕生への三段階……221

注……233
あとがき……247
索引……257

伊勢神宮と出雲大社

第一章　伊勢神宮の創祀

1　従来の学説と、神宮創祀の基本史料

先学の諸説

伊勢神宮の創祀というのはじつに大きな問題であり、神社関係者や古代史関係者の間でこれまで多くの研究が行なわれてきている。しかし、それ以外の分野の研究者からの論文は逆に非常に少ないのが現状である。研究者の立場や視点を反映してそれぞれ特徴的な論点が示されているが、以下のような三つの論点にそって整理すれば、それぞれ二つの立場の見解に分類できる。

第一の論点は、天照大神が伊勢に祭られるのがいつの時代かという点である。これには、大別して古いとみる説と新しいとみる説との両者がある。古いとみる説は、たとえば田中卓《たなかたかし》[1]氏に代表されるもので『日本書紀』の崇《す》神《じん》紀・垂仁《すいにん》紀の記事を信頼すべきであるとする説である。歴史年代を比定してそれを三世紀後半から四世紀初頭とみる。新しいとみる説は、たとえば津田左右吉《つだそうきち》[2]は推古朝のころと推定し、直木孝次郎《なおきこうじろう》[3]氏は先行する伊勢の地方神はあった

ものの壬申《じんしん》の乱《らん》に勝利した天武朝においてであろうという。

第二の論点は、なぜ伊勢の地かという問題である。これにも大別して二つの見解がある。一つは伊勢は大和王権にとって伊勢は東国進出の拠点であったからだとみる説であり、もう一つは伊勢は大和からみて東の方角、太陽の昇る方角にあたるからだという説である。田中卓氏は前者で大和朝廷の「皇威の宣布」たる東国進出と関係があるとみる見解に立ち、桜井勝之進《さくらいかつのしん》氏(4)は後者でそれとは関係ないとする見解に立っている。そして、丸山二郎《まるやまじろう》氏(5)や直木孝次郎氏はこの両者を併せる立場をとっている。

第三の論点は、伊勢の地に先行の神社と祭祀があったとみる説とそれはなかったとみる説とである。あったとみるのが瀧川政次郎《たきかわまさじろう》氏(6)、直木孝次郎氏、田中卓氏、田村圓澄《たむらえんちょう》氏(7)などであり、なかったとみるのが桜井勝之進氏である。

つまり、神社史や古代史の重要な問題であるにもかかわらず、この伊勢神宮の創祀という問題は論者によって見解の相違が大きく、じつはまだ十分な検証がつくされてはいないというのが現状なのである(8)。

『古事記』と『日本書紀』

まず指摘しておきたいのは、伊勢神宮の創祀という問題に関する文献史料としては、『古事記』（和銅五年〈七一二〉に太安万侶《おおのやすまろ》により撰上）と『日本書紀』（養老四年〈七二〇〉に舎人親王《とねりしんのう》を総裁とする編纂者集団により撰上）しかない、という事実である。これは重要な事実である。

それ以外の、たとえば延暦二三年（八〇四）三月に度会宮禰宜《わたらいのみやのねぎ》五月麻呂《さつきまろ》、内人神主山代《やましろ》・同御受《みうけ》・同牛主《ごず》らにより神祇官を経て太政官に奏上された解文《げぶみ》である『止由気宮儀式帳《とゆけぐうぎしきちょう》』、また、同年八月に宮司大中臣真継《おおなかとみのまつぎ》、禰宜荒木田《あらきだ》公成《きみなり》、大内人宇治土公《うじどこう》磯部小紲《いそべのおつぎ》らによって神祇官に進上された解文『皇大神宮儀式帳《こうたいじんぐうぎしきちょう》』は、現存する伊勢神宮最古の文献ではあっても、すでに天武・持統朝の神宮祭祀の整備の時点からみれば、はるかに長い時間、つまり一〇〇年以上の時代が過ぎ、また奈良朝の複雑な政治抗争を経たあとの平安朝における記録である。いわゆる天武皇統から天智皇統への転換や、皇親勢力から外戚官僚勢力への転換、などの大きな政治的転換を経たあとの時点における記録である。そこに神宮創祀に関する情報が記されていても、それは多くの利害関係による潤色や創作が加えられているものといわざるをえない。

伝承情報としても、西暦八〇四年の時点で語られ記されている歴史情報に、それよりも一〇〇年、二〇〇年以上も前の確実な史実が記載されている可能性はむしろ少ない。それは、大同二年（八〇七）の斎部《いんべの》（忌部）広成《ひろなり》の撰述とされる『古語拾遺《こごしゅうい》』の記事の場合も同様である。記されている記事に記紀の内容とは異なる伝承がみられるとはいっても、それはすでに一〇〇年近くも後の記録であり、かつ前述のように政治状況も大きく変化した時点での記録情報に過ぎない。『弘仁私記《こうにんしき》』などが引く史料情報も同様であり、同じく鎌倉時代の『釈《しゃく》日本紀《にほんぎ》』関係の記事などもこの問題についての論拠とすることはできない。

つまり、伊勢神宮の創祀を語る情報資料としては、八世紀初頭の律令国家体制の成立期に編纂撰上された『古事記』と『日本書紀』しかないのであり、それ以外の文献はここでは除外すべきであると考える。むやみに後世の関連文献の情報には惑わされない、という情報解読の上での基本的な視点の重要性をまずは提案しておきたい。

では、その『古事記』と『日本書紀』とはどのような文献であるのか。まず注意しておいてよいのは、家永三郎《いえながさぶろう》氏が『日本書紀』の解説で述べているように、[9]『日本書紀』は、その成立直後から講書が開始され、その後もつねに古典として重んじられてきて、古写本にも八世紀にさかのぼるものがあり、その数も『古事記』のそれに比べてはるかに多い[10]のに対して、『古事記』は久しく後人の注目を引かず、一八世紀に入って本居宣長《もとおりのりなが》がその価値を力説するまで古典として重視されることはなかったという事実である。つまり、『古事記』は現存の古写本も一四世紀の真福寺《しんぷくじ》本《ぼん》以前には、また現に知られている註釈の試みも一三世紀の卜部《うらべ》兼文《かねふみ》の「古事記裏書」より以前にさかのぼるものは見いだせない状態である。[11]

もちろん『古事記』の古典的価値の高さはその言語をはじめ内容の上でもいうまでもない。しかし、『日本書紀』と比べると、その伝来については不明の部分が多い書物であるということは考慮しておく必要がある。また、『古事記』の筆録者である太安万侶が、一方では『日本書紀』の編修に参加したと諸書は伝えるが、それについては疑問が残る。つまり、その太安万侶が参加したという記事が見えるのは、弘仁四年（八一三）の多人長《おおのひとなが》の撰になる『日本書紀』の講書の講義録『弘仁私記』の序においてが初見である点、また、『日本書紀』

がまったく『古事記』を無視している点、同様に『古事記』も『日本書紀』の編纂事業についてその序などでまったく言及していない点、そして、多人長自身に太安万侶と同じ多（太）氏としての同族的な系譜意識と顕彰意識がうかがえるという点、などからの疑問である。それらの事実からはむしろ、多人長撰の『弘仁私記』序において、太安万侶が史書の編纂に当たったという伝承が九世紀初頭に存在した、という意味でそれなりに貴重な情報といえるだけである。そして、伝世の来歴に不明な点の多い『古事記』にとってそれが貴重な情報の一つである、というレベルにとどめておくべきである。

一方、『日本書紀』の編纂については、天武一〇年（六八一）に始まり元正天皇《げんしょうてんのう》の養老四年（七二〇）に完了したというのが通説である。『日本書紀』天武一〇年（六八一）三月丙戌条に「天皇御于大極殿、以詔川嶋皇子・忍壁皇子・広瀬王・竹田王・桑田王・三野王・大錦下上毛野君三千・小錦中忌部連首・小錦下阿曇連稲敷・難波連大形・大山上中臣連大嶋・大山下平群臣子首、令記定帝紀及上古諸事。大嶋・子首親執筆以録焉」とある記事と、『続《しょく》日本紀《にほんぎ》』養老四年（七二〇）五月条に「先是、一品舎人親王奉勅、修日本紀。至是功成奏上。紀卅巻系図一巻」とある記事とを根拠に、その間、約四〇年間の長期におよんだ編纂事業であり、多くの人物がその編纂に関わったものと考えられている。

しかし、この通説自体にも疑問の余地があることを確認しておきたい。記事をそのまま読むならば、天武一〇年の「帝紀及上古諸事」の記録はまもなく中臣連大嶋《なかとみのむらじおおしま》と平群臣子首《へぐりのおみこびと》によって執筆されてそれはいったんは「録焉」ということになっている。その史書とは何であったのか。そして、元正天皇の養老四年（七二〇）の「紀卅巻系図一巻」の奏上は、その前の『続日本紀』の元明天皇の和銅七年（七一四）二月戊戌一〇日の「詔従六位上紀朝臣清人、正八位下三宅臣藤麻呂、令撰国史」という記事と関連するものと思われる。通説にもこのように疑問点が残っていることをひとまずは確認しておくことにしたい。(12)

『日本書紀』の区分論

膨大な分量の『日本書紀』の成立に関してこれまでの研究でその全三〇巻の編纂上の区分論が提示されている。ここで参考にするのは表1にみる区分論である。

これは遠山美都男《とおやまみつお》氏が整理した表であるが、(13)とくに重視したいのは、そのもととなった森《もり》博達《ひろみち》氏によるα群とβ群という二分類、すなわちα群が先行し、それに続いてβ群の編纂が行なわれたとする編纂順序の想定である。(14)

α群は、中国語の原音によって仮名が表記されており、文章も正格の漢文で書かれており、原資料を尊重しながらあくまでも中国語で撰述されているのがその特徴だという。それに対して、β群は、歌謡と訓注の仮名が倭音《わおん》で表記されており、中国語の原音で読むと日本語の音韻がまったく区別不能で、文章も倭習に満ちており、漢語や漢文の誤用や奇用ばかりで正規の漢文とはほど遠いというのである。

そして、森氏はα群の執筆者は渡来人（中国人）で、β群は倭人（日本人）であっただろうと推定している。この森氏のα群とβ群という二分類の有効性は、表1にもみるように、

表1　日本書紀区分論

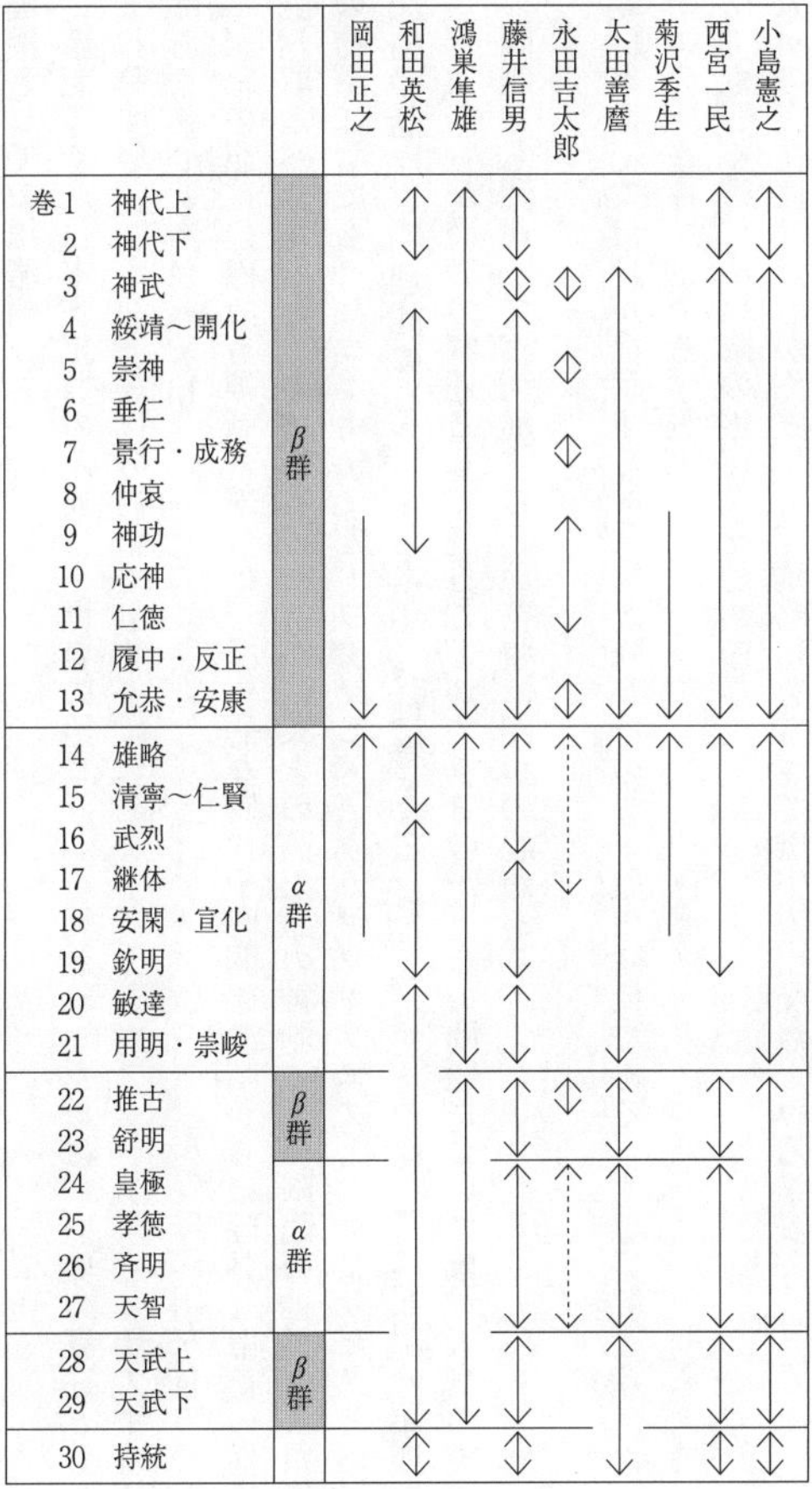

従来の多くの研究者の区分論ともよく符合するところであり、これからの本書の立論の上でも十分に依拠できる学説であると考える。

『古事記』や『日本書紀』の記述は、世界の始まりから説かれるために、歴史の叙述として読まれやすい。しかし、神代の物語であるイザナギ・イザナミやアマテラス・スサノオの物語はあくまでも神話であり、歴史として読むべきではない、と説いたのは津田左右吉である[15]。記紀の記述の内でも神話の部分は、歴史的な時代や時間の範疇《はんちゅう》からは除外してその構成を読み取るべきだというのである[16]。たしかに天上の高天原《たかまがはら》の神話や天孫降臨の神話、また地上の物語にしても、ヒコホホデミとトヨタマヒメ、ウガヤフキアエズとタマヨリヒメとの異類交婚の話など物理的にもそのまま史実とは考えられない物語である。では記紀の記述の内、どこからが歴史の叙述として読むことができるのか。この問題については、天皇の実在性の問題とも関連して、大別すると現在では四つの説がある。

(1)『日本書紀』自身が提示する神武紀《じんむき》以降がそのまま歴史時代であるとする見解[17]。
(2)崇神の実在性を認める学説[18]。
(3)応神《おうじん》もしくは仁徳《にんとく》以降の実在性を認める学説[19]。
(4)天皇の実在性はともかくとして、雄略朝《ゆうりゃく》をもって歴史の出発点とみる学説[20]。

この四つの見解のうち、(2)の崇神の実在性については古代史研究者の間でも意見の分かれるところであるが、(3)の仁徳の実在性についてはほぼ認定されているといってよく、現行の日本史教科書にもその記載がみられる。

しかし、ここで重視したいのは歴史の画期を雄略朝におくという(4)の学説である。なぜなら(4)の学説の論拠がもっとも明確だからである。その論拠は、①和風諡号のオオハツセノワカタケ（紀＝大泊瀬幼武、記＝大長谷若建命）の独自性、②その名前が『宋書倭国伝《そうじょわこくでん》』の武《ぶ》と通じ、四七八年に「上表文」を提出してその事跡を述べていること、③埼玉県稲荷山古墳《いなりやまこふん》出土鉄剣銘（獲加多支鹵大王）と、熊本県江田《えだ》船山《ふなやま》古墳出土大刀銘（獲□□□鹵大王）のワカタケルと通じており、具体的な大王としての実在性が認められる、④『万葉集』や『日本《にほん》霊異記《りょういき》』や『新撰姓氏録《しんせんしょうじろく》』など古代の文献ではいずれも雄略とその時代が特別な位置を占めており、しかも『日本書紀』の暦日も雄略紀から元嘉暦《げんかれき》[21]を使用している、⑤前述のように日本書紀の区分論からみてα群に属して最初に編纂が着手されたのが雄略朝の事跡であったと考えられる、という五点である。つまり、雄略紀以降の『日本書紀』の記事には一定の歴史性を読み取ることができるが、それ以前については、史実の伝承と創作の伝承とが混在しているものとみる必要がある。

ただし、西暦六七二年の壬申の乱で勝利した歴代二八代めとされる天武天皇の時代からすれば、一四代めの天皇とされ、西暦四七八年の中国南朝の宋への遣使と上表文とで知られる雄略の時代は、約二〇〇年も前である。その約二〇〇年間の歴史叙述には、『古事記』序文のいう「削偽定実《さくぎじょうじつ》」、つまり創作や脱落等々が多くあると考えられる。とくにそれ以前の神武から安康《あんこう》までのβ群の記事に対してはさらに注意深く読み取る必要がある。

2 「神話と歴史」の構成

神話から歴史へ――単純な直線的構成

『古事記』と『日本書紀』とは、前者が和文、後者が漢文、前者が公的な国史ではないのに対して、後者は公的な国史であるという点、そして、記事内容に多くの相違点があり、その相違自体が貴重な歴史情報を発信していながらも、基本的な神話と歴史の叙述の順序、及び歴代の天皇の順序については両者が一致しているという点では、これまでの古代史研究者の諸説が一致しているところである。そして、その編纂目的が、律令法体系にもとづく新しい国家体制とそれに君臨する天皇という王権の正当性と正統性を、神話と歴史の中に説くために編纂された書物であるという点でも諸説の一致するところである。

では、天皇という王権の由来、国土の由来は両書ではどのように説かれているのだろうか。その構成の特徴はといえば、じつはきわめて単純な、いわゆる直線的な構成であるという点である。つまり、①天上界における神の子としての天皇の祖先たる男子の誕生、②その天孫の地上への降臨、③初代天皇の大和への東征と即位、④大和の王権の安定化、⑤国土の平定、⑥半島の経略へ、という発展物語である。一方、神代の神話は『日本書紀』では天地《てんち》開闢《かいびゃく》から素戔嗚尊《すさのおのみこと》の八岐大蛇《やまたのおろち》退治までが前半、国譲りから天孫降臨、そして神武誕生までが後半、と上巻と下巻からなっている。この神代の伝承情報は多様であり、編者が選定した本

表2　『日本書紀』神代の構成

巻1　神代　上		
第1段	天地開闢	一書6
第2段	イザナギ・イザナミ	一書2
第3段	神世七代という呼称	一書1
第4段	イザナギ・イザナミによる島生み	一書10
第5段	三貴神誕生	一書11
第6段	天照とスサノオの誓約による三女神と五（六）男神	一書3
第7段	天岩戸	一書3
第8段	八岐大蛇	一書6
巻2　神代　下		
第9段	国譲りと天孫降臨	一書8
第10段	海幸彦と山幸彦	一書4
第11段	カムヤマトイワレヒコの誕生	一書4

文とは別に一書の類があり、少ない場合は一、多い場合は一一で、多くは三から六の一書の伝承を併記している。しかし、基本的な物語の展開は同じである。

王は神の子――誓約の御子と男女間の御子

記紀の記す神代というのは上代、つまり古代とはまったくちがった観念である、神代とは歴史上のある時代をさすのではない、神代は観念上の存在であり事実上の古代のある時代ではない、と指摘したのは津田左右吉である[22]。天上の高天原や天孫降臨の話など物理的には考えられない物語が記されているのも、それがあくまでも観念上の存在だからである。しかし、記紀はこの「神話と歴史」を一連のものとしてつなぐかたちの叙述態度をとっている。そして、この神代の物語が語ろうとしているもっとも重要な内容とは、天照大神という神が子を生みその神の子が天皇の祖先となるという話である。ただし、天照大神が生む最初の神の子の誕生は世俗的な男女の関係によるものではない。天照大神と素戔嗚尊との誓約《うけい》により、剣と玉とを物実《ものざね》として、それぞれを天《あまの》真名井《まない》に濯《すす》いで吹く息吹の狭霧《さぎり》の中に五柱（一書第三では六柱）の男神、三柱の女神が生まれる。その第一男子がアメノオシホミミである。次いでそのアメノオシホミミと、高皇産霊《たかみむすびの》尊《みこと》の女子タクハタチヂヒメとの間に男子ニニギノミコトが生まれる。このニニギが天照大神の孫つまり天孫と称される男子であり、彼は男女の両親の間の子として生まれている。

天上から地上へ――国譲りと天孫降臨

次は、そのニニギの天孫降臨の物語である。ここに、高天原と葦原中国《あしはらのなかつくに》の別、国作りと国譲り（出雲）、天孫降臨（筑紫《つくし》・日向《ひむか》）、の神話、が配置されている。それについては後述することとして、その後の展開をみてみると、それは地上での神話である。まず、天上から降臨した天孫ニニギと地上の山の神の大山祇神《おおやまづみのかみ》の女子コノハナサクヤヒメとの間に男子ヒコホホデミが生まれる。次いでそのヒコホホデミと海神《わたつみ》の女子トヨタマヒメとの間に男子ウガヤフキアエズが生まれる。そのウガヤフキアエズと叔母でありやはり海神の女子タマヨリヒメとの間にカムヤマトイワレヒコが生まれる。[23]

時間と空間の設定――神武東征と即位

そのカムヤマトイワレヒコはよき地をもとめて日向から大和へと東征し、橿原宮《かしはらのみや》で即位して初代の神武《じんむ》天皇《てんのう》となる。これは地上における大和という地理的な特定地点の由来を説明する物語である。ここで最重要の主題は、神話から歴史への転換、すなわち人間としての神武天皇という存在の位置づけである。そして、もう一つが現実的な空間的地理と時間的年代の設定である。時間については天孫降臨から一七九万二四七〇年余が経過したといい、東征の開始の年を「是年、太歳甲寅」とし、出発の日を「冬十月丁巳朔辛酉（五日）」とし、橿原宮に即位した神武一年を、辛酉年の正月庚辰の朔《ついたち》（西暦への換算では紀元前六六〇年）としている。空間については、出発地を九州の日向として瀬戸内海を通過し浪速《なにわ》、河内《かわち》から紀《き》州《しゅう》へと旋回して熊野《くまの》から大和の東部山中の菟田《うだ》に出てそこから西方に向かって大和盆地へ入る、という地理的関係を設定している。

　ここで重要なのは大和盆地という現実的な王権発祥の土地であり、出発地の日向は神話的な構成の産物にすぎないという点である。先の一七九万二四七〇年余という時間が歴史時間として虚構であるとするならば、同時にこの日向という空間と地理も神話的な構成によるものである。それは、『日本書紀』第九段の天孫降臨の一書（第二）で、天孫降臨の地が「筑《つく》紫《し》の日向《ひむか》の」高千穂《たかちほ》のクジフル峯《たけ》であるといい、『古事記』でも同様で、さらに「此地《ここ》は韓《から》国《くに》に向ひ、笠沙《かささ》の御前《みさき》を真木《まき》通《とほ》りて、朝日の直刺《たださ》す国、夕日の日照る国なり、故、此地は甚《いと》吉《よ》き地《ところ》」と表現されていることからも明らかである。「筑紫の日向の」橘《たちばな》の小戸《おど》の檍原《あわきはら》に至りまして、という言いかたは、三貴神の誕生を記す『日本書紀』第五段の一書（第六）でも、『古事記』でも同じくみられる表現であり、この「筑紫の日向の」という表現こそが重要な伝承である。その筑紫は具体的な地名であり、日向はその筑紫における神話的な太陽信仰に関連する呼称である。それに現実上の日向国《ひゅうがのくに》という地理的認識が与えられたのは国郡制などが整備されたのち、記紀編纂の最終段階のことであったと考えられる。つまり、一七九万二七四〇年余という時間と、日向《ひむか》という空間とは、現実の時間と空間ではなく、まだ神話の中での情報と考えるべきものなのである。

また、神武の正妃で綏靖《すいぜい》の母とされる姫蹈韛五十鈴姫《ひめたたらいすずひめ》は、事代主神《ことしろぬしのかみ》が八尋熊鰐《やひろのわに》に姿を変えて三嶋溝橛耳神《みしまみぞくいみみのかみ》の女子玉櫛姫《たまくしひめ》のもとに通って生まれた子であり、そこにはまだ神話の要素が強く残っており歴史物語とはいえない。津田左右吉の指摘のように、物語の構成として神代と人代とを連続させるためにその間の境界は「ぼかされる」のであり、神代の終わりの部分に人代的要素を加えるとともに、人代の始めの部分に神代的着色を施して交互にいくぶんかの融合をさせているのである。

大和での王権樹立と神祇の祭祀——崇神と垂仁

神話的な要素を残しながらも初代天皇として具体的な大和の橿原宮に即位した神武は、ハツクニシラススメラミコトと称された。そして、それに続いて現実的な大和の宮都における王権の物語が始められるのが、もうひとりのハツクニシラススメラミコトと称された崇神の段階であり、それに続く垂仁と景行《けいこう》である。物語の構成からして、最初に大和に入って即位する天皇とその大和の宮都を拠点として統治を始める天皇と、ハツクニシラススメラミコトは必然的に二人が必要だったのである。まず、崇神と垂仁の物語で最重要の主題は、大和における王権の行使と神祇祭祀の整備である。崇神紀に記されているのは次の通りである。

①皇祖神の天照大神を皇女豊鍬入姫命《とよすきいりひめのみこと》に託《つ》けて倭の笠縫邑《かさぬいのむら》で奉祭する、しかし、これは完結せず垂仁の事跡の中に引き継がれる。大和の国魂である倭大国魂神《やまとのおおくにたまのかみ》を皇女渟名城入姫《ぬなきいりひめの》命《みこと》に託けて奉祭する、しかし、これも不可能でこのあと市磯長尾市《いちしのながおち》に託される。

②王権の守り神である大物主神《おおものぬしのかみ》の倭迹迹日百襲姫《やまとととびももそひめ》への神憑《かむがか》りと大田田根子《おおたたねこ》による奉祭、市磯長尾市による倭大国魂神の奉祭。この①と②は王権にとって必須の神祇祭祀の整備の物語である。

③墨坂神《すみさかのかみ》と大坂神《おおさかのかみ》の奉祭、これは大和盆地の東西の守りを地理的に固める意味をもつ。

④武埴安彦《たけはにやすひこ》の謀反と鎮圧、これは今後もくりかえされる皇位継承争いとその処理の最初の例である。なお、戦いの場としてここに那羅山《ならやま》が出てきており、この奈良盆地北方の乃楽山《ならやま》と東方の墨坂とは繰り返し登場するが、その点については後述する。

⑤大物主神と倭迹迹日百襲姫の神婚と御諸山《みもろやま》と箸墓《はしはか》にまつわる伝説。これは神代や神武の物語でも語られてきた三輪山をめぐる神話の一変形であり、前述のような神話と歴史の境界領域における神話的要素の残存例である。

⑥四道将軍《しどうしょうぐん》の発遣、これは王権の領域拡大への序章であり、後の景行と日本武尊《やまとたけるのみこと》の物語へと引き継がれる。

⑦出雲の神宝の献上と出雲振根《ふるね》の誅伐、これも垂仁紀へと引き継がれる。

次に垂仁紀であるが、そこでは、①新羅《しらぎ》の王子の天日槍《あめのひほこ》の来朝、②狭穂彦王《さほびこのみこ》の謀反、③野見宿禰《のみのすくね》の伝承、④皇子誉津別王《ほむつわけのみこ》の伝承、⑤天照大神を倭姫命《やまとひめのみこと》に託けての伊勢への奉祭、⑥出雲の神宝検校、⑦殉死の禁止と埴輪の伝承、⑧石上神宮《いそのかみじんぐう》の神宝の伝承、⑨天日槍の神宝の伝承、⑩田道間守《たじまもり》と常世国《とこよのくに》の伝承、がつぎつぎと語られている。これらにおいては、崇神からの神祇祭祀の整備という主題が継続している。

列島の東西への領土拡大——景行と日本武尊

次の景行と日本武尊の物語は全国への領土拡大が主題である。景行の九州巡幸が語られ、つづいて日本武尊の熊襲《くまそ》討伐と東国遠征の物語へと展開している。その東国遠征に関連して語られているのが伊勢神宮と倭姫命であり、草薙剣《くさなぎのつるぎ》と熱田社《あつたしゃ》である。そして、伊勢神宮に献上された東国の蝦夷《えみし》たちの御諸山への移住とその後の播磨《はりま》ほか五国への移住と彼らが佐伯部《さえきべ》の祖となった話が語られている。この日本武尊の東国遠征の物語において辺境の地として、「上総《かずさ》」から「陸奥国《むつのくに》」に入ったと記されているが、実際は現在の関東地方の範囲である常陸国《ひたちのくに》の新治郡《にいはりぐん》や筑波山《つくばさん》のあたりまでであり、それ以北へとはおよんでいなかった点も注目される。

半島経略へ——仲哀と神功

仲哀《ちゅうあい》と神功皇后《じんぐうこうごう》の物語は、景行に続く九州征圧から展開して半島へ向けての経略の物語である。角鹿《つぬが》（敦賀《つるが》）の笥飯宮《けひのみや》（気比神宮）から穴門豊浦宮《あなとのとゆらのみや》へと移り、海を渡って新羅に軍勢を進めて三韓の征圧と服従と朝貢へと至る話である。これは神託による遠征であり、神祇の教えと皇祖の霊《みたまのふゆ》を蒙りながら、荒魂《あらみたま》と和魂《にぎみたま》の加護によることが強調されている。そして、国内的には忍熊王《おしくまのみこ》の反逆、角鹿（敦賀）の笥飯大神（気比神宮）の奉祭が語られている。また、神祭りにおける武内宿禰《たけのうちのすくね》、半島交渉における葛城襲津彦《かつらぎのそつひこ》のような皇后の近くに仕える重臣の存在が語られるようになっている。

直線的な発展物語の完了

ここで、神代から続いた一連の大和王権の神話的な歴史物語は完了するかたちとなっている。そして、この神功皇后の物語を編修した『日本書紀』の編者たちの知識の中にあったのが、『魏志倭人伝』の記事であり、女王卑弥呼《ひみこ》のことであった。『日本書紀』は神功皇后の物語の中で、注記のかたちで「魏志に云《いわ》く」との記事を掲載しており、神功皇后を卑弥呼に擬そうとしていたことがうかがえる。なお、神功皇后の子である応神天皇は実在性が推定されている天皇であるが、物語の構成からみればむしろ神功皇后の物語のあとをうけて神話的な内容を引き受ける存在となっている。それは、武内宿禰や葛城襲津彦のような天皇の近臣の活躍の物語と、弓月君《ゆづきのきみ》や阿直岐《あちき》や王仁《わに》や阿知使主《あちのおみ》など高い技能をもつ渡来人の来朝の伝承である。したがって実在性からいえば、応神は神話的な神功皇后の分身的な存在であり、その実在性は薄い。実在性が認められる『宋書倭国伝』が倭王の讃《さん》と記す大王はオオサザキ、つまり仁徳天皇である可能性が高い。

3　歴史の中の伊勢神宮

(1) 神宮奉祭の起源伝承

崇神紀・垂仁紀からの情報

伊勢神宮の創祀についての記述としては、『日本書紀』の伝承と『古事記』の伝承とがある。まず『日本書紀』の伝承について確認してみる。

崇神六年の記事が最初である。天照大神と倭大国魂の二柱の神を天皇の大殿の内に並べ祭っていたが、神の勢いを畏れて共に住むこと安からず、ということで、天照大神を皇女の豊《とよ》鍬入姫命《すきいりひめのみこと》に託けて倭の笠縫邑《かさぬいのむら》に祭ることとして神籬《ひもろぎ》を立てた。一方、日本大国魂神は皇女渟《ぬ》名《な》城入姫命《きいりひめのみこと》に託けて祭らせたが、渟名城入姫命の髪が落ち身体が痩せ衰えて祭ることができなかった。

次いで、垂仁二五年三月一〇日の記事である。天照大神を豊耜入姫命《とよすきいりひめのみこと》から離して倭姫命に託けた。倭姫命は大神を鎮め坐《ま》させん処を求めて、菟《う》田筱幡《だのささはた》に詣《いた》る。そこからさらに還って近江国に入り、続いて東方の美濃国をめぐり、そこから南方の伊勢国へと到った。そのとき、天照大神が倭姫命に誨《おし》えていわれるには、「是の神風の伊勢国は、常世の浪の重浪帰《しきなみよ》する国なり。傍国《かたくに》の可怜《うま》し国なり。是の国に居らむと欲《おも》ふ」と。そこで、大神の誨《おし》えにしたがい、その祠《やしろ》を伊勢国に立て、斎宮を五十鈴《いすず》の川上に興《た》てた。これを磯宮《いそのみや》という。すなわち天照大神が初めて天より降《くだ》られた処である。

これが伊勢神宮に天照大神を祭る原点としての物語である。しかし、『日本書紀』は注記のかたちでもう一つの異伝を記している。それは以下の通りである。

垂仁天皇は倭姫命を天照大神の御杖として貢奉《たてまつ》った。そこで倭姫命は天照大神を磯城《しき》の厳《いわ》橿《かし》の本《もと》に鎮め坐せて祠《まつ》った。しかし、のちに神の誨《おし》えのままに丁巳の年の冬十月の甲子の日に、伊勢国の渡遇宮《わたらいのみや》に遷しまつった。

これが伊勢神宮創祀の垂仁紀の異伝であるが、この異伝では続いて次のような記事を伝えている。

倭大神が穂積臣《ほづみのおみ》の遠祖大水口宿禰《おおみなくちのすくね》に著《かか》って誨えていわれるには、「太初《もとはじめ》の時に期《ちぎ》りて曰《のたま》はく、天照大神は悉《ことごとく》に天原を治《しら》さむ、皇御孫尊は専に葦原中国の八十《やそ》魂神《みたまのかみ》を治さむ、我は親ら大地官《おおつちのつかさ》（大和の土着の神霊）を治さむ」ということであった。それなのに、先の崇神天皇は神祇を祭られはしたもののこの源根《もと》を探らずに枝葉にとどまったためにその寿命は短かった。そこでいまあなたが先皇の不及《かけたること》を悔いて祭れば寿命は長く天下も太平であろう、と。そこで倭大神を渟《ぬ》名《な》城稚姫命《きわかひめのみこと》に託して祭ったが、その身体が痩せ弱り祭ることができなかったので、結局、大倭直《やまとのあたい》の祖、長尾市宿禰に祭らせることとなった。

つまり、この異伝は倭大国魂神の祭祀についてのより詳しい情報である。そして、神祇祭祀の整備の上では崇神紀の物語と垂仁紀の物語とがワンセットで不可分の関係にあることを知らせてくれるものである。これらはいずれも神話的物語であり、たとえばこの渟名城入姫命（渟名城稚姫命）の衰弱化の話題と、のちに天武天皇の皇女で斎宮として立てられながらも直前に急死した十市皇女《とおちのひめみこ》の話題に一定の共通性が認められるなど、後世の事件を反映して構想された可能性のある神話も含まれており、これらの崇神紀・垂仁紀の記事内容がそのまま歴史時代的な史実の情報とは認めがたい。成務紀から安康紀までの長期間にわたる斎宮の記事の欠落もこの想定を支持する。

斎宮奉祭の伝承

伊勢神宮の天照大神の祭祀の特徴の一つは、皇女がその御杖代《みつえしろ》、斎宮として奉祭するという点である。その始めは崇神皇女の豊鍬入姫命と垂仁皇女の倭姫命の記事であるが、『日本書紀』ではその後、どのように記されているか確認してみる。

それらの記事を整理してみた表3から指摘できるのは以下の四点である。

(1)雄略紀、継体紀、欽明紀の記事はいずれも皇女の誕生の記事に注記的に記されているのみであり、その実体性は認めがたい。

表3　斎宮奉祭関係記事

景行20年	2月4日	五百野皇女を遣して天照大神を祭らしむ。
雄略1年 3年		稚足姫皇女、更の名は栲幡姫皇女を生めり。是の皇女伊勢大神の祠に侍り。 栲幡姫皇女、姦淫妊娠、五十鈴川の川上に神鏡埋めて経死。虹が蛇のように四、五丈ばかり、虹の立つところを掘って皇女の屍を得た。腹の中に水あり水の中に石あり。
継体1年（507）		荳角皇女を生めり。是伊勢大神の祠に侍り。
欽明2年（541）	3月	磐隈皇女（更の名は夢皇女）、初め伊勢大神に侍へ祀る。後に皇子茨城に姧されたりけるによりて解けぬ。
敏達7年（578）	3月5日	菟道皇女を以て伊勢の祠に侍らしむ。即ち池辺皇子に姧されぬ。事顕れて解けぬ。
用明即位前紀（585）		酢香手姫皇女を以て伊勢神宮に拝して日神の祀に奉らしむ。 是の皇女、此の天皇の時より、炊屋姫天皇の世に逮ぶまでに、日神の祀に奉る。自ら葛城に退きて薨せましぬ。 炊屋姫天皇の紀に見ゆ。或本に云はく、三十七年の間、日神の祀に奉る。自ら退きて薨せましぬといふ。 なお、『上宮聖徳法王帝説』に「須加弖古女王此王拝祭伊勢神前、至于三天皇也」とあるが、推古紀には斎宮の記事なし。
天武2年（673）	4月14日	大来皇女（大伯皇女）を天照太神宮に遣侍さむとして、泊瀬の斎宮に居らしむ。是はまず身を潔めて、稍に神に近づく所なり。
天武3年（674）	10月9日	大来皇女、泊瀬の斎宮より伊勢神宮へ向でたまふ。（朱鳥1年11月帰京、大宝1年12月没）

⑵雄略紀の記す稚足姫皇女《わかたらしひめのひめみこ》はその名前が雄略のワカタケルの女性形で虚構的である。別段の栲幡姫皇女《たくはたひめのひめみこ》の姦淫と妊娠の流言、五十鈴川の川上に神鏡を埋めて皇女は経死し、虹の立つところに皇女の屍が発見されその腹の中から石が見つかった、流言者は石上神宮へと逃亡した、という一連の記事は、一種の伝説的物語と位置づけられる。

⑶欽明紀と敏達紀の皇子による皇女奸淫の記事は雄略紀のそれをなぞった話題挿入であり実体性は認めがたい。

⑷用明紀の記事では、その本文で酢香手姫皇女《すかてひめのひめみこ》を以て伊勢神宮に拝《め》して日神《ひのかみ》の祀《まつり》に奉《つかえまつ》らしめたとあるのに対して、注記の部分で炊屋姫天皇《かしきやひめのすめらみこと》の世におよぶまで奉り、それは「炊屋姫天皇の紀に見ゆ」と記し、また或本《あるほん》には三七年間奉ったとその年数まで記している。その三七年という数字については、用明即位（五八五年）から推古三〇年（六二二）までと推計される。また、参考資料として『上宮聖徳法王帝説《じょうぐうしょうとくほうおうていせつ》』の記事に[26]「須加弖古女王『此王拝祭伊勢神前、至于三天皇也』」とあり、この『　』の部分は注記であるが、長く三代の天皇におよんだとある。その三代とは用明、崇峻、推古と考えられるが、このように用明皇女の酢香手姫による伊勢の斎宮奉仕を歴史的な事実であるとする記事が多く残されている一方で、よく注意してみると、逆にこれらの伝承には疑問点も多いといわざるをえない。

追記された用明紀と削除された推古紀

ここで、問題点を整理してみる。第一に、前述の『日本書紀』の区分論からいえば、先行のα群の用明紀にある注記に、後続のβ群に属する推古紀つまり「炊屋姫天皇の紀に見ゆ」との記事があるのは、ふつうに考えればおかしい。この用明紀の注記はβ群の推古紀の編修よりもあとに記入されたものである、つまり、これらの注記はもとのα群の用明紀にはなかった記事であり、β群の推古紀の編修段階のさらに後の段階で追記されたものということになる。では、それはなぜか。天武・持統朝以降、さらには文武朝以降の編修の最終段階で、用明紀に注記を入れなければならなくなったからである。つまり、酢香手姫皇女の伊勢神宮における日神奉祭が用明朝から推古朝まで継続していたと説明しておきたかったのである。伊勢神宮に拝して日神の祭祀に奉じる皇女の存在の継続性の主張である。そこから逆にクローズアップされてくるのは、推古朝にこそ日神奉祭の記事が存在していたのではないかという可能性である。またその一方における、用明紀から天武紀までの約一世紀におよぶ斎宮奉祭の記事の欠落という事実であり、その期間の長さである。つまり、用明朝における酢香手姫皇女の斎宮奉仕の伝承にはその実体性は薄いということになる。

　そして、さらに問題であるのは、この「豊御食炊屋姫天皇《とよみけかしきやひめのすめらみこと》の紀に見ゆ」という記事がじつはそれらの注記の部分だけでなく、本文にもみられるということである。それは厩戸皇子《うまやどのおうじ》が推古朝に東宮として天皇事《みかどわざ》をしたという記事の部分である。その記事もα群の用明紀にはなかった記事であり、β群の推古紀の編修のさらに後の段階で追記された記事であるということになる。すると、本文にある酢香手姫皇女の斎宮の記事もあとから追記された可能性があるということになる。つまり、用明紀における①厩戸皇子の推古朝における東宮と天皇事の記事、②酢香手姫皇女の伊勢斎宮の記事、この①②の二つは、α群に属するもとの用明紀にはなかった記事であり、後続したβ群の推古紀の編修よりも以後に追記されたものと考えられるのである。

第二に、その用明紀の注記の部分、つまりβ群の推古紀の編修のあとから記入されたその注記に、酢香手姫皇女の伊勢神宮における日神奉祭が用明朝から推古朝にまでおよんだことが「炊屋姫天皇の紀に見ゆ」と記している以上、その記事は現在伝えられているβ群の推古紀にはないけれども、天武・持統朝以降の『日本書紀』編纂の段階で編者たちが見たもう一つの推古紀にはあったはずである。つまり、現在のβ群の推古紀以外に、皇女による日神奉祭を記す「もう一つの推古紀」つまり、それはα群の推古紀の可能性もあるのだが、それが存在した、しかし、現在みられるβ群の推古紀ではその部分が削除されているということである。なぜか。それは『日本書紀』の編者たちが、皇女による日神奉祭に関連する記事を推古紀よりも古い時代へ、つまり現在みられる崇神紀・垂仁紀へと移行させたからではないか。推古紀の記事には後述するように『隋書倭国伝』との齟齬《そご》も少なくないが、そのことは、隋の文化に直接触れたことにより大きな変革期となった推古朝に関する『日本書紀』の記事には、さまざまな修正が行なわれた可能性が大であることを示唆している。それらの点については前述の用明紀の追記の問題も含めて、またあとで推古朝の問題を考えるところで検証していくことにしたい。

卑弥呼と倭の五王

ここで、あらためて日本古代史の通説的理解を再確認しておくことにしたい。『魏志倭人伝』（『三国志　魏書　東夷伝倭人条』西晋《せいしん》の陳寿《ちんじゅ》〈二三三〜二九七〉撰）に記録のみえる邪馬台国の女王、卑弥呼については、「鬼道《きどう》を事としよく衆を惑わす」とあり、それが宗教的な王権であったことが知られる。ヒミコというのは、新井白石以来の訓《よ》みぐせであるが、三世紀の洛陽音で訓めばヒムカとしかならないということが、長田夏樹氏（『新稿　邪馬台国の言語』二〇一〇）によって明示されており、「日の巫女」という意味が含まれていた可能性が大である。『日本書紀』の編者はこの『魏志倭人伝』の記事を知っており、前述のように卑弥呼を神功皇后に比定している。史実としては卑弥呼と神功皇后を同一人物とみることはできないが、そこから逆にわかるのは、書紀編纂時には、三世紀半ばの天皇家の祖先にあたるべき王権に関する情報は存在しなかったということである。そして、次の四世紀の日本の王権については、中国側史料がなく、はっきりしたことはわからない。

次いで五世紀になると『宋書倭国伝』（梁《りょう》の沈約《しんやく》〈四四一〜五一三〉撰　四八八年成立）にいわゆる倭の五王の記事がみえる。讃《さん》（応神《おうじん》・仁徳《にんとく》・履中《りちゅう》の三説）・珍《ちん》（仁徳・反正《はんぜい》の二説）・済《せい》（允恭《いんぎょう》）・興《こう》（安康《あんこう》）・武《ぶ》（雄略《ゆうりゃく》）の五人の王である。そのうち、武は雄略天皇に比定される実在の天皇と考えられている。しかし、『日本書紀』の編者たちは『宋書倭国伝』の記事に言及することはなく、その存在を知らなかった可能性が大である。武の「上表文」はその王権の特徴をよくあらわしているが、「昔より祖禰《そでい》躬《みずか》ら甲冑を擐《つらぬ》き、山川を跋渉《ばっしょう》し、寧処《ねいしょ》に遑《いとま》あらず。東は毛人を征すること五十五国、西は衆夷を服すること六十六国、渡りて海北を平ぐること九十五国」云々、というその内容は征服戦争の話題が中心となっており、宗教的な権威や政治的な機構に関する記事はみられない。しかし、「臣が亡考《ぼうこう》済、実に寇讐《こうしゅう》の天路を壅塞《ようそく》するを忿《いか》り、（中略）今に至りて甲を練り兵を治め父兄の志を申べんとす」の記事や、稲荷山古墳出土鉄剣銘の「乎獲居臣、上祖の名は意冨比垝、其の児」云々など、すでに天皇の場合も地方豪族の場合もともにその権威と職能の由来を先祖以来の継承におく系譜意識が共有され強く機能していたことがわかる。そして、稲荷山古墳出土鉄剣銘にみられる「杖刀人《じょうとうじん》」や江田船山古墳出土大刀銘にみられる「典曹人《てんそうじん》」の記事からは、すでに武官的な職掌や文官的な職掌も制度化されてきていたこともわかる。

（2）推古朝の画期

蘇我氏と仏教

古代の大和王権の大王にとって一つの大きな宗教的衝撃が与えられたのは欽明朝の仏教伝来であった。『日本書紀』によれば、そのとき欽明天皇は崇仏と廃仏のいずれにも決めず大《おお》臣《おみ》と大連《おおむらじ》らに下問している。蘇我稲目《そがのいなめ》は崇仏を主張し、物部尾輿《もののべのおこし》と中臣鎌子《なかとみのかまこ》は、「わが国家《みかど》の天下《あめのした》に王《きみ》とましますは、恒《つね》に天地社稷《しゃしょく》の百《もも》八十《あまりやそ》神《かみ》を以て、春夏秋冬、祭拝《まつ》りたまふことを事《わざ》とす」云々として、強硬な排仏を主張した。そして結局、蘇我稲目に授けて試みに礼拝させてみることとした。その後、仏教は、ひとり蘇我氏が稲目から馬子《うまこ》へと篤く崇拝し、とくに馬子は飛鳥寺《あすかでら》（法興寺《ほうこうじ》）を建立したり（崇峻一年〈五八八〉造営開始、推古四年〈五九六〉主要部完成）、それ以前にも大野丘《おおののおか》の北に塔を建て舎利《しゃり》を納めて大会《だいえ》の設斎を行ない（敏達一四年〈五八五〉）、「仏法の初《はじめ》、これより作れり」（敏達一四年）といわれるほどであった。また、次頁の系図にも示すとおり、蘇我氏は、欽明朝以降、推古朝にいたる皇位継承において枢要な外戚の地位を占め、蘇我稲目と馬子の父子が大臣として勢力をもち、仏教信仰とも関連して対新羅政策など半島諸国との外交を掌握する存在でもあった。その蘇我氏がリードしたこの時期に、伊勢神宮の祭祀が創始されたとは考えがたい。先の仏教伝来に関する記事の中で『日本書紀』は「天地社稷の百八十神を以て、春夏秋冬、祭拝りたまふ《おがみ》」とはいいながら、天照大神と伊勢神宮のことにはまったくふれていない。それはまだこの時点では天照大神と伊勢神宮の祭祀が存在しなかった可能性が高いことを示す。

蘇我氏と神祇祭祀

ただし、欽明紀にはやや気になる記事もある。欽明一六年（五五五）二月、百済の聖明王《せいめいおう》が新羅との戦闘で戦死したことを知らせる王子恵《けい》との問答の中で、蘇我卿《まえつきみ》なる人物が王子恵に対して、雄略朝に百済が高句麗に攻められて危機に陥ったこと、天より降臨した建国の神の祭祀をおろそかにしたためであること、神の宮を修理して神霊を祭れば国は栄えるであろうこと、などを述べている記事である。建国の神が天より降臨したといい、神宮の修理をしてその神霊を祭祀すれば国は安まるなどという発言であり、記紀神話に通じる内容を含ん

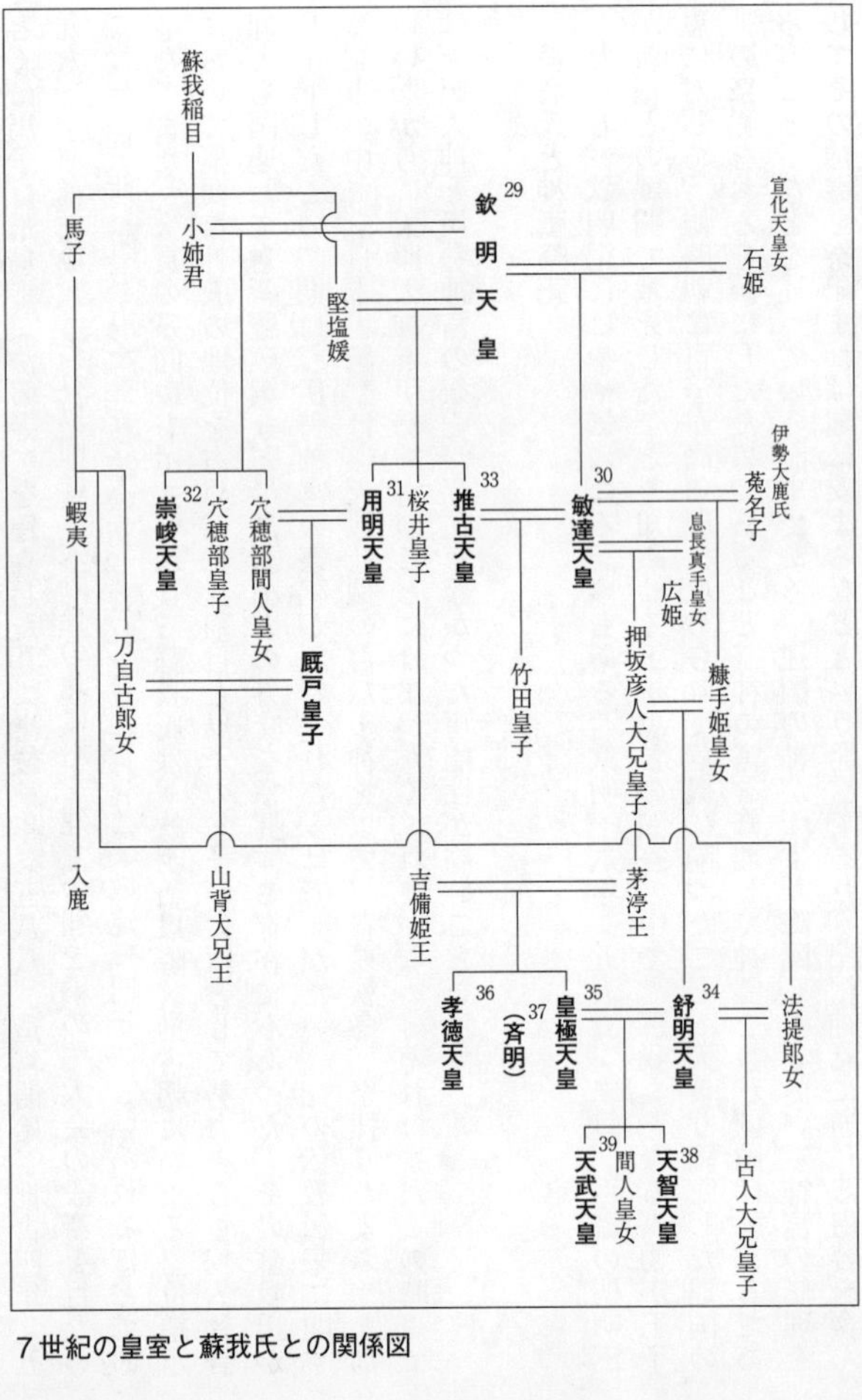

7世紀の皇室と蘇我氏との関係図

である。

いる神祇伯《かみつかさのかみ》も令制下の官職であり、当時のものではないためにこの記事の位置づけは困難

でいる。しかし、蘇我卿の卿は後世の三位以上及び参議の敬称であり、その記事の中に出て

推古朝と日出ずる国

では、前述の用明紀が注記で特記する推古朝について、ここで情報を整理してみる。まず、現在みる推古紀の記事には伊勢神宮に関する記事も斎宮に関する記事も一切みえない。多くは皇太子厩戸皇子と大臣蘇我馬子の話題であり、仏法興隆の記事、そして半島諸国や大陸関係の記事が中心である。では、推古朝とはどんな時代であったのか。ここで『隋書倭国伝』(唐の魏徴《ぎちょう》〈五八〇~六四三〉撰)と『日本書紀』の記す情報を整理してみる。

まず、『隋書』で注目されるのは以下の八点である。

(1)開皇二〇年(六〇〇)の遣使は、『隋書』にはみえるが、『書紀』にはみえない。

(2)倭王の姓は阿毎《アメ》、字は多利思比孤《タリシヒコ》、号は阿輩雞彌《アヘギミ》であった。この姓のアメは天のアメ、字のタリシヒコは足日のタラシヒコ、号のアヘギミは大王のオオキミと考えられる。

(3)倭王は天を兄として、日を弟とする。天がまだ明けないうちに政《おし》を聴き、天が明けて日が出ると理務を停む、とあり、それに対して隋の文帝は大いに義理無しとして訓えて之を改めしめた、とある。つまり、隋の影響により政務を夜明け前から夜明け後へと改変させ、これ

表4　遣隋使関係記事

『隋書』	『日本書紀』
開皇20年（600） 倭王あり、姓は阿毎、字は多利思比孤、阿輩雞彌と号す。使いを遣わして闕に詣る。上、所司をして其の風俗を訪わしむ。使者言う。「倭王は天を以て兄と為し、日を以て弟となす。天未だ明けざる時、出でて政を聴き跏趺して坐し、日出ずれば便ち理務を停め、云う我が弟に委ねむ」と。高祖（文帝）曰く、「此れ大いに義理無し」と。是に於いて訓えて之を改めしむ。……内官に十二等有り、……、軍尼に一百二十人有り、……、其の服飾、……、頭にも亦冠無く、ただ、髪を両耳の上に垂るるのみ、隋に至り、其の王始めて冠を制す。錦綵を以て之を為り、金銀を以て花を鏤め飾りと為す。……気候温暖にして、草木は冬も青く、……、食するに手を用って之を餔う。……。 **大業3年（607）**、其の王多利思比孤、使を遣わして朝貢す。使者曰く、「聞く、海西の菩薩天子、重ねて仏法を興すと。故に遣わして朝拝せしめ、兼ねて沙門数十人、来って仏法を学ぶ」と。其の国書に曰く、「日出ずる処の天子、書を日没する処の天子に致す、恙無きや、云々」と。帝、之を覧て悦ばず、鴻臚卿に謂ひて曰く、「蛮夷の書、無礼なるものあり、復た以て聞する勿れ」と。 **明年（608）**、上、文林郎裴清を遣わして倭国に使せしむ。百済を度り、……。	**推古天皇15年（607）** 秋七月戊申朔庚戌（3日）、大礼小野臣妹子を大唐に遣す。鞍作福利を以て通事とす。……。 **16年（608）** 夏四月に、小野臣妹子、大唐より至る。唐国、妹子臣を号けて蘇因高と曰ふ。即ち大唐の使人斐世清・下客……筑紫に至る。難波吉士雄成を遣わして大唐の客斐世清等を召す。唐客の為に、更新しき館を難波の高麗館の上に造る。 六月（15日）……客等難波津に泊れり。……。爰に妹子臣、奏して曰さく、「臣、参還る時に、唐の帝、書を以て臣に授く。然るに百済国を経過る日に、百済人、探りて掠み取る。是を以て上ることを得ず」とまうす。是に、群臣、議りて曰はく、「夫れ使たる人は死ると雖も、旨を失はず。是の使、何にぞ怠りて、大国の書を失ふや」といふ。則ち流刑に坐す。時に天皇、勅して曰はく、「妹子、書を失ふ罪有りと雖も、輙く罪すべからず。其の大国の客等聞かむこと、亦不良し」とのたまふ。乃ち赦して坐したまはず。 秋八月（3日）……、唐の客、京に入る。……。壬子（12日）に唐の客を朝庭に召して、使の旨を奏さしむ。時に阿倍鳥臣・物部依網連抱、二人を、客の導者とす。是に、大唐の国の信物を庭中に置く。時に使主裴世清、親ら書をもちて、両度再拝みて、使の旨を言上して立つ。其の書

倭王……、其の王、清と〔相見え、大いに悦んで曰く、「我れ聞く、海西に大隋礼義の国有りと。故に遣わして朝貢せしむ。我れは夷人、海隅に僻在して、礼義を聞かず。是を以て境内に稽留し、即ち相見えず。今故らに道を清め館を飾り、以て大使を待つ。冀くは大国維新の化を聞かんことを」と。清、答えて曰く、「皇帝、徳は二儀に並び、沢は四海に流る。王、化を慕うの故を以て、行人を遣わして来らしめ、此に宣諭す」と。	に曰く「皇帝、倭皇を問ふ。使人長吏大礼蘇因高等、至でて懐を具にす。朕、宝命を欽び承けて、区宇に臨み仰ぐ。徳化を弘めて、含霊に……故、鴻臚寺の掌客裴世清等を遣して……。是の時に、皇子、諸王、諸臣、悉に金の髻花を以て頭に着せり。……。 九月辛巳（11日）唐客裴世清、罷り帰りぬ。則ち復小野妹子臣を以て大使とす。吉士雄成をもて小使とす。福利を通事とす。唐客に副へて遣す。爰に天皇、唐の帝を聘ふ。其の辞に曰はく「東の天皇、敬みて西の皇帝に白す。使人鴻臚寺の掌客裴世清等至りて、久しき憶、方に解けぬ。……」。是の時に、唐の国に遣す学生……高向漢人玄理、……新漢人日文・南淵漢人請安、……等幷せて八人。

を契機として以後の推古朝では官僚制整備へむけて開明化していった可能性がある。従来は天は夜も昼もともに包括する概念であり、日は昼間のみで太陽の照らす時間とされていた、つまり天（夜と昼）を兄（主）として日（昼）を弟（従）とする考えかたであった。これは記紀神話の天照大神が高天原を治め、月読尊《つくよみのみこと》が夜の食国《おすくに》を治めるという分担の考えかたとは異なるものである。つまり、記紀の三貴神の誕生と領有分担の神話の成立は推古朝よりも後であったことを示す。

(4)倭人は頭にも冠がなくただ髪を両耳の上に垂れるのみであったが、隋に至りその倭王が初めて冠を制した云々などの記事により、冠や服飾の制度がその後に整えられたことがわかる。

⑸食するに手を用《も》って之を餔《くら》う、という記事からすればまだ箸の使用がみられない。つまり、『古事記』の記す須佐之男命の八俣遠呂智退治神話の中の箸のモチーフは推古朝よりも後の時代のものであったことになる。

⑹大業三年（六〇七）の遣使では、海西の菩薩天子が重ねて仏法を興すということで、朝貢して沙門の留学による仏法の学習をさせたいと希望している。

⑺国書に「日出ずる処の天子、書を日没する処の天子に致す、恙無《つつがな》きや、云々」とあるが、これはまさに「蛮夷の書、無礼なるものあり、復《ま》た以て聞する勿《なか》れ」といわれて当然のものである。『日本書紀』が記さないこの国書の文言から以下のことがわかる。①隋の皇帝こそが天子と呼ばれるにふさわしいとされている当時の状況の中で、辺境の小国にすぎない倭国の王が自ら天子と名乗ることがいかに無礼であるかに倭国側がまったく気づいていない。これを、聖徳太子が対等外交をめざした表現だなどという説はあたらない。②国土の位置と太陽との関係に注目しており、自らの国を日昇の国、太陽の昇る国であるとの意識が存在したこと。それは東西方向への強い意識であり中国王朝のような南北軸を中心とした四神相応の世界観とは異なるものであった。③国書の文言で日没が忌避される言葉だと知らなかったということ。むしろ、後述する出雲の杵築大社《きつきのおおやしろ》を『日本書紀』の一書が「天日隅宮《あめのひすみのみや》」、日没が美しい宮と呼んだ心象との共通性がうかがえる。

つまり、書状の中で日没が避けるべき表現だと知らなかったこと自体からして、まさに礼儀を知らない無礼なる「蛮夷の書」であり、失礼で無教養な文章が記された国書であったということである。この「日出ずる処の天子」という表現について、古代史研究者の東野治之《とうのはるゆき》氏は、仏典の『大智度論《だいちどろん》』巻一〇の「日出ずる処は是れ東方、日没する処は是れ西方、日行く処は是れ南方、日行かざる処は是れ北方なり」によるという解釈を示しているが、(27)厩戸皇子がその時点で『大智度論』を読んでいたか否かの確認が必要であろうし、読んでいたとしてもこの文面が非礼であることに変わりはない。

(8)明年（六〇八）、隋の煬帝《ようだい》は文林郎裴清《ぶんりんろうはいせい》を倭国に遣わした。倭王はこれを歓迎して「我れ聞く、海西に大隋礼儀の国有りと。故に遣わして朝貢せしむ。我れは夷人、海隅に僻在《へきざい》して、礼義を聞かず、（中略）冀《ねが》くは大国維新の化を聞かんことを」と、礼儀を知らない夷人であったと卑屈なまでの態度で述べており、これで無礼なる蛮夷の書に関する事件は一件落着したこととなっている。

以上が『隋書』の記事から指摘できることである。一方、『日本書紀』ではどうか。『日本書紀』の記事から指摘できる点は以下の八点である。

(1)『隋書』にみえる開皇二〇年（六〇〇）の倭からの遣使は、『日本書紀』の推古八年（六〇〇年）にはみえない。

(2)推古一五年（六〇七）の遣使では「隋」を「大唐」と記している。これについてはβ群の推古紀の編纂段階では中国王朝が唐になっていたのでそのように記したのだというのが通常の解釈である。しかし、『日本書紀』の編者たちが『魏志倭人伝』は読んでいるのに『隋書倭国伝』は読んでいないらしいことからすれば、隋という国に関する情報を十分にはもっていなかった可能性も考えられる。ちなみに『隋書』の完成は唐の貞観一〇年（六三六）のことであり、『日本書紀』の編者たちが読むことができた可能性はある。しかし、読んでいたか否かは別としても、まったく参考にしていないことはたしかである。それは両者の記事の間の多くの矛盾点や問題点についての整合性がまったくはかられていないことからも明らかである。あるいは逆に、深読みするならば、『日本書紀』の編者たちが意図的に『隋書』を無視した可能性もなきにしもあらずである。

(3)『隋書』にみえる、仏法の学習のために沙門の留学を、という重要な点が書かれていない。沙門の動向の記事もない。次回の推古一六年（六〇八）の遣使で派遣しているのは学生《がくしょう》であり沙門ではない。

(4)推古一六年（六〇八）に小野妹子《おののいもこ》が帰国したが、彼はもっとも重要な隋の煬帝《ようだい》の国書を紛失している。帰国途中に百済で盗まれたという。群臣たちの議では妹子を流刑としたが、天皇が妹子の罪を赦《ゆる》した。これはやはり異常である。隋の煬帝の国書の文言が群臣たち、とくに蘇我馬子に近い者たちの前で公開されては困る内容であった可能性がある。野蛮で無礼な国書であるとの指摘で困るのは推古天皇とくにこの外交政策の中心人物であった厩戸皇子である。『日本書紀』の記述によれば、推古一六年の隋使送迎の儀礼に蘇我馬子をはじめ蘇我氏側の者たちは出席していないらしいのに対して、推古一八年（六一〇）の新羅と任那《みまな》の使いが来たときは蘇我馬子・蝦夷《えみし》が中心で厩戸皇子はその場にはいない。つまり半島との外交はもっぱら蘇我氏が掌握しており、隋との国交は厩戸皇子が新しく開拓し、推進しようとしたものであったからだと考えられる。

(5)国書は紛失したが、使主裴世清《はいせいせい》が親《みずか》らの書《ふみ》で遣使の旨を言上している。しかし、その書には通常の文言が並べられており、倭の国書の非礼を指摘する文言はない。

(6)『隋書』が記す倭国への遣使は「文林郎裴清」であるが、『日本書紀』では「鴻臚《こうろ》寺掌客《じしょうかく》裴世清《はいせいせい》」となっている。この使者の名前と肩書きの相違は無視できない。『日本書紀』のいう裴世清に対して、『隋書』では裴清と「世」を欠くのは唐の太宗の李世民の諱を避けたとするのが通説[28]である。だが、それは『日本書紀』の裴世清という表記を正当とし、それを基準とする一方的な解釈にすぎない。そして、では『日本書紀』も外交的な国際間の礼儀として同様にそれを避けるべきなのになぜ避けていないのかという疑問が残る。肩書の文林郎と鴻臚寺掌客とではまったく異なる職名である。文林郎は通典、職官に「文林郎、隋置散官、蓋取北斉文林館徴文学之士、以充之義、大唐因之」とあり、「文学之士」としての散官である。それに対して、鴻臚寺掌客は外国使臣の接待役である。つまり、文林郎裴清と鴻臚寺掌客裴世清とは、別人ではないかという疑問が起こってくるのである。そして、それはあの無礼な蛮夷の書という指摘を公式の儀礼の場で指摘されることを避けるための工作であった可能性が大である。国書紛失と遣使の替え玉という小野妹子による厩戸皇子のことを慮《おもんぱか》っての政治工作がそこから浮かび上がってくるのである。厩戸皇子を聖徳太子として偶像化する歴史観からすれば、このような推測はたしかに空想的な奇説であるとして排除されるべき俗説かもしれない。しかし、冷静に関連記録を読み解く限り、このような説も一方的に排除されるべきではない。むしろ、聖徳太子を聖人視する史観からの脱却が必要であろう。

(7)推古一六年（六〇八）、小野妹子は、前年の国書紛失に対する流罪を免《ゆる》されただけでなく、再度、遣隋使の大役に任命される。上述のような政治工作の可能性がこの事実からも逆に推定されるところである。そして、その派遣にあたっては「東《やまと》の天皇、敬《つつし》みて西《もろこし》の皇帝に白《まう》す。使人《つかひ》鴻臚寺の掌客裴世清等至りて、久しき憶《おもひ》、方《みざかり》に解けぬ」云々、と儀礼的で無難な言辞を送っている。しかし、この推古一六年＝大業四年（六〇八）の遣隋使の記事は『隋書』にはみられない。そして、この時点ではまだ「天皇」号は成立していないとみるのが通説である。

(8)この遣使以後、冠の礼装と金銀の装飾が始められたという『日本書紀』の記述は『隋書』の記述と符合する。

　以上の検討をふまえて、ここで記紀神話と伊勢神宮創祀という問題にもどって、指摘できるのは以下の五点である。①記紀の三貴神の誕生と領有分担の神話の成立は推古朝よりも後であった可能性が大である。②『古事記』の記す須佐之男命の八俣遠呂智退治神話の中の箸のモチーフは推古朝より後の時代のものである。③当時の推古朝の王権には自らの国を日昇の国、太陽の昇る国であるとの意識が存在した。④隋との交流により前代までの政治や服飾の慣習が改められ開明化が進められることとなった。⑤仏教文化と半島外交を掌握していた蘇我馬子に対して、新たに、隋との国交により仏教文化や国家的な諸制度や文物などの導入を直接はかろうとした厩戸皇子との間に微妙な対立関係をはらみながら、大王家の権威の確立への努力がはかられた。

では厩戸皇子の意図したところとは何だったのか。すでに多くの古代史研究者が指摘しているように[29]、それは外交権（遣隋使）と先進文化（官僚制の諸制度と諸儀礼）と宗教権威（仏教）という王権にとって重要な三者を蘇我大臣家から大王家へと移行させることであったといえるであろう。

推古朝の神祇祭祀

この遣隋使関係の他に、『日本書紀』の推古朝の記事で注目されるのは推古一五年（六〇七）二月九日戊子の神祇祭祀の詔である。「朕《われ》聞く。曩者《むかし》、我が皇祖《みおや》の天皇達、世を宰《おさ》めたまふこと、天に跼《せかがま》り地に蹐《ぬきあしにふ》みて、敦《あつ》く神祇《かみ》を礼《ゐや》びたまふ。周《あまね》く山川を祠り、幽《はるか》に乾坤《あめつち》に通《かよは》す。是を以て、陰陽《ふゆなつ》開け和《あまな》ひて、造化《なしいづること》共に調《ととのほ》る。今朕が世に当りて、神祇を祭《いは》ひ祀《まつ》ること、豈怠《あにおこた》ること有らむや。故《かれ》、群臣《まへつきみたち》、共に為に心を竭《つく》して、神祇を拝るべし」といい、一五日甲午には、皇太子と大臣と百寮を率いて神祇を祭り拝したという。

蘇我馬子による法興寺の建立や厩戸皇子による四天王寺の建立など、仏教の興隆で知られる推古朝であるが、その中にあってこのような神祇祭祀の詔が発せられているのである。これもいま述べたような隋からの直接的な仏教の導入と同じ政策の一環とみなされるものであり、大王と大王家の宗教権威の確立へ向けての政治的意図によるものと考えられる。ただし、ここで注意されるのは天神地祇の祭祀は重視されているものの、肝心の伊勢神宮や天照大神に関する記事が一切ないという事実である。そして、前述のような「もう一つの推古紀」に皇女による日神祭祀の記事が存在したとするならば、この神祇祭祀の記事はそれと呼応するものであった可能性が大である。

推古朝と歴史書

推古朝が一つの画期であったことは歴史書の編纂の上からもいえる。推古二八年（六二〇）、厩戸皇子と蘇我大臣馬子により「天皇記」「国記」「臣連伴造国造百八十部并公民等之本記」が撰録される。これは蘇我氏の権勢を反映した歴史書で、現在読むことができる『古事記』や『日本書紀』とは異なる内容であったと推定されるが、それが所蔵され管理されていたのは他ならぬ蘇我大臣家であった。そのことがわかるのは、皇極《こうぎょく》四年（六四五）のいわゆる乙巳《いっし》の変《へん》、蘇我入鹿の暗殺事件に際しての記事である。息子の入鹿の死を聞いた蘇我大臣蝦夷《えみし》は自邸で「天皇記」「国記」とともに珍宝を焼いたと『日本書紀』は記す。そしてその焼かれる「国記」を急ぎ船史恵尺《ふねのふびとえさか》が取り出して焼失からすくい中大兄皇子に奉ったという。

また、もうひとつ推古朝が一つの画期であったことを示すのが、『古事記』の記事がこの推古朝で終わっているという事実である。『古事記』の成立に関して確認しておくことができるのは以下の諸点である。①天武天皇が詔して言われるには、諸家の持ち伝えている「帝《てい》紀《き》」と「本辞」は正実に違い多く虚偽を加えている。②ここであらためて「帝紀」を撰録し「旧辞《くじ》」を討覈《とうかく》つまりよく調べて明らかにして偽りを削り実を定める。③二八歳の舎人の稗《ひえ》田阿礼《だのあれ》に勅語して「帝皇日継」と「先代旧辞」を誦習させた。④それはそのままとなっていたが、元明天皇は「旧辞」と「先紀」の中の誤りを正そうと思い、和銅四年（七一一）九月一八日に太安万侶に詔して稗田阿礼の誦《よ》むところの天武天皇の勅語の「旧辞」を撰録して献上するように命じた。⑤太安万侶はさっそくその作業に取り組み、和銅五年（七一二）一月二八日に『古事記』三巻を献上した。

ここから指摘できるのは、①天武朝にはすでに「帝紀」と「本辞」のたぐいは諸家がそれぞれ持ち伝えていた状態であったということ。前述の蘇我大臣家の「天皇記」や「国記」もその一例であろう。②稗田阿礼が誦習したのは天武天皇が勅語として語る「帝皇日継」と「先代旧辞」であったということ。③太安万侶が『古事記』として撰録したのはその天武天皇の勅語が語り稗田阿礼が誦習した「旧辞」であったということ。④太安万侶は和銅四年（七一一）九月一八日から和銅五年（七一二）一月二八日までのわずか四ヵ月と一〇日程度の短期間に撰録を終えているということ。以上である。

また、その成立は和銅五年（七一二）であるが、内容のほうはそれよりも約三〇年前の天武一〇年（六八一）三月丙戌条、すなわち天武天皇が大極殿に出御して川嶋皇子以下の皇子や王や諸臣に詔して「帝紀」「上古諸事」を記し定めさせたという『日本書紀』の記事とほぼ同じころに伝承されていたものであり、それをもとにした天武天皇勅語の「旧辞」の内容であったと考えられる。つまり『古事記』の記事は推古朝（五九三〜六二八）までとなっているが、その記事には後の天武朝を中心とする、さらには元明・元正朝における最終的な「削偽定実」、つまり加筆や修正が行なわれている可能性が大である。

ここで『古事記』の語る伊勢神宮の創祀に関する記事で注目される点をあげてみると、以下の通りである。

(1)『日本書紀』の垂仁紀が詳しく記す天照大神の伊勢への鎮座の記事は『古事記』にはない。崇神天皇の娘、豊鉏比売命《とよすきひめのみこと》（豊鉏入日売命《とよすきいりひめのみこと》）もその注記で伊勢の大神の宮を拝き祭りたまひき、とあり、垂仁天皇の娘、倭比売命もその注記で伊勢の大神の宮を拝き祭りたまひき、とあるのみである。つまり、天武天皇の勅語で稗田阿礼が誦習した「旧辞」の中には、崇神朝と垂仁朝における伊勢への鎮座伝承は存在しなかったのであり、推古朝の時点ではその鎮座伝承は存在しなかったということになる。したがって、『日本書紀』の崇神紀と垂仁紀が記す天照大神の伊勢へ鎮座の伝承が成立したのは『古事記』およびその原史料となった「帝紀」「旧辞」その他の資料群の成立以後であり、推古朝以降のことであると考えられる。[30]

(2)『日本書紀』では、天照大神が最初に「日神」また「大日孁貴《おおひるめのむち》（大日孁尊）」と記されているのに対して、『古事記』ではほぼ一貫して天照大御神と記されている。そのうちただ一ヵ所だけ「日神」と記されているのは、神武東征神話の重要なモチーフである「吾は日神の御子として日に向ひて戦ふこと良からず」として「背《そびら》に日を負ひて撃たむ」という部分である。これは神話構成の上からも必要不可欠で必然の表現であったと考えられる。ここではあくまでも天照大御神という名前を主とする『古事記』が、この神武東征神話の部分では日神モチーフにいわば譲歩しているものと解釈できる。

(3)前述のように、天照大神と月読尊と素戔嗚尊という三貴神の誕生とその領有分担の神話の成立は、遣隋使を派遣して開明化を進めた推古朝以降のことであったと考えられる。つまり、「日出ずる処の天子」「アメノタリシヒコ」と名乗った推古の王権では大王（天皇）を日神の子孫とする観念がしだいに形成されつつあった段階と考えられる。そして、隋の官僚制度や服飾音曲等の諸儀礼において開明化を進めた推古の王朝が着手したのが国史の編纂であった。それが、前述の「天皇記」「国記」「臣連伴造国造百八十部幷公民等之本記」の撰録である。国史の編纂においては王権神話の構想は不可欠である。この推古朝における王権神話の構想の中で先行したのは自然信仰的な「日神」の観念であり、それに対してのちに新たに構想されていったのが神話的な「天照大神」の神観念であったと考えられる。

(4)『日本書紀』の表記では、β群に属する「神代」から「神功摂政紀」までを除けば、それ以降の歴史時代の記述では「天照大神」はまったくみられない。初めて登場するのが壬申の乱の最中の大海人皇子（天武）の「天照大神」望拝の記事である。それ以外には天武二年（六七三）四月の大来皇女（大伯皇女）を「天照太神宮」に派遣した記事があるが、結局はこの二例のみである。つまり、「天照大神」という神観念は『古事記』を生みだした天武天皇とその周辺の観念世界から創出されたものである可能性がきわめて大なのである。そして、後述するように、その天武朝から持統朝の時期に、伊勢にその「天照大神」の神宮が造営されることになる。それ以前の、推古朝以降のいずれかの天皇の時代に「日神」を祭祀する神社が伊勢に設営されたか否かは、いまここではまだ不明であるとしておくのが安全であろう。ただし、時系列的に整理するならば、「日神」が先で「天照大神」が次で、「伊勢神宮」が最後という順番であったことはまちがいない。

推古紀三〇年記事の欠落

ここで、先に「追記された用明紀と削除された推古紀」という項で残しておいた問題点について検討しておくことにしたい。まず先の検討で確認された論点を整理しておくと以下の①〜⑥である。

①先に成立したα群の用明紀の注記に記されている酢香手姫皇女の伊勢神宮における「日神」奉祭の記事の中に、「炊屋姫天皇の紀に見ゆ」、つまり後に成立するβ群の推古紀にそのことは記してある、とあるが、それは前後関係のつじつまがあわず矛盾している。

②つまり、この現在の用明紀の注記はもとのα群の用明紀にはなかった記事であり、β群の推古紀が編修されたそのさらに後の段階で追記されたものである可能性がある。

③現在のβ群の推古紀にはその酢香手姫皇女の伊勢神宮における「日神」奉祭の記事はみえないが、α群の用明紀がみたというのであるからその用明紀がみた「もう一つの推古紀」つまりα群の推古紀の可能性のあるものがあったはずである。そしてそこには日神奉祭に関する何らかの記事があった。

④現在みられるβ群の推古紀ではその部分が削除されているが、それは『日本書紀』の編者たちが、皇女による日神奉祭に関連する記事を推古紀よりも古い時代へ、つまり崇神紀・垂仁紀へと移行させたからだと考えられる。

⑤しかし、その崇神紀・垂仁紀の記事（現在の崇神紀と垂仁紀の記事）に、前述のように崇神六年に天照大神を皇女の豊鍬入姫命に託けて倭の笠縫邑に祭り、日本大国魂神は皇女渟名城入姫命に託けて祭らせようとした記事、及び、垂仁二五年に天照大神を豊耜入姫命から離して倭姫命に託け、大神を祭る処を求めて菟田筱幡《うだのささはた》から、近江、美濃をめぐって伊勢国へと到りそこで祭ったという記事があるが、それらはそのまま推古紀から移行されたものとは考えられない。後述するように、「天照大神」の呼称と大和から近江、美濃を経由する行路という点で、壬申の乱を経験したのちの天武・持統朝以降の『日本書紀』編纂過程における潤色がうかがえるからである。

⑥用明紀ではこの「豊御食炊屋姫天皇の紀に見ゆ」という記事が、じつはそれらの注記の部分だけでなく本文にもみられる。それは厩戸皇子が推古朝に東宮として天皇事《みかどわざ》をしたという記事である。それもα群とβ群の前後関係からすれば、α群の用明紀にはなかったはずの

記事であり、β群の推古紀編修のそのさらに後の段階で追記されたものということになる。そして、本文にある酢香手姫皇女の伊勢神宮での日神奉祭の記事も同様にあとから追記された可能性が大なのである。

しかし、一方、「もう一つの推古紀」つまり、α群の推古紀があったとすれば、本文にある酢香手姫皇女の伊勢神宮での日神奉祭の記事そのままではなく、注記にいうような酢香手姫皇女による素朴な段階の推古朝の「日神」祭祀の神話伝承があったと考えられる。ではそれはどこに記載されていたのであろうか。その問題を考える手がかりは、現在のβ群の推古紀における推古三〇年（六二二）の一年分の完全なる記事の欠落という事実にある。

この推古三〇年をめぐる問題としてこれまで注目されてきたのは、厩戸皇子の没年に関する問題である。『日本書紀』の推古紀では二九年（辛巳）二月癸巳（五日）に没したと記す。しかし、他の記録では天寿国繡帳銘《てんじゅこくしゅうちょうめい》（推古三〇年二月二二日没）をはじめ、法隆寺金堂釈迦如来像銘（明年〈推古三〇年〉二月二二日没）、聖徳太子伝私記法起寺塔婆露盤銘（壬午〈推古三〇年〉二月二二日没）など、すべて推古三〇年二月二二日を没年月日としており、『日本書紀』のいう推古二九年没の記事は誤りであるとするのが通説である。

そこで、ここに一つの仮説を提示してみる。まず、現在の推古紀によれば、推古二八年（庚辰）の記事の最後の部分に、是歳《このとし》の条として「天皇記」「国記」「臣連伴造国造百八十部幷公民等本記」が撰録されたことを記す、翌二九年（辛巳）二月条で厩戸皇子が没したと記す、そして、是歳の条で新羅の上表がこの時から始まると記す、次の推古三〇年（壬午）は一年分が欠落してまったく記事がない。そこで以下のことが考えられる。

①推古三〇年（六二二）の記事がないことについて、その理由として考えられるのは、編者たちによる意図的な欠落によるか、あるいは写本伝世の間での事故的欠落によるか、のいずれかである。しかし、この推古紀とは平安時代の最古の写本とされる岩崎本によるものであるということから勘案すれば、前者つまり書紀編修者たちの意図的欠落と考えておくのが適当である。

②書紀編修者たちにとっては、推古三〇年の記事を削除するのがもっとも好都合であった。それは、この推古三〇年に記載しなければ矛盾が生じるおそれがある事項が対外的な史料や国内的な諸氏族の伝世史料の中に見当たらなかったからであろう。それに対して推古二九年は新羅の上表の始まりの年であり、それを動かすと新羅の国史の記事と矛盾が生じるおそれがあった。同じく、推古三一年は新羅と任那の遣使、それに大唐の学問僧の来朝があり、動かしがたかったと考えられる。それ以降は推古三四年の蘇我馬子の没、推古三六年の推古の没へと展開していくこととなり、それまでの短い期間で国史編纂完了と厩戸皇子没年の年次を調整することができたのは、この推古三〇年紀を欠落させることによってでしかなかったのではないか。

③しかし、この推古三〇年に記載すべき事件としてあったのが他ならぬ厩戸皇子の死亡記

事であった。それにもかかわらずその厩戸皇子の死亡記事を前年の推古二九年に移行させているのである。ということは、厩戸皇子については、その篤い仏教信仰や儒教的徳目を体現する崇高な聖人として偶像視する記事で満ちていながらも、推古三〇年にあるべきその死亡記事を二九年に移行しているということである。『日本書紀』の編者たちにとって厩戸皇子の聖人プロパガンダこそが最優先されていたのであって、厩戸皇子自体の生没年をはじめとするその実像についての知識は十分ではなかったか、もしくは細部の事実関係についてのこだわりは十分ではなかったと考えられる。

④推古二八年の「天皇記」や「国記」などの国史の編纂は、前述のように遣隋使による文化的衝撃を受けて開始された事業の成果と考えられるが、その中には大和王権の由来と正統性と神聖性とを語る王権神話の存在が不可欠であったと考えられる。そして「日出ずる処の天子」と名乗った倭王であるからには、そこに「日神」祭祀の神話伝承が存在した可能性がきわめて大である。

⑤その「天皇記」「国記」などの完成を現状では二八年是歳条で記しているが、是歳条というのは他に二九年、三〇年などどこにでも挿入できる記載方法である。ただし、現状では二八年に国史の完成、二九年に厩戸皇子の没、として記述していることからすれば、その完成を厩戸皇子の存命期間としたいという意図が働いていたと考えられる。

⑥以上を勘案すれば、日神祭祀の神話的伝承が記されていたのは「天皇記」「国記」などの完成記事とともに、それに続く記述の中であった可能性が大である。そしてそれは、一年

間の記事がまったく欠落している推古三〇年（六二二）であった可能性が大である。「天皇記」「国記」などの是歳の条ももとは三〇年条に記載されており、その同年条に日神祭祀の神話伝承も記載されていた可能性が大なのである。

⑦その三〇年条を欠落させたために移動を余儀なくされたのが現在二九年条にみえる厩戸皇子の死亡記事であり、二八年の是歳の条にみえる「天皇記」「国記」などの撰録記事であった。それを可能としたのは、上記③に述べたとおり、厩戸皇子をめぐる伝承情報に対する書紀編修者たちによる政治的な情報判断、もしくは学術的な情報誤認であったと考えられる。

つまり、現在のβ群の推古紀とは別のそれに先行したα群の可能性のある「もう一つの推古紀」の三〇年条には王権神話の一部を構成する「日神」祭祀の神話伝承が存在した可能性が大なのである。

「日神」祭祀の起源

ではその「もう一つの推古紀」に存在していた可能性のある「日神」祭祀の神話伝承とはどのようなものであったのだろうか。それは、前述のように、壬申の乱を経たのちの物語構成によると考えられる現在の崇神紀・垂仁紀に見られるものと同じではない。それは、『隋書』の記す「日出ずる処の天子」と自称した当時の大王に対する王権観を反映したものであったと考えられる。では、そのように形成されてきていた推古朝の太陽観と王権観の起源はどこに求められるであろうか。

中国史書にみる日本の古代史に関する情報としては、『漢書地理志《かんじょちりし》』（班固《はんこ》〈三二〜九二〉の撰）、『後漢書東夷伝《ごかんじょとういでん》』（范曄《はんよう》〈三九八〜四四五〉の撰）、『魏志倭人伝』（陳寿〈二三三〜二九七〉の撰）、『宋書倭国伝』（沈約〈?〜五一三〉の撰）、『隋書倭国伝』（魏徴〈五八〇〜六四三〉の撰）などの記事が知られているが、そのうち、王権と日神祭祀の関係を示唆するのは、やはり『魏志倭人伝』の記す邪馬台国の女王卑弥呼であろう。前述のように、卑弥呼が、日巫女、日御子など、日神祭祀に関係する名前であるか否かは不明であるが、その可能性は留保しつつも認めておいてよいであろう。

次の讃、珍、済、興、武のいわゆる倭の五王については、『宋書倭国伝』の記事によるかぎり、その王権が日神祭祀を付帯していたか否かは明らかでなく、むしろ征服王・武力王としての側面が強調されている。ただし、讃の死後、その弟の珍は、自ら「安東将軍《あんとうしょうぐん》」と称し、そのように叙せられており、その後の済、興も同じく安東将軍に、そして武にいたると、安東大将軍と自称し、そのように叙せられている。つまり、南朝の宋に対して、東方の辺縁に位置する王であるという自覚とその承認とがあったことがわかる。この中国王朝に対しての東方の王という意味を、のちにあらためて「日出ずる処の天子」と表現したのが、推古朝の厩戸皇子とその側近の知識人であったわけである。そのような方位観は地理的に当然なことながら、倭の五王の段階からもっていたことがわかる。ただし、それが王権による日神祭祀に関係する意識であるか否かは明らかでない。

　では、そのような方位観としてではなく、大和の王権が太陽をとくに意識したのは、いつか。それは『日本書紀』の記述から類推するしか方法がない。ただし、『日本書紀』の記述とはいっても、先行したα群の歴代紀の記事に限らなければならない。そこで注目されるのは、一つは敏達紀の日《ひ》祀部《まつりべ》の記事である。敏達六年二月の記事に「詔して日祀部、私部《きさいちべ》を置く」とある。これを古くから日を祭る品部《しなべ》とみる説もあるが、最近では、『後漢書』章帝紀・日祀の法の注記に「春秋外伝に曰く、日祭あり、月祀あり、時享あり。祖彌は即ち日に祭り、高曾は即ち月に祀り」とあるところから、日は一日の意味であり、毎日父や祖父の祭祀をする品部のことだとする説が有力となっている。しかし、この二つのいずれの解釈ともに他に傍証とするべきものがなく、決定的なものとはいいがたい。

　記紀以外の史料としては『出雲国風土記』があり、その神門《かむど》郡《ぐん》の条に「日《ひ》置郷《おきごう》」があり、それについて「志紀嶋の宮に御宇《あめのしたしろ》しめしし天皇の御世、日置の伴部《ともべ》等、遣はされ来て、宿停《とど》まりて政《まつりごとせ》為し所なり。故《かれ》、日置といふ」とある記事が注目される。つまり、欽明朝に日置の伴部らが大和から遣わされてこの地で政務にかかわったという伝承である。この日置臣や日置の伴部の系譜がのちに日御《ひのみ》碕神社《さきじんじゃ》の社家である小野氏へと伝えられている点に注意すべきであろうが、まださまざまな解釈の余地もあり、あくまでも参考情報にとどめておくことにしたい。

　また一方、考古学の知見も参考にしておく必要があるであろう。前述の、卑弥呼の墳墓に比定されている大和盆地の箸墓古墳が造営された三世紀半ばから、推古朝の七世紀初頭までのおよそ三五〇年間にわたって造営されつづけ、古代国家の首長層連合を表象しつづけたのが計約五二〇〇基の前方後円（方）墳である。その特徴として、可視性、画一性、階層性の三点を指摘しつつ、それが、大和や河内などを中心として漸次各地に普及していったのではなく、大和や河内に圧倒的な巨大古墳を集中させながらも、三世紀半ばに北関東から北部九州までの各地でほぼいっせいに築造されていったというのが事実であり、その点を重視して、首長権の共同表象としての前方後円墳のネットワークがその三世紀半ばの時点で一気に形成されたのだ、とする解釈が最近広瀬《ひろせ》和雄《かずお》氏によって提示されている[32]。その後も前方後円墳の東西の分布範囲には変わりなく、ただ範囲内の密度が増えていっただけであるといい、それは前方後円墳国家と呼ぶべき首長連合の形成であったというのである。

そこで注目されるのが、前方後円墳という日本の独特な墳墓の形状に対して、漢代の「天《てん》円地《えんち》方《ほう》」の思想の影響を読みとる解釈である。天は円形、地は方形、とみる観念であり、その地上世界と天上世界の間の四至《しいし》を、玄武《げんぶ》、青龍《せいりゅう》、白虎《びゃっこ》、朱雀《すざく》の四神が守るという思想[33]からの影響がある、という解釈である。もしもそのような天を円と考える思考法が、三世紀半ばから七世紀初頭までの前方後円墳の築造者たちの間で共有的なものであったとするならば、それは「卑弥呼」から「日出ずる処の天子」にいたるまでの、前方後円墳時代の首長層たちの時代をその最初期から最末期まで貫く思考法であったということになる。そして、前方後円墳の後円部に王を埋納する方式には、王を天になぞらえる思考法が存在したことになる。

このような考古学的な情報に対して、『古事記』という前述のようにその位置づけの微妙な文献からの情報を混入させるのはやや問題があるのではあるが、その巨大な前方後円墳が推定されている倭の五王のうちの一人、仁徳天皇に関する吉野の国栖《くず》らの間に伝えられていた歌に、次のようにあるのも注意される。

「ほむたの　日の御子　おほさざき　おほさざき　佩《は》かせる大刀　本《もと》つるぎ　末《すゑ》ふゆ　冬《ふゆ》木《き》の如《の》す　からが下樹《したき》の　さやさや」

つまり、「おおさざき」のことを「日の御子」と呼んでいるのである。

もちろん、これらはいずれも断片的な参考情報にすぎず、決定的な日神祭祀の情報ではない。ここでは可能性の範囲として、日本古代の王権の日神祭祀の起源をめぐっては、以上のような情報があることを指摘しておくことにしたい。

（3）半島情勢の変化と斉明朝

皇極朝の祭祀伝承と蘇我氏の祖先祭祀

『日本書紀』皇極《こうぎょく》一年（六四二）八月条には皇極天皇による有名な雨乞い祈禱の記事がみえる。同年七月に蘇我大臣入鹿と衆僧による大寺の南庭での仏教式祈禱による雨乞いが失敗に終わったあとの記述であり、一定の脚色が推定される記事であるが、皇極天皇が南淵《みなぶち》の川上に幸《いでま》し跪《ひざまず》いて四方を拝し天を仰いで祈念した、するとまもなく雷が鳴り大雨がふりだし五日間の雨で天下を潤した、という。皇極天皇は神仙思想や道教に傾倒した人物とされている女帝である。[34] 続いて皇極一年是歳の記事によれば、蘇我蝦夷は葛城の高宮に祖廟を立てて八《や》佾《つら》の舞を行ない、葛城の今来《いまき》に大陵《おおみささぎ》・小《こ》陵《みささぎ》と呼ぶ双墓《ならびのはか》を造営したという。祖廟を祭るというのは中国風、朝鮮風の祖先祭祀であり、八佾の舞は天子の特権とされていたものである。これらは双墓を造営したという記事とともに蘇我氏の専横を物語るエピソードである。ここにも一定の脚色が推定されるが、祖廟祭祀のような大陸的な風習を蘇我氏が先端的に取り入れていたことをこのエピソードは物語る。それに対して大王家の祖先祭祀についての記事はこれまでの神話的なものを除いては明確でなく、この段階ではまだ整備されていなかった可能性が大である。

皇位継承が大王家の親族関係の中で行なわれてきていたことはたしかであるが、蘇我氏の圧倒的な影響下にあっての外戚関係の展開なども含めて、親族間での武力による皇位継承抗争が絶えず、当時は大王家自体における正統と傍系を峻別《しゅんべつ》する一定の規範的な系譜関係理念がまだ十分には確立していなかった可能性が大である。ちなみに、天皇が「皇祖の御魂を祭る」という記事がみえるのは天武紀一〇年（六八一）五月己卯（一一日）条においてである。

皇極紀には続いて、神祇祭祀関係の記事として以下のようなものがみえる。①皇極三年（六四四）一月中臣鎌子連を神祇《じんぎ》伯《はく》に任じた。この神祇伯の初出は継体紀一年二月条であるが、そこには人名は記されていない。もちろん神祇伯は後の令制における神祇官の長官でありその官職名が継体朝に存在したことは考えられない。②皇極三年七月条にはよく知られて学術をポケットに！

学術は少年の心を養い

成年の心を満たす

講談社学術文庫

講談社学術文庫のシンボルマークはトキを図案化したものです。トキはその長いくちばしで勤勉に水中の虫魚を漁るので、その連想から古代エジプトでは、勤勉努力の成果である知識・学問・文字・言葉・知恵・記録などの象徴とされていました。

いる常世《とこよ》神《がみ》の話がみえる。東国の富士川の近くに住んでいた大生《おおふ》部多《べのおお》という人物が蚕《かいこ》に似た虫を常世の神だといって人びとにこれを祭ることを勧め、誰でも財物を捨ててこれを祭れば富と長寿をえられると説いて都鄙《とひ》の人びとを惑わした。そこで山城国葛野郡《やましろのくにかどの》の秦　造　河勝《はたのみやつこかわかつ》が彼を懲らしめ、時の人は「太秦《うずまさ》は、神とも神と聞こえ来る、常世の神を、打ち懲《きた》ますも」と歌ったという。③皇極四年（六四五）一月には伊勢大神の記事がみえる。丘の峰にまた河辺にそして宮寺の間にはるかに見える不思議なものがいた。猿《さる》の鳴くような声が聞こえた、しかし、近づいてみてもその姿は見えない、「時人曰、此是伊勢大神之使也」といったという記事である。これは旧本に云《い》わくとして、この年に難波京《なにわのみや》に遷都するため飛鳥の板蓋宮《いたぶきのみや》が荒れ寂れてしまう兆しであったという注記が施されている。

半島情勢の緊迫化と斉明朝

皇極四年（六四五）六月の乙巳の変、大化のクーデタののちの蘇我大臣家にかわる権力の所在の不安定性の中にあって、孝徳天皇《こうとくてんのう》は大化一年（六四五）八月、仏教興隆の詔を発す。それは蘇我大臣家にかわる仏教に関する主導権の掌握の宣言であったといわれる。[35] しかし、対新羅を中心とする半島外交の主役であった蘇我大臣家を失った孝徳朝から斉明朝へかけての半島政策は困難化へと向かう。高句麗への攻撃をくりかえす唐と、百済を攻撃する新羅、その唐と新羅の接近という情勢の中でついに六六〇年、唐と新羅の両軍によって百済は滅亡してしまう。その間の外交交渉の不備なままで、斉明と中大兄《なかのおおえ》の政権は百済救援の半島出兵を敢行し、あえなく白村江《はくそんこう》での惨敗をまねくこととなる。その後の対外防衛と内政整備に追われたのが天智朝であり、このような孝徳・斉明・天智の六四五年から六七一年の時期に、伊勢神宮の創祀というような画期的な事業が行なわれた可能性はきわめて少ない。

ただし、斉明朝には神社祭祀の歴史の上できわめて重要な記事がある。それは斉明五年（六五九）の「命出雲国造闕名修厳神之宮」という記事である。出雲国造に命じて厳かなる神の宮を修造させた、もしくは厳かに神の宮を修造させた、というのである。これは神話的な伊勢神宮に関する記事を除けば、神社の修造記事の初見である。これは百済が滅亡する六六〇年の前年のことであり、唐が新羅の王を開府儀同三司楽浪郡王に任じて連携を深めていく白雉五年（六五四）から五年後、斉明即位六五五年の四年後である。半島情勢の緊迫化の中での出雲への神社修造の命である点が注目される。

天武朝以前

ここで、いよいよ伊勢神宮の祭祀を確実に成立させたと考えられる天武朝の事跡の確認の段階に至ったのであるが、歴史上の天照大神と伊勢神宮の祭祀に関してこれまで検討してきた点を、重複する部分もあるが、あらためて確認しておくと以下のとおりである。

⑴欽明朝の段階ではまだ天照大神と伊勢神宮の祭祀は存在しなかった。

⑵推古朝の遣隋使派遣以降の開明化政策と国史編纂の過程で、王権神話の構想の中核として

の「日神」祭祀の神話が構想された可能性が大である。

⑶天照大神をはじめとする三貴神の誕生とその領有分担の神話の成立は、さらにその推古朝以降のことであり、自然信仰的な「日神」の観念が神話的な「天照大神」の神観念に先行していた。

⑷『古事記』の記す須佐之男命の八俣遠呂智退治の神話の中の箸のモチーフは推古朝の遣隋使派遣以降のものである。

⑸崇神紀と垂仁紀が記す天照大神の伊勢への鎮座の伝承が成立したのは『古事記』の成立以後、つまり天武朝よりも後である。のちに『古事記』として撰進される天武天皇の勅語を稗田阿礼が誦習した「帝紀」「旧辞」の中には、崇神朝と垂仁朝における天照大神の伊勢への鎮座伝承は存在しなかった。

（4）神宮の成立へ

壬申の乱とその神話的投影

前述のように、神武東征の物語は神話と歴史の中間領域に位置している。その神武東征の物語は、以下の①から⑤の部分からなる。①日向国を出発して筑紫国、安芸国、吉備国を経て難波国に至る。②難波、河内から大和に入ろうとして長髄彦《ながすねひこ》との孔舎衛《くさえ》の戦いに失敗し、西から東へという太陽に向かう戦いの方角を変えて南方の紀国へと転戦する。③紀国の熊野から内陸の険峻な道を進み大和東部の山地へと至る。④その大和東部の高原地帯で攻略戦を展開する。⑤大和盆地を平定して畝傍山《うねびやま》の東南の橿原《かしはら》の地に帝宅を定めて辛酉の年の正月に初代の天皇として即位した。

このうち、物語としての具体性が豊富に見いだせるのが④の部分である。津田左右吉の指摘以来、この神武東征の物語が何らかの史実にもとづくものではなく、天孫降臨につづく一つの神話にすぎず、④の部分の具体性にしても神異の話や地名説話や歌物語などの寄せ集めであるとする見解が有力である。ただし、注意されるのは、④の部分の記事には、単なる机上で構想された空論というよりもその素材となったものとして壬申の乱における事件の反映があるのではないかという点である。④の部分の物語を構成する小さな部分に少なくとも次の四点は壬申の乱における事件と重なる部分がある。

⑴重要地点としての墨坂。現在の宇陀《うだ》市（旧榛原町《はいばらちょう》）の西部の坂で大和盆地と大和高原そして伊勢とを結ぶ要路上に位置する。壬申の乱では、天武一年（六七二）七月四日に将軍の大伴吹負《とものふけい》が近江軍の大野果安《おおののはたやす》との乃楽山の戦いに敗れて墨坂まで敗走したが、そこで置始《おきそめのむらじ》連菟《うさぎ》の軍と出会いその後の反撃に成功する。また置始連菟の軍は三輪君高市麻呂《みわのきみたけちまろ》の軍とともに箸墓の戦いで近江軍を敗走させ大和の戦線を勝利に導く。一方、神武東征の物語では、神武の軍は長髄彦の軍との孔舎衛の戦いで兄の五瀬命《いつせのみこと》の肱脛《ひじはぎ》に流矢があたるなどして敗れ、紀州熊野方面へと転戦し山中の険峻な行路に悩まされながらも頭八咫烏《やたがらす》の道案内で菟田県《うだのあがた》に至ることができたが、その後、大和盆地へと進軍するに際して、女坂《めさか》に女軍を男坂《おさか》に男軍をお

き、墨坂に焃炭《おこしずみ》を置いて決戦にそなえたという。なお、この墨坂は崇神紀においても大和の防御のための枢要な地点とされている。崇神天皇に対して、赤盾八枚、赤矛八竿をもって墨坂神を祠《まつ》れ、黒盾八枚、黒矛八竿をもって大坂神を祠れ、との夢告があったこと、まもなく武埴安彦の謀反があり那羅山が主戦場となったこと、がそこには記されている。

⑵苦戦の中での託宣。壬申の乱では、大和方面での苦戦の中で、高市県主許梅《たけちのあがたぬしこめ》に神がかりして「吾は高市社《たけちのやしろ》に居る名は事代主神なり。又身狭社《むさのやしろ》に居る名は生霊神《いくみたまのかみ》なり」といい「神日本磐余彦天皇の陵に馬および種々の兵器を奉れ」という託宣があり、その教えの通りにして戦況が好転したという。この神武天皇陵への兵器の奉献という記事は神武紀自体が天武の構想と深く関係していることを物語る。一方、神武東征の物語では、熊野の山中で苦戦しているところに高倉下《たかくらじ》という人物に夢告があり、天照大神の指示で武甕雷神《たけみかづちのかみ》が国を平定したときの韴霊《ふつのみたま》と呼ぶ剣《つるぎ》を高倉下の庫《くら》の中に授け置くのでそれを取って天孫に奉れとのことであった。『古事記』の記事では天照大御神と高木神《たかきのかみ》の指示となっており剣は横刀となっているが、ほぼ同じ内容である。

⑶大伴氏と来目部《くめべ》の奮戦。壬申の乱では大和方面の主な将軍は大伴吹負であり、乃楽山の敗戦のあと置始連菟ら伊勢からの増援軍によって劣勢を挽回し、葦池《あしいけ》の側《ほとり》の戦いで近江側の壱《い》伎史韓国《きのふひとからくに》の軍と戦ったときその奮戦ぶりが目立ったのが来目という勇士であった。一方、神武東征の物語では、熊野の険峻な山道を頭八咫烏《やたがらす》の向かう方向へと大伴氏の遠祖日臣命《ひのおみのみこと》が大来目《おおくめ》を率いて進軍して大和の菟田県へと至り、その功績により日臣命は道臣命《みちのおみのみこと》の名を賜

わる。その後も大伴道臣命は大来目部を率いて奮戦し、その展開の中で歌われた「撃ちてしやまむ」の歌を来目歌《くめうた》（久米歌）という。なお、この物語には軍事的な伴造系の氏族である大伴連や久米直、またその伴《とも》としての久米部の歴史伝承からの反映があるものと考えられる。

(4)神風の伊勢。壬申の乱では、天武天皇は天武一年（六七二）六月丙戌（二六日）に伊勢国の朝明郡《あさけのこおり》の迹太川《とおかわ》の辺で天照大神を望拝したとあり、戦勝ののち大来皇女（大伯皇女）を泊瀬の斎宮を経て伊勢神宮へと奉祭させている。また『万葉集』巻二の有名な柿本人麻呂《かきのもとのひとまろ》の高市皇子への挽歌では、

「渡会《わたらひ》の　斎《いつき》の宮ゆ　神風に　い吹き惑はし　天雲を　日の目も見せず　常闇《とこやみ》に　覆ひ給ひて　定めてし　瑞穂《みづほ》の国を　神ながら　太敷きまして　やすみしし　わご大王《おほきみ》の　天の下」

と歌われており、神風の伊勢というのが軍事的な意味をもつものであったことは明らかである。そして、神武東征の物語でも前述のように大伴道臣命と大来目部らの出陣にあたって、「撃ちてしやまむ」のフレーズで知られる久米歌でその神風の伊勢の歌が歌われている。

「神風の　伊勢の海の　大石にや　い這《は》ひ廻《もとほ》る　細螺《しただみ》の　細螺の　吾子《あご》よ　吾子よ　細螺の　い這ひ廻り　撃ちてしやまむ　撃ちてしやまむ」

の歌である。この神風の伊勢というモチーフは、垂仁紀の倭姫命による天照大神の伊勢への鎮座の物語の中にもみられる。天照大神の「是の神風の伊勢国は常世の浪の重浪帰する国な

り。傍国の可怜し国なり。是の国に居らむと欲ふ」という託宣である。また、「常世の浪」の常世という文言は、神武東征の物語の中にもみられ、熊野の海岸での苦戦の中で神武の兄の三毛入野命《みけいりののみこと》が母と姨《おば》のもとへといって常世郷に往ったとある。

このような部分的な共通性からみて、神武東征の物語の、④大和の部分の記述については、壬申の乱からの一定の反映があったものと考えられるのである。

天照大神の伊勢鎮座伝承

垂仁紀では前述のように、垂仁二五年三月一〇日に天照大神を豊耜入姫命から離して倭姫命に託け、大神の鎮座地を求めて菟田筱幡《うだのささはた》に詣り、そこから還って近江国に入り、東方の美濃国をめぐり伊勢国へと到ったという天照大神の伊勢への鎮座の物語が記されている。この大和の菟田から近江へ、美濃へ、伊勢へという行路は、壬申の乱における大海人皇子（天武）の移動行路の関連地である。大海人皇子は吉野を発ち菟田を経て伊賀駅家《いがのうまや》を過ぎて積殖《つむえ》の山口つまり現在の柘植《つげ》（伊賀市）の辺りで、近江朝廷から脱出して甲賀を経てやってきた高市皇子と合流する。そして、伊勢の鈴鹿を経て桑名郡家《くわなのこおりのみやけ》に到着するが、その前に朝明郡の迹太川の辺にて天照大神を望拝したという。その直後、大津皇子の到着と不破道《ふわのみち》の防塞の成功の吉報が入り、つづいて高市皇子を中心とする戦闘態勢が整えられ、大海人皇子は野上《のがみの》行宮《かりみや》を拠点とする。そして、近江戦線と大和戦線の両者での勝利をおさめた天武は野上行宮

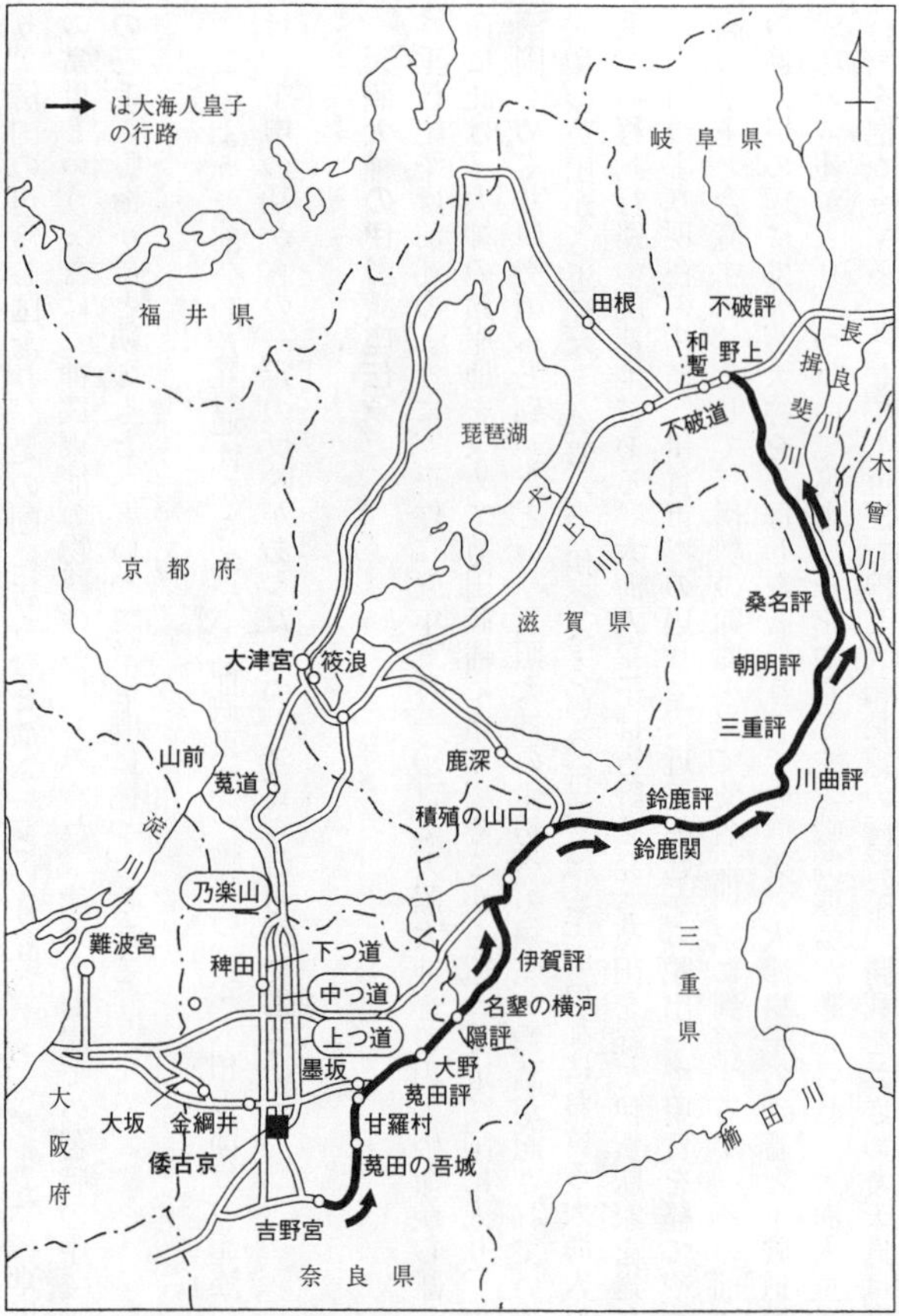
→は大海人皇子の行路
岐阜県
福井県
田根
不破評
和蹔
野上
長良川
揖斐川
琵琶湖
不破道
木曾川
犬上川
京都府
滋賀県
桑名評
朝明評
大津宮
筱浪
三重評
山前
鹿深
川曲評
菟道
淀川
鈴鹿評
積殖の山口
鈴鹿関
乃楽山
難波宮
下つ道
伊賀評
稗田
中つ道
三重県
名墾の横河
上つ道
隠評
大野
墨坂
菟田評
大坂
金綱井
甘羅村
大阪府
倭古京
菟田の吾城
吉野宮
奈良県
櫛田川

壬申の乱関係地図

つまり美濃の不破宮を発ち、伊勢の桑名に宿り鈴鹿に宿り阿閉《あへ》に宿り名張《なばり》に宿り大和の倭《やまとの》京《みやこ》へと帰還する。

大和から伊勢への行路は基本的には単純で、現在の地名でいえば奈良県宇陀市（旧榛原町）から宇陀郡御杖村《みつえむら》、三重県松阪市（旧飯南郡飯南町）、多気《たき》郡多気町《たきちょう》を経て伊勢に至るいわゆる伊勢街道を東進すればよい。しかし、大神鎮座の神話にはそれなりの構成が必要である。そこで、語られるのが近江への迂回であり、美濃への迂回である。これはいまみたような壬申の乱における大海人皇子の行路に、開戦準備から近江戦線での中心人物でもあった高市皇子の行路をも加えたもの、そして戦勝後の一同の帰還に深くかかわる行路である。この垂仁紀に記す天照大神の大和から伊勢への移動の過程での近江と美濃への迂回には、壬申の乱の展開からの反映が色濃く見いだせる。

天武天皇と神祇祭祀

天武天皇の王権は、壬申の乱の勝利によって強力な政治権力を有することとなったが、人物としての天武天皇が大海人皇子の時代からそれほどの政治力や軍事指導力を有する人物ではなかったと思われる点には注意しておいてよい。天智朝まで政治の舞台にその名前はみえないし、壬申の乱とその勝利にしても、追い詰められた結果の吉野へまた吉野からの逃亡の過程での幸運な展開によるところが大である。大海人皇子の人物像をよく物語るのは、伊勢の桑名郡家に滞在したままの大海人皇子に対して、美濃の野上行宮へ移動して指揮をとるように要請したのも、また近江朝廷側が東国の軍兵を集めているとの情報を得て動揺する大海人皇子に対して毅然と奮戦勝利を宣言したのも高市皇子であったという記事である。戦略的にも胆力の上でも『日本書紀』は高市皇子の能力を優れたものとして描いている。

それに対して目立つのは、大海人皇子の卜筮《ぼくぜい》や祈禱への関心の強さである。伊賀の隠駅《なばりのうま》家《や》を過ぎて横河に至りそこで怪しい黒雲が横たわったとき、自ら栻《ちく》をとって占い「天下両分の祥なり。然れども朕遂に天下を得むか」といったといい、また前述のように朝明郡の迹太川の辺にて天照大神を望拝したというように、卜占や祈禱に傾倒する人物像が描かれている。したがってその即位の後にも政治的、法制的な諸制度の整備に向けた施策とともに宗教的、儀礼的な諸制度の整備に向けた施策の数々が記されている。その宗教的、儀礼的な諸制度の整備に関する施策とは表5（七九～八三頁）にみる通りであるが、異常に多いといってよい。それらの天武の一連の熱心な宗教的な施策の中に伊勢神宮の奉祭もあったと考えられるのである。

そこで伊勢神宮の奉祭に関する記事を整理してみると以下の諸点が指摘できる。

(1)壬申の乱の記述の中で『日本書紀』は大海人皇子（天武）がその一年（六七二）六月丙戌（二六日）旦に伊勢国「朝明郡の迹太川の辺にして天照太神を望拝みたまふ」と記しており、この部分は『釈日本紀』所引の『私記』の引く『安《あ》斗《との》智《ち》徳《とこの》日記《につき》』には「廿六日辰時、於朝明郡迹大川上而拝礼天照大神」とある。ただし、ここには伊勢の神宮へ向かってとは記されていない。しかし望拝ということからすれば、この時点で天照大神はいずれかに祭られていたのであり、それはやはり伊勢の神宮と考えるのが自然である。ただ前述のように、稗田阿礼が誦習した天武天皇の勅語の「帝紀」「旧辞」の中には崇神朝と垂仁朝における天照大神の伊勢への鎮座伝承は存在しなかった可能性が大であるという点も無視するわけにはいかない。したがって、ここで想定できるのは、天照大神はその時点ではすでに大和から伊勢へと遷座されていたが、垂仁紀の語るような近江と美濃への迂回をともなう遷座伝承はまだ存在せず、それはこの壬申の乱のさらに後の『日本書紀』編纂の段階で構想されたものであろうという推測である。一方、御杖代《みつえしろ》としての皇女の存在が必要な天照大神であることからすれば、その皇女の存在が想定できない六七二年当時、その社殿の存在自体に疑問が残る。『安斗智徳日記』も後世の『釈日本紀』所引の『私記』の引くものであり、同時代史料ではない。

まわりくどい言いかたになってしまったが、要するに、『日本書紀』のこの朝明郡の迹太川の辺における天照太神の望拝の記事自体が事実ではなく、戦時下でのエピソードとして一定の演出や脚色によるものである可能性が高いといわざるをえないのである。

⑵天武二年（六七三）四月己巳（一四日）に大来皇女（大伯皇女）を伊勢の天照太神宮に遣わして天照大神のそば近く奉祭させようとして、まずは泊瀬の斎宮に居《はべ》らしめたという記事があるが、そこは皇女が身を清めて次第に神に近づく所であった。そして、その後およそ一年半が経過した天武三年（六七四）一〇月乙酉（九日）にいよいよ大来皇女は泊瀬の斎宮か

ら伊勢の神宮に向かっている。この大来皇女は大伯皇女とも記され、天智の皇女である大田皇女と天武とのあいだに生まれた皇女で、大津皇子の同母姉である。天武の皇女の中では重要な役割を託すことのできる第一人者であったといってよい。

(3)天武四年（六七五）二月丁亥（一三日）には十市皇女《とおちのひめみこ》と阿閉皇女《あへのひめみこ》が伊勢神宮へと参向している。十市皇女は天武と額田王《ぬかたのおおきみ》の間に生まれた皇女で、阿閉皇女は天智の皇女で草壁皇子《くさかべのみこ》の妃であり後に元明天皇《げんめいてんのう》となる皇女である。この二人の伊勢神宮への参向は斎宮としてではなく参拝のためであったと考えられるが、このように重ねて複数の皇女を参拝させているところからみて天武が伊勢神宮の祭祀を重視していたことが推定される。

(4)天武七年（六七八）春正月には天神地祇を祭るために天下ことごとくに祓禊《おほみはらえ》が行なわれ、斎宮が倉梯川《くらはしがわ》の川上に建てられた。そして同四月癸巳（七日）の早暁にその斎宮へと出発することとなったが、十市皇女が急に発病して宮中で死亡してしまったために行幸は中止となり、神祇を祭ることができなかったという。この斎宮は大来皇女が籠もった泊瀬の斎宮と同じく祓禊の場として大和に作られた斎宮であり、伊勢神宮の斎宮とは別のものである。なお、この十市皇女の急死というのは前述のように垂仁紀にみえる倭大国魂神の祭祀に当たることが身体の不調で叶わなかった渟名城入姫命のイメージに重なるところがある。

(5)天武一〇年（六八一）五月己卯（一一日）に皇祖の御魂を祭るという記事がみえるが、これは歴代の天皇の御魂を祭るという意味であり、皇祖神である伊勢神宮の天照大神の祭祀を意味しているものではない。

表５　天武朝の一連の宗教的諸施策の記事

篤い仏教信仰に関して
まずは天智10年（671）出家して沙門となるが、即位後は、 ①天武2年（673）3月一切経を川原寺で書写。 ②同年12月戊戌（17日）美濃王と紀臣訶多麻呂を高市大寺（大官大寺）を造営する司に任じた。 ③同戊申（27日）義成を小僧都とし、佐官に2人の僧を加えて4人の佐官の制度がこのときから始まった。 ④天武4年（675）4月戊寅（5日）僧尼2400人余りを招請して大規模な設斎を行なった。 ⑤天武5年（676）6月この夏に大旱魃があり、諸々の僧尼を招請して仏に祈らせた。しかし、雨は降らず五穀は実らず人民は飢えた。 ⑥同年11月癸未（19日）京に近い諸国に詔して放生させた。 ⑦同甲申（20日）使者を国中に遣わして金光明経と仁王経を説かしめた。 ⑧天武6年（677）8月乙巳（15日）飛鳥寺で大規模な設斎をして一切経を読ませた。天皇は寺の南門に出て仏を拝礼した。 ⑨天武8年（679）10月庚申（13日）僧尼たちの威儀と法服の色などの事柄を制定した。 ⑩同年この月に諸々の僧尼は常に寺院の中に住み仏を守れとの勅があった。ただし老衰や病気の場合には親族や篤信者を頼りに別の屋舎を空いた土地に建てて養生するようにとのことであった。 ⑪天武9年（680）4月この月に勅があり、諸々の寺は国の大寺の二、三以外は官司が治めてはならないとされた。飛鳥寺も筋合いからいえばそうだがもともと大寺として官司が治めてきたのでこれまでどおりとされた。 ⑫同年5月乙亥（1日）勅があり絁・綿・糸・布をもって京内の24の寺に施入された。この日に初めて金光明経を宮中及び諸々の寺院で説かせた。 ⑬同年7月癸巳（20日）飛鳥寺の弘聡僧が亡くなった。大津皇子と高市皇子を遣わして弔問した。 ⑭同年10月乙巳（4日）京内の諸寺の貧しい僧尼に賑給が行なわれた。 ⑮同年11月癸未（12日）皇后が病気になりそのために誓願して薬師寺の建立に着手した。100人の僧を得度させた。これにより皇后の病気は平癒した。 ⑯同丁亥（16日）草壁皇子を遣わして恵妙僧の病気を見舞われた。翌日僧は亡くなった。3人の皇子を遣わして弔問した。 ⑰同丁酉（26日）天皇が病気になったので、100人の僧を得度させた。しばらくして平癒した。 ⑱天武10年（681）閏7月壬子（15日）皇后が誓願して大規模な設斎を行ない

経典を京内の諸寺に説かせた。
⑲天武11年（682）8月己丑（28日）日高皇女（草壁皇子の娘で後の元正天皇）の病気のために大赦をした。庚寅（29日）140人余を大官大寺に出家させた。
⑳天武12年（683）3月己丑（2日）僧正・僧都・律師を設けた。
㉑同年7月この夏に初めて僧尼を招請して宮中で安居を行なった。
㉒同年同月から8月にかけて旱したので百済僧道蔵が雨乞いをして雨を得ることができた。
㉓天武13年（684）閏4月丁酉（16日）宮中に設斎をした。
㉔天武14年（685）3月壬申（27日）諸国ならびに家ごとに仏舎を作り仏像と経を置いて礼拝供養せよとの詔があった。
㉕同年4月庚寅（15日）宮中に僧尼を招請して安居を行なった。
㉖同年5月庚戌（5日）天皇が飛鳥寺に行幸して珍宝を仏に奉り礼敬した。
㉗同年8月乙酉（12日）天皇は浄土寺に行幸した。丙戌（13日）に川原寺に行幸して稲を衆僧に施した。
㉘同年9月丁卯（24日）天皇が病気でそのため3日間経典を大官大寺・川原寺・飛鳥寺の誦ませた。そして稲を3寺に納めた。
㉙同年10月金剛般若経を宮中で説かせた。
㉚同年12月丁亥（16日）絁・綿・布を大官大寺の僧等に施入した。
㉛朱鳥1年（686）5月癸丑（14日）勅により大官大寺に封700戸、税30万束を納めた。癸亥（24日）天皇が病気で危篤となった。そこで川原寺で薬師経を説かせ、宮中で安居をさせた。この月に勅して左右の大舎人等を遣わして諸寺の堂塔を掃き清めさせ、天下に大赦した。
㉜同年6月甲申（16日）伊勢王と官人らを飛鳥寺に遣わし衆僧に天皇の病気が重いので仏の力で安穏を得たい、そこで僧正、僧都、衆僧に誓願すべしと勅した。そして、珍宝を仏に奉り、三綱及び4寺の和上以下衆僧に衣料を施入した。
㉝同年同月丁亥（19日）百官人等を川原寺に遣わして燃灯供養をさせた。そして大規模な設斎をして悔過した。
㉞同年7月庚子（2日）僧正や僧都たちが宮中に赴いて悔過した。
㉟同丙午（8日）100人の僧を招請して金光明経を宮中で読ませた。
㊱同丙寅（28日）浄行者70人を選んで出家させ、宮中の御窟院で設斎をした。

㊲同年この月に諸王臣等は天皇のために観世音像を造り、観世音経を大官大寺で説かせた。

㊳同年8月己巳朔（1日）天皇のために80人の僧を出家させた。庚午（2日）に僧尼あわせて100人を得度させた。100体の菩薩を宮中に安置して観世音経

200巻を読ましめた。

㊴同己丑（21日）檜隈寺・軽寺・大窪寺に各100戸の封を施入した。30年の限定であった。辛卯（23日）巨勢寺に200戸の封を施入した。

㊵同年9月辛丑（4日）親王以下諸臣みなことごとく川原寺に集まり天皇の病気のために誓願した。が、丙午（9日）ついに正宮に崩御された。

篤い道教的、陰陽道的な信仰に関して

まずは前述のように伊賀の横河で黒雲を見て自ら栻をとって占っているが、即位後は、
①天武4年（675）1月庚戌（5日）初めて占星台を建てた。
②天武7年（678）4月丁亥朔（1日）斎宮へ行幸するため占卜した。
③天武10年（681）9月壬子（16日）箒星が見えた。癸丑（17日）熒惑（火星）が月に入った。（『史記』天官書に「熒惑、出則有兵、入則兵散」）
④同年10月丙寅の朔（1日）日蝕あり。
⑤天武11年（682）8月甲子（3日）昏時に大星が東の空から西の空へと流れた。丙寅（5日）に造法令殿の内に大きな虹があった。壬申（11日）に灌頂幡のような形で火の色をした物が空に浮かんで北に流れていった。この日に白気が東の山に起こった。
⑥天武12年（683）1月庚寅（2日）筑紫大宰丹比真人嶋らが3足ある雀を献上してきた。乙未（7日）大極殿での宴で群臣にその3足ある雀を見せた。丙午（18日）天皇からこれらの天瑞（祥瑞）について詔があった。
⑦天武13年（684）7月壬申（23日）箒星が西北に出た。
⑧同年11月戊辰（21日）昏時に七星が東北に流れて落ちた。庚午（23日）日没時に星が東方に落ちた。戌時に天文ことごとく乱れて星が雨のように落ちた。この月には中から光を放つ星が現れ昴星とともに並んでいたが月末になって失せた。
⑨天武14年（685）11月丙寅（24日）法蔵法師と金鐘が白朮の煮たのを献上した。そして、天皇のために招魂をした。

篤い神祇祭祀の信仰に関して

まずは、前述のように朝明郡の迹太川の辺にて天照大神を望拝して幸運を祈願したという記事があるが、即位後は、
①天武2年（673）4月己巳（14日）大来皇女（天武と天智の娘大田皇女の娘・大津皇子の同母姉）を天照太神宮に遣わせようとしてまずは泊瀬の斎宮に居らしめた。そこは身を清めて次第に神に近づく所とされていた。
②同年12月丙戌（5日）大嘗に奉仕した中臣と忌部および神官の人たちと播磨と丹波の2国の郡司以下人夫等に禄を賜うた。
③天武3年（674）3月対馬国から銀が献上され諸々の神祇に奉り小錦以上の

大夫たちにも下賜した。
④同年8月庚辰（3日）忍壁皇子を石上神宮に遣わし神宝を磨かせた。この日に諸々の家が神庫に貯えていた宝物をすべてその子孫に還せとの勅があった。
⑤同年10月乙酉（9日）大来皇女が泊瀬の斎宮から伊勢神宮に向かった。
⑥天武4年（675）1月戊辰（23日）諸社に祭幣を奉った。
⑦同年2月丁亥（13日）十市皇女（天武と額田女王の娘）と阿閉皇女（天智の娘で草壁皇子の妃で後の元明天皇）が伊勢神宮へと参向した。
⑧同年3月丙午（2日）土左大神が神刀一口を天皇に進上した。
⑨同年4月癸未（10日）美濃王と佐伯連広足を遣わして風神を龍田の立野に祭らせ、間人連大蓋と曾禰連韓犬を遣わして大忌神を広瀬の河曲に祭らせた。
⑩天武5年（676）4月辛丑（4日）龍田の風神と広瀬の大忌神を祭る。
⑪同年6月この夏に大旱魃があり、使者を国中に遣わして幣帛を供えて天神地祇に祈らせた。しかし、雨は降らず五穀は実らず人民は飢えた。
⑫同年7月壬午（16日）龍田の風神と広瀬の大忌神を祭る。
⑬同年8月辛亥（16日）国中に大祓を行なった。用いる物は国ごとに国造が準備せよ、祓柱は馬一匹と布一常とし、それ以外は郡司がそれぞれ刀一口、鹿皮一張、钁一口、刀子一口、鎌一口、矢一具、稲一束を準備せよ、また家ごとに麻一条を準備せよとの命令であった。
⑭同年9月丙戌（21日）神官が奏上して新嘗の儀式のために斎忌は尾張国山田郡、次は丹波国訶沙郡が卜占にあたったとのことであった。
⑮同年10月丁酉（3日）幣帛を相新嘗の儀式にあずかる諸々の天神地祇に奉献した。
⑯天武6年（677）5月己丑（28日）勅により天社地社の神税は三分して一は神を祭るために二は神主に与えよとされた。
⑰同年7月癸亥（3日）龍田の風神と広瀬の大忌神を祭る。
⑱同年11月己卯（21日）新嘗をする。
⑲天武7年（678）1月に天神地祇を祭るために天下ことごとくに祓禊が行なわれた。斎宮を倉梯川の川上に建てた。
⑳同4月丁亥朔（1日）斎宮へ行幸するため占卜した。
㉑同癸巳（7日）にその日が当ったので、早暁平旦の時に出発となったが、急に十市皇女が発病し宮中で薨去してしまったために中止となった。
㉒天武8年（679）4月己未（9日）広瀬・龍田の神を祭る。
㉓同年7月壬辰（14日）広瀬・龍田の神を祭る。（9年4月・7月、10年4月・7月も）
㉔天武10年（681）1月壬申（2日）諸々の天神地祇に幣帛を頒す。

㉕同己丑（19日）畿内及び諸国に詔して天社地社の神の宮を修理させた。
㉖同年5月己卯（11日）皇祖の御魂を祭る。
㉗同年7月丁酉（30日）天下に命令して大解除をさせた。国造たちはおのおの祓柱に奴婢を1人出して解除した。
㉘天武13年（684）6月甲申（4日）雨乞いをした。
㉙天武14年（685）11月丙寅（24日）法蔵法師と金鐘が白朮の煮たのを献上した。そして天皇のために招魂をした。
㉚朱鳥1年（686）4月丙申（27日）多紀皇女・山背姫王・石川夫人を伊勢神宮に遣わす（病気平癒祈願、5月戊申9日に帰る）。
㉛同年6月戊寅（10日）天皇の病気をトったところ草薙剣に祟りがあることがわかり、即日尾張の熱田社へと送り置いた。
㉜同庚辰（12日）雨乞いをした。
㉝同年7月辛丑（3日）諸国に詔して大解除をした。
㉞同癸卯（5日）御幣を紀伊国の国懸神、飛鳥の4社、住吉大神に奉った。
㉟同年8月丁丑（9日）天皇の病気のために天神地祇に祈った。辛巳（13日）に秦忌寸石勝を遣わして御幣を土左大神に奉った。

(6)朱鳥一年（六八六）四月丙申（二七日）に多《た》紀皇女《きのひめみこ》・山背姫王《やましろのおおきみ》・石川夫人《いしかわのおおとじ》を伊勢神宮に遣わしているが、これは天武天皇の病気平癒の祈願のためと考えられる。

以上は伊勢神宮祭祀に関する記事であるが、天武の神祇祭祀は、実際には表5にみるように、伊勢神宮にのみ集中しているのではなく、一連の宗教的な施策の一環としての神宮祭祀であり、しかも斎宮も伊勢神宮に限らず全国の天神地祇の祭祀のためにも設けられており、また皇祖の御魂の祭祀なども併行して整備されていきつつあった段階といえる。そして、伊勢神宮への信仰も壬申の乱に向かうときの戦勝祈願から晩年の病気平癒祈願まで非常に現世利益的な内容の信仰であったことがわかる。

なお、天武朝の神祇祭祀的な儀礼整備としてもう一つ注目されるのが、新嘗祭《にいなめさい》と大嘗祭《だいじょうさい》という天皇霊をめぐる祭祀儀礼の整備と、広瀬の大忌神祭《おおいみのかみのまつり》と龍田の風神祭という稲作豊穣祈願をめぐる祭祀儀礼の整備、という二つの事業である。新嘗祭と大嘗祭については天皇霊の更新と継承という重要な意味をもつものと考えられるので後述することとするが、広瀬・龍田の祭礼は天武四年（六七五）の四月の記事を初見として、以後は神祇令に規定するように孟夏四月と孟秋七月の年二回行なうのが恒例となったことが知られる。それは後世の『延喜式《えんぎしき》』の祝詞《のりと》にもあるように、大忌神祭が山谷の水が水田を潤して五穀の豊穣を祈る祭りであり、風神祭が風水の害のなきことを祈る祭りであるように、古代王権にとってその根幹を固める祭祀儀礼であったが、それがこの天武朝に初めて整備されてきたことを示している。

しかし、天武天皇は多くの課題を残したまま、多くの政策や事業の推進の中途で没してしまった。伊勢神宮の祭祀の整備をめぐる問題もまだ多く残されていた。しかし、何よりも大きかったのは、王権の後継者をめぐる問題であった。

持統天皇と神祇祭祀

天武天皇の崩御は朱鳥一年（六八六）九月丙午（九日）であったが、その直後の一〇月己巳（二日）には大津皇子《おおつのみこ》の謀反が発覚して大津は即座に殺害されてしまう。妃の山辺皇女《やまのべのひめみこ》が髪を乱して裸足で皇子のもとに駆けつけともに亡くなったという話や大津皇子がすぐれた才覚の持ち主であったことが『日本書紀』や『懐風藻《かいふうそう》』には記述されており、伊勢神宮に斎宮として奉仕していた姉の大伯皇女（大来皇女）の帰京とその弟の大津を偲ぶ歌なども『万葉集』に残されている。この大津皇子の殺害が、わが子草壁皇子《くさかべのみこ》への皇位継承の安全のための天武皇后の鸕野讃良皇女《うののさららのひめみこ》（即位して持統天皇《じとうてんのう》）の陰謀策略であった可能性はきわめて高い。そしてそこから逆に草壁皇子の才覚の程度も推定される。その草壁も持統三年（六八九）四月乙未（一三日）に二八歳の若さで死亡し、翌持統四年（六九〇）一月には持統天皇が自ら即位して同年七月庚辰（五日）に高市皇子を太政大臣に任じる。しかし、持統一〇年（六九六）にはその高市皇子も四三歳の若さで死亡してしまい、持統天皇は皇太子の選定をはかる。『懐風藻』の葛野王《かどののおう》伝には「高市皇子薨後、皇太后引王公卿士於禁中謀立継嗣、時群臣各挟私好、衆議紛紜」とあり、当時はまだ誰もが認める確かな皇位継承法が存在しなかったことが知られる。

かつて、天智一〇年（六七一）一一月丙辰（二三日）に近江朝廷の内裏の西殿の仏前で行なわれた誓盟、つまり大友皇子を一致して支えていくという左大臣蘇《そ》我赤兄《がのあかえ》をはじめとする六人の誓盟も、天武八年（六七九）五月乙酉（六日）に吉野宮で行なわれた誓盟、つまり草壁、大津、高市、川嶋、忍壁、芝基の六人の天武の異腹の皇子たちの誓盟も、確かな皇位継承法が存在していなかったからこそ必要であったと考えられる。高市皇子の逝去後の皇太子選定の会議が紛糾したのもそのためであった。

そこで、天智天皇の皇子の大友皇子を父とし、天武天皇の皇女の十市皇女を母とする葛野王、つまり、当時の皇族の中にあって微妙な立場にあったその葛野王が発言したのが、兄弟相承の方式をしりぞけ子孫相承の原則を主張する意見であった[36]。「我国家為法也、神代以来、子孫相承、以襲天位。若兄弟相及、則乱従此興。仰論天心、誰能敢測。然以人事推之、聖嗣自然定矣。此外誰敢間然乎」。これは、天智と天武の王権の継承者として最有力の血統と資質とが認められていた大津皇子とその姉の大伯皇女を葬り去った持統の王権が、さらに壬申の乱の勝利の最高の功労者であった高市皇子の関係者に対してさえも政権からの排除をはかった動きが見てとれる発言である。このときの高市皇子の弟にあたる弓削皇子の不満の意思表示も当然であった。それにしても自己保身的な葛野王の人物像がよく浮かびあがる『懐風藻』の記事である。この葛野王の発言における子孫相承とは、草壁皇太子の嫡男子の軽王《かるのみこ》（文武《もんむ》天皇《てんのう》）の立太子の主張を意味するものであり、それはまさに持統天皇の意にそった発言そのものであった。かくしてさっそく軽王は、持統一一年（六九七）二月に皇太子となり、八月には持統天皇の禅譲によって即位して文武天皇となった。『懐風藻』の記事により没年が二五歳であるところから、即位の年にはまだ一五歳であったと考えられる。

つまり、持統天皇の治世とは、大津皇子の謀殺から始まり、草壁皇子の死亡、高市皇子の死亡、そして皇孫軽王つまり文武天皇の即位においてその執念を実現させる、皇位継承をめぐる非常な緊張の中にあった治世であった。鸕野讃良皇女にとって、自分の子である草壁皇子を優先させながらも亡姉の大田皇女の産んだ大津皇子にも重い地位を与えて草壁皇子の地位を不安定にさせるなどした天武天皇が、壬申の乱の最中にいかにも優柔不断な人物と描かれているのは、『日本書紀』の編纂の上で持統天皇の思惑が一部に反映しているのではないかとさえ推測されるほどである。

そのような持統天皇の治世下での神祇祭祀の諸施策について、『日本書紀』の記述は表6にみるとおりである。

　ここで、注目されるのは以下の四点である。

(1)斎宮のこと。天武の命により伊勢神宮に斎宮として奉仕していた大来皇女（大伯皇女）は、朱鳥一年（六八六）一〇月の弟の大津皇子の事件により一一月に帰京している。それに代わる皇女が斎宮として派遣された記事はなく、斎宮の派遣は持統朝にはまだ制度的には整備されていなかったと考えられる。

(2)神聖性の強調。持統天皇の即位は、原則となるべき皇位継承法がいまだ成立していなかった状況の中で、すなわち大きな政治的な緊張の中で実現したといってよい。持統四年（六九〇）正月戊寅の朔（一日）の即位の記事によれば、神祇伯中臣大嶋朝臣《なかとみのおおしまのあそん》が天神寿詞《あまつかみのよごと》を読み、それが終わって忌部宿禰《いんべのすくね》色夫知《しこぶち》が神璽《しんじ》と剣と鏡を皇后に奉上《たてまつ》り、皇后が即位して公卿百寮は羅列して拝み拍手をしたとある。そこには天皇の神聖性と儀礼的継承の重要性が演出的に強調されており、天武の王権を継承する持統の王権の特徴が現れている。持統六年（六九二）九月丙午（一四日）に神祇官が奏して神宝書四巻・鑰《かぎ》九箇・木印一箇を上《たてまつ》ったという記事もそれに関連して、天皇の神聖性の強調の一環であるといってよい。

(3)伊勢行幸の敢行。その即位の後、一月には畿内の天神地祇に班幣し七月には各地の天神地祇に班幣し、翌五年一〇月には新しい都城である新益京《しんやくのみやこ》（藤原京）の鎮祭を行なわせ、一

表6　持統朝の神祇祭祀の諸施策の記事

朱鳥1年（686）	11月壬子（16日）	伊勢神祠に奉れる皇女大来、還りて京師に至る。
持統3年（689）	4月乙未（13日）	草壁皇子死亡。
	5月	新羅との関係（神功皇后との類似）
	8月壬午（2日）	百官が神祇官（神官から神祇官へ）に参集して天神地祇のことを奉宣した。
持統4年（690）	1月戊寅の朔（1日）	皇后即位。神祇伯中臣大嶋朝臣が天神寿詞を読み、それが終わって忌部宿禰色夫知が神璽の剣と鏡を皇后に奉った。そして皇后が即位した。公卿百寮は羅列して拝み拍手した。 『延喜式』践祚大嘗祭式に「五位以上、共起就中庭版位跪、拍手四度、度別八遍。神語所謂八開手是也」とある。
	1月庚子（23日）	畿内の天神地祇に班幣した。神戸と田地とを加増した。
	7月戊寅（3日）	天神地祇に班幣した。
持統5年（691）	8月辛亥（13日）	18の氏（大三輪から阿曇まで列挙）に詔して其の祖等の墓記を上進させた。
	10月甲子（27日）	使者を遣わして新益京を鎮め祭らしめた。
	11月戊辰（1日）	大嘗をした。神祇伯中臣大嶋朝臣が天神寿詞を読んだ。
	丁酉（30日）	神祇官の長上から神部等にいたるまで、また供奉の播磨・因幡の郡司以下百姓まで饗を賜い絹なども賜った。
持統6年（692）	1月戊寅（12日）	新益京の路を観覧した。
	2月丁未（11日）	諸官に対して、3月3日に伊勢に行幸するので準備をするようにとの詔があった。それに対して、
	乙卯（19日）	中納言三輪朝臣高市麻呂が上表して、伊勢への行幸は農時の妨げとなるとして諫めた。
	3月戊辰（3日）	中納言三輪朝臣高市麻呂が冠を脱いで農作の季節に行幸されるべきではない

		と重ねて諫めた。 しかし、辛未（6日）その諫めには従わず天皇は伊勢に行幸した。
	壬午（17日）	行幸の一行が通過する神郡、及び伊賀・伊勢・志摩の国造等に冠位を賜い、今年の調役を免除し、供奉した騎士、諸司の荷丁、行宮造営の丁の今年の調役を免除して、天下に大赦した。
	甲申（19日）	通過した志摩国の百姓、男女80歳以上に1人につき稲を50束ずつ賜った。
	乙酉（20日）	飛鳥浄御原宮に還御した。
	5月庚午（6日）	阿胡行宮にいたときに贄を進上した紀伊国牟婁郡人阿古志海部河瀬麻呂等兄弟3戸に10年の調役・雑徭を免除した。また舵取りの船頭8人に今年の調役を免除した。
	5月丁亥（23日）	難波王等を遣わして藤原京の宮地を鎮め祭らしめた。
	庚寅（26日）	御幣を、伊勢・大倭・住吉・紀伊の大神に奉らしめた。新宮のことを申し述べた。
	閏5月丁未（13日）	伊勢大神から天皇に奏上したところによれば、伊勢国の今年の調役を免除されたが、その二つの神郡より納めるべき赤引糸35斤は来年にその分は減らすことにしたいとのことであった。
	6月癸巳（30日）	天皇が直接藤原京を観覧された。
	9月丙午（14日）	神祇官、奏して神宝書4巻・鑰9箇・木印1箇を上った。
	12月甲申（24日）	新羅の調を、伊勢・住吉・紀伊・大倭・菟名足の5社に奉納した。
持統8年（694）	1月乙巳（21日）	藤原京に行幸された。
	3月乙巳（22日）	御幣を諸社へ奉納した。
	3月丙午（23日）	神祇官の頭から祝部に至るまで164人に絁と布を賜わった。
	12月乙卯（6日）	藤原京へ遷都した。
持統10年（696）	7月庚戌（10日）	後皇子尊（高市皇子）没。

一月には一年遅れで即位の大嘗祭を執行している。そして翌六年一月には新益京の街路を観覧し、二月には三月三日の伊勢への行幸を宣言している。それに対して、中納言三輪朝臣高市麻呂《みわのあそんたけちまろ》が上表し伊勢への行幸は農時の妨げとなるとして思いとどまるよう諫めている。その三月三日には重ねて三輪高市麻呂が冠を脱いで諫めたが、辛未（六日）に天皇は伊勢への行幸を敢行した。

行幸の一行が通過する神郡《かみのこおり》、のちの『皇大神宮儀式帳』によれば大化の改新のときに度会《わたらい》と多気の二郡が神郡となったと伝えているが、その神郡および、伊賀・伊勢・志摩の国造等に冠位を賜い、今年の調役を免除し、供奉した騎士、諸司の荷丁《もちよぼろ》、行宮《かりみや》造営の丁の今年の調役を免除して、天下に大赦した。その後、五月になって阿胡行宮《あごのあんぐう》に滞在したときに贄《にえ》を進上した紀伊国牟婁郡《きのくにむろのこおり》の住人の阿古志海部河瀬麻呂《あこしのあまのかわせまろ》等兄弟三戸に一〇年の調役・雑徭《ぞうよう》を免除し、舵取りの船頭八人に今年の調役を免除している。

(4)天皇奉幣の神社として伊勢神宮が神社の筆頭となった。持統六年（六九二）五月庚寅（二六日）に御幣を、伊勢・大倭《やまと》・住吉《すみのえ》・紀伊の大神に奉らしめて新宮のことを申し述べ、一二月甲申（二四日）には新羅の調を、伊勢・住吉・紀伊・大倭・菟名足《うなたり》の五社に奉納した。

以上の四点からみて、この持統朝において伊勢神宮の祭祀が整備されていったこと、天皇（持統天皇）の神聖性が強調されてきたこと、「祈る天武」から「祭る持統」へと神祇祭祀の整備が進んだこと、などがわかる。つまり、伊勢神宮の祭祀は天武朝に本格的に始まり持統朝にその整備が進んだのである。それは新益京の造営と不可分の事業であり、政治の中核としての都城の造営と、神祇祭祀の中核としての伊勢神宮の造営とは、対をなす古代王権の基礎構築であったと考えられる。政治的な律令制と都城制に対応するのが宗教的な「神祇制と官寺制」であり、その神祇制の中核としての伊勢神宮の造営であったと位置づけられるのである。

天照大神と持統天皇

先に、日神と天照大神と伊勢神宮の三者について、時系列的には日神が推古朝で先行し、その後に天照大神と伊勢神宮が続くと述べたが、ではその天照大神の登場の時期はいつであろうか。そこで参照されるのは次の二点である。

①天武天皇の勅語を稗田阿礼が誦習した『古事記』ではほぼ一貫して天照大御神が登場する。②『日本書紀』ではその編纂上の年代区分の上でβ群に属する神代から神功摂政紀までを除けば、それ以後の歴史叙述の中には天照大神はまったくみられず、前述のように登場するのは天武紀の壬申の乱の最中の「天照大神」望拝の記事と大来皇女の「天照太神宮」への派遣の記事だけである。つまり、天照大神という皇祖神のイメージ形成は天武・持統朝に求めることができるのである。そして、伊勢神宮も前述のように同じく天武・持統朝に造営されていったと考えられる。では、天照大神という女性の皇祖神のモデルとなった天皇とは誰か、それこそ持統天皇その人であった。その根拠としてあげられるのは、①謚号、②皇孫と

神勅、③儀礼、である。

まず、①の諡号、であるが、これまでも注目されているように、[37] 養老四年（七二〇）成立の『日本書紀』の記す持統天皇の諡号は、「高天原広野姫天皇《たかまのはらひろのひめのすめらみこと》」である。しかし、『続日本紀』の大宝三年（七〇三）一二月一七日条の葬送関連記事の記す諡号は、「大倭根子《おおやまとねこ》天之《あめの》広《ひろ》野日《のひ》女尊《めのみこと》」である。このヤマトネコの諡号は持統の後継者たる文武、元明、元正にも継承される実体性のある諡号である。その持統の諡号が、「大倭根子天之広野日女尊」から、高天原を名乗る「高天原広野姫天皇」へと改定されるのが七〇三年以降、七二〇年までの間であり、その間の一七年間こそが、記紀の天照大神を中心とする高天原神話の最終的な形成期であったといってよい。

次に②の皇孫と神勅、であるが、天照大神と皇孫瓊瓊《にに》杵尊《ぎのみこと》の関係は持統天皇と文武天皇の関係を投影しており、「天壌無窮《てんじょうむきゅう》」の神勅はいわゆる「不改常典《ふかいじょうてん》」[38]の詔を反映していると考えられる。前述のように明確な皇位継承法の存在しなかった中で孫の文武天皇への継承を実現させ、さらに後々までも自らの皇統維持を念願した持統天皇の強固な意志がそこには作用していた。そして、持統天皇の方針の忠実な継承者であった女帝の元明天皇や元正天皇とともに「不改常典」の詔を用意するなどして、皇位継承を背後で推進した人物が当時の政権内に存在したはずであり、それは、時期的にみて当時『大宝律令《たいほうりつりょう》』のみならず『日本書紀』の編纂にも深く関わったと推定される藤原不比等《ふじわらのふひと》（六五九〜七二〇）であったと考えられる。

次に、③の儀礼、であるが、持統天皇の即位式において「公卿《まへつきみ》百寮《つかさつかさ》、羅列《つらな》りて匝《あまね》く拝みたてまつりて手拍《う》つ」とあるが、その拍手の作法は『延喜式』践祚大嘗祭式においては「五位以上、共起就中庭版位跪、拍手四度、度別八遍。神語所謂八開手是也」とあるように、これ以後の天皇の即位式のモデルとなったものである。この「八開手《やひらて》」の拍手の儀礼は、現在までも伊勢神宮の神職の間で継承されている「八度拝《はちどはい》」と呼ばれる正式な拍手の作法に通じるものである。

伊勢神宮の奉祭過程

以上の歴史的な追跡から伊勢神宮の奉祭過程として指摘できるのは、以下の一二点である。

(1)推古朝の遣隋使の派遣による文化的衝撃が一連の推古朝の改革を推進したと考えられるが、その一環に「天皇記」「国記」などの国史の編纂があり、その時点で「日神」祭祀の王権神話の原像が構想された可能性が大である。

(2)半島情勢の緊迫化の中で出雲国造に神社修造を命じた斉明五年（六五九）の時点で伊勢神宮が存在した可能性もあるが、逆にそこに伊勢神宮の修造や祭祀また「神風の伊勢」の記事がないことからすれば、まだ伊勢神宮が存在しなかった可能性のほうが大である。

(3)壬申の乱に際して大海人皇子（天武）が伊勢国朝明郡の迹太川の辺で天照太神を望拝したという記事からすれば、この時点ですでに天照大神が伊勢の神宮に祭られていた可能性はたしかにある。しかし逆に、伊勢の神宮とは記されていないこと、そして、日本書紀の神代から神功摂政紀までを除く歴史時代の叙述の中では、天照大神は一切登場せず、ほかならぬこの記事こそが初見であること、の二点を勘案すれば、この望拝の記事自体が戦時物語としての乱後の脚色によるものである可能性も大である。

(4)『古事記』にまったくその記載がなく、一方『日本書紀』の垂仁紀がとくに記す、天照大神の奉祭地をもとめての大和から伊勢への移動の物語における近江から美濃への迂回伝承には、壬申の乱の地理的展開の反映が色濃く見いだせる。つまり、その鎮座伝承は天武・持統朝からそれ以降における『日本書紀』の編纂の段階で構想されたものである可能性が大である。

(5)その垂仁紀の倭姫命による天照大神の伊勢への奉祭の物語の中にみられる「神風の伊勢」という表現は、神武東征の物語の中の久米歌にもみえ、また『万葉集』巻二の柿本人麻呂の高市皇子への挽歌にもみえる軍事的な意味をもつものであり、壬申の乱からの反映が色濃くうかがえる表現である。

(6)また「常世の浪」の常世という語は、同じ垂仁紀の九〇年条や神武東征の物語の中にもみえ、さらには神代紀（第七段の天石窟《あまのいわや》の神話の場面での常世の長鳴鳥《ながなきどり》、第八段の一書第六の少彦名《すくなびこな》が弾かれて渡ったという常世郷など）にも、顕宗《けんぞう》即位前紀にもみられる語であるが、歴史的には皇極三年（六四四）七月条の「常世神」の話にも登場する語であり、当時流通していた神仙思想の影響によるものと考えられる。つまり、「常世」という語の流通は皇極朝前後からと推定される。

⑺天皇が皇女をして天照大神に奉仕させる斎宮の制について、『日本書紀』には、①崇神、②垂仁、③景行、④雄略、⑤継体、⑥欽明、⑦敏達、⑧用明、⑨天武、の歴代の記事がみえ、①②③と⑨は天照大神への奉仕であるのに対して、④⑤は伊勢大神祠、⑥は伊勢大神、⑦は伊勢祠、⑧は伊勢神宮への奉仕と記されている。この天照大神への奉仕と伊勢の大神や神祠や神宮への奉仕という表記のちがいからわかることは何か。前述のように時系列上は推古朝以降に「日神」という観念が先行し「天照大神」という神話像は天武・持統朝以降に構想されたものであり、その伊勢への奉祭が「伊勢神宮」の造営である。つまり「日神」→「天照大神」→「伊勢神宮」の順である。

それなのに三番めの「伊勢」が④⑤⑥⑦⑧に、二番めの「天照大神」が①②③と⑨にみえ、一番めの「日神」が⑧にみえる。このことは、前述のように推古紀を見た上で書かれた用明紀が一番めの「日神」としているのは「もう一つの推古紀」、α群の推古紀からの流用の可能性があるが、その推古朝にすでに「日神」観念が国史編纂上の神話の中に登場していたことを示す。つまり、現存しない「もう一つの推古紀」、α群の推古紀には「日神」奉祭の神話が存在していた可能性が高い。それに対して、⑨の天武朝の「天照大神」は史実の可能性が高く、①②③はその投影に過ぎず史実とは認められない。

また、三番めのはずの「伊勢」が④⑤⑥⑦⑧にみえるが、その点から指摘できることは何か。まずその画期となっているのが、④雄略朝であること、そしてその雄略天皇の宮処《みやどころ》であったのが泊瀬であり、その泊瀬とは天武天皇の大来皇女（大伯皇女）が伊勢へ斎宮として派遣されるに際して、その前段階として斎宮が設営され、皇女が一年半もの間、静かに籠《こ》もっていた場所であるということである。つまり、天武朝から持統朝の時代においてもとくに歴史的で記憶的な存在であったのは雄略天皇であり、その宮処であった泊瀬の地が、皇女が身を清めて次第に神に近づく所とされているのであり、天武朝の史実を反映している可能性が大である。

また、天武天皇の命により伊勢神宮に斎宮として赴いた大来皇女（大伯皇女）は、朱鳥一年（六八六）一〇月の弟の大津皇子の事件により一一月に帰京しているが、それに代わる皇女が斎宮として派遣された記録はなく、政局混乱を胚胎《はいたい》していた持統朝においては斎宮の派遣の制度的な整備にはいまだいたっていなかったと考えられる。

(8)先に斎宮奉祭の伝承の項と、追記された用明紀と削除された推古紀の項とで前述したことであるが、現在のβ群の推古紀以外に、皇女の日神奉祭を記すα群の「もう一つの推古紀」が存在したことが重要なポイントである。現在みられるβ群の推古紀ではその部分が削除されており、それは日神奉祭に関する記事を、『日本書紀』の編者たちが推古紀よりも古い時代である崇神・垂仁朝へと移行させることにしたからだと考えられる。つまり、崇神紀・垂仁紀の記事は史実を記録したものではなく、日神祭祀の神話と儀礼が構想されたのは推古朝以降のことであったと考えられる。

(9)その推古朝以降における日神祭祀の神話の醸成、形成から天武朝の伊勢神宮への斎宮の派遣、持統朝の伊勢神宮の造営、そして文武二年（六九八）の伊勢神宮の造営へ、というその最終段階へといたるまでの経緯は必ずしも明らかでない。しかし、その間に少なくとも三つの画期を想定することができる。

一つは、前述のようないわば遣隋使ショックつまり遣隋使派遣で得た文化衝撃による推古朝の諸改革とその一環としての国史編纂、そしてその構想の中での王権神話としての日神祭祀の神話創造である。二つめは、半島情勢の変化にともなう対外緊張化の中での斉明朝における出雲国造に対する「修厳神之宮」の命令である。これはかつての欽明紀が記す高句麗の攻勢による百済の危機に際して「修理神宮、奉祭神霊」つまり神の宮を修《おさ》い理《つくろ》めて神の霊《みたま》を祭り奉らば、国昌《くにさか》盛えぬべし、といったという故事にも通じるものであり、斉明朝の半島戦略において、出雲とその地域王権が宗教的な意味での前線的な特別な意味をになうものと位置づけられていたことを示している。

この時期、伊勢神宮が奉祭されていたかどうかは前述のようにいずれとも断定できない。ただ「神風の伊勢」という表現が軍事的色彩の強いものであることからすれば、半島情勢の緊迫化からついには半島出兵へと向かうこの時期、すでに伊勢神宮が祭られていたのであれば、社殿の修造や祭祀が行なわれてしかるべきである。が、その記事はない。

三つめは、前述のような壬申の乱の最中に大海人皇子（天武）が望拝した天照大神というのが、すでに伊勢の地に祭られていたのか、まだ大和の地に祭られていたのか、という問題である。前者であればそれはいつからかという問題が残り、後者ならそれはどこかという問題が残る。しかし、前述のように根本的に、その望拝の記事自体が戦時的な物語として架空のものである可能性も残る。

⑽そこでここに一つの仮説を提示するならば、以下のとおりである。推古朝における王権神話の創造の中には日神祭祀の神話が存在した。しかし、それはまだ天照大神ではなかった。それは天皇家と蘇我氏との関係を中心とする王権起源神話であったと推測される。その後、斉明朝の半島情勢の緊迫化の中で、出雲の王権の祭祀世界に対する大和王権からの注目度が増し、後に述べるような大和の王権にとっての「〈外部〉としての出雲」という位置づけがなされていった。

それを暗示しているのが、垂仁の皇子の誉津別王《ほむつわけのみこ》の言語障害と斉明の皇孫の建王《たけるのみこ》の言語障害というモチーフの共通性、そして斉明紀と神功摂政紀の半島出兵という話題の共通性と、その神功摂政紀に記されている壬申の乱からの反映と考えられる「神風の伊勢」という表現、そして出雲神話に特徴的な「荒魂《あらみたま》・和魂《にぎみたま》」、すなわち『古事記』のいう「幸魂《さきみたま》・奇魂《くしみたま》」という表現である。つまり、のちの天武・持統朝に形成される天照大神とその伊勢神宮への祭祀へ向けての大きな画期がこの斉明朝にあったと推定されるのである。

⑾伊勢神宮の社殿造営の時期の問題としては、以下のように考えられる。天武三年（六七四）の大来皇女（大伯皇女）の伊勢派遣の段階では神宮の社殿はすでに存在していた。ただし、斎宮の大来皇女（大伯皇女）が泊瀬の斎宮に籠もったという天武二年（六七三）四月からいよいよ伊勢神宮に向かって出立したという天武三年（六七四）一〇月までの約一年半の

間に、その社殿の造営が行なわれた可能性がきわめて大である。翌天武四年（六七五）の十市皇女と阿閉皇女による伊勢神宮への参向においても、朱鳥一年（六八六）の多紀皇女、山背姫王、石川夫人の伊勢神宮への派遣においてもすでに神宮が存在していたことはいうまでもない。そして、持統六年（六九二）の持統天皇の伊勢行幸に際して伊勢神宮の社殿が完成していたことは確実であろう。その行幸の一行が通過する神郡、および伊賀・伊勢・志摩の国造等に冠位を賜いその年の調役を免除し供奉した騎士、諸司の荷丁、行宮造営の丁のその年の調役を免除して天下に大赦した、という記事からすれば、すでに伊勢神宮の造営や修理や祭祀の用度などの諸費用を負担し、供御し充当する神郡が設置されていたことになるからである。

この神郡の設置こそが、あらためて大規模な社殿造営を実現させる画期であったと考えられる。律令制的な税制度のもとでの正式な伊勢神宮の造営である。これは前述のように新益京（藤原京）という新たな都城の造営と対をなす国家事業であった。持統譲位によって即位した文武天皇の二年（六九八）一二月には「遷多気大神宮于度合郡」と、多気の大神宮を度会郡へと遷したことが記されており、その時点で伊勢神宮は五十鈴川のほとりの現在地へと祭られたものと考えられる[39]。つづく元明天皇の和銅元年（七〇八）一〇月には、平城京への遷都と平城宮の造営を告げるため、その伊勢神宮への奉幣が行なわれている。政治と宗教の二分論から見れば、政治権力としての「律令制と都城制」と、それに対応する宗教権威としての「神祇制と官寺制」という律令国家の体系のもと、神祇制の中核としての伊勢神宮の造営と祭祀がここに完成したのである。

⑿古代の伊勢神宮における天照大神の祭祀は、こうして推古、斉明、持統といういずれも女性の天皇の治世下に三つの画期をもって形成されたものである。そしてこれが日本の王権と神社祭祀の根幹を成すものとして、その後長らく継承されているのである。

第二章　〈外部〉としての出雲

1　王権のミソロジー（神話論理学）

（1）祭祀王と世俗王

天照大神の特徴

伊勢神宮の祭神である天照大神という神の特徴として主にあげられるのは、第一に、天皇自身ではなく皇女が御杖代《みつえしろ》・斎宮《さいぐう》として奉祭する神であるという点、第二に、新嘗の稲米などの穀類と贄物《にえつもの》の魚介類を飲食される神であるという点、第三に、二〇年ごとに式年遷宮、つまり社殿の造替をくりかえされる神であるという点の三点である。

第一の、御杖代としての皇女、斎宮は、神霊の依代《よりしろ》として奉仕する役である。それは崇神紀・垂仁紀の記すところである。天照大神と倭大国魂の二柱の神を天皇の大殿の内に並べ祭っていたが、神の勢いを畏れてともに住むこと安からずということで、天照大神を皇女豊鍬《とよすき》入姫命《いりひめのみこと》に託《つ》けて倭の笠縫邑に祭ることとして磯堅城《しかたき》に神籬《ひもろぎ》を立て、日本大国魂神《やまとおおくにたまのかみ》は皇女渟《ぬ》名城《なき》入姫《いりひめ》に託けて祭らせたが、渟名城入姫の髪が落ち身体が痩せ衰えて祭ることができなかったという。そこで大物主神の倭迹迹日百襲姫《やまとととびももそひめ》への神憑りがあり、大田田根子が大物主神を、市磯長尾市が倭大国魂神を祭ることとした。次の垂仁紀の記事では天照大神を豊耜入姫命から離して倭姫命に託け、倭姫命は大神を鎮め坐させん処を求めて大神の教えにしたがい、その祠を伊勢国に立てて斎宮を五十鈴川のほとりに興《た》てたという。

現在にまで伝承されている伊勢の皇大神宮《こうたいじんぐう》と豊受大神宮《とようけだいじんぐう》における禰宜《ねぎ》と大物忌《おおものいみ》の関係には、この斎宮に通じるところがあると指摘するのは桜井勝之進氏である。[1] 神宮では禰宜の斎戒の一部をその氏一統の童女に分担させる制度があり、それを物忌と名づけているという。鹿島神宮《かしまじんぐう》の「物忌」にも共通するもので、皇女は天皇の分身として代理として厳格な斎戒を分担しているものと考えられる。

第二の、神の飲食であるが、外宮の豊受大神が内宮の皇大神宮の天照大神への大御饌《おおみけ》をつかさどる御饌都神《みけつかみ》であり、現在も御饌殿では毎日朝夕の二回、天照大神に神饌《しんせん》を奉る祭りが行なわれている。歴史情報としては、九世紀初頭の史料として延暦二三年（八〇四）三月に度会宮禰宜五月麻呂、内人神主山代・同御受・同牛主らより神祇官を経て太政官に奏上された解文『止由気宮儀式帳』と、同年八月に宮司大中臣真継、禰宜荒木田公成、大内人宇治土公磯部小紲らが神祇官に進上した解文『皇大神宮儀式帳』がある。また、天武天皇の勅語による七世紀末から八世紀初頭の情報として、『古事記』の神話には鏡は御魂、思金神は政、この二柱の神は佐久久斯侶伊須受能宮《さくくしろいすずのみや》に拝《いつ》き祭るとあり、「登由宇気神《とゆうけのかみ》、此は外宮《とつみや》の度相《わたらい》に坐す神ぞ」とある。つまり、天照大神という皇祖神とは人間のように毎日生きて食事をする神だとする観念は、七世紀末以来長く継承されてきたものと考えられる。そして、その根幹をなすのが新嘗祭《にいなめさい》であり御贄《みにえ》の献納であるが、この問題は後述することとする。

第三の、二〇年ごとの新たな社殿の造替と神宝の奉献という式年遷宮をくりかえす神という点であるが、九世紀に著《あらわ》された『大神宮諸雑事記《だいじんぐうしょぞうじき》』の「持統女帝皇　即位四年庚寅太神宮御遷宮」の記事などから、持統四年（六九〇）から開始されたというのが通説とされている。また国史における「遷宮」の初見は『続日本後紀』嘉祥二年（八四九）九月七日条にまで下る。しかし、この遷宮が持統天皇から始まっていたことについては古代史の研究者の間でとくに異論はない。その後、戦国期の中断（寛正四年〈一四六三〉～永禄五年〈一五六二〉）や戦後の混乱期の昭和二四年（一九四九）の式年予定を昭和二八年（一九五三）に延期して実施した第五九回の遷宮などを経て、二〇〇九年現在、次回の第六二回の平成二五年（二〇一三）の遷宮に向けて、すでに諸行事が着々と進められているところである。この遷宮による社殿の新調と神宝装束類の奉献は、毎日の食事の調進と同じく神への清新なる衣食住の資財の奉献であり、天照大神が皇祖神として人格的に意識されてきたことをよくあらわしている。

それは、太陽神という素朴な自然神でもなく、デウスやアラーのような天地創造の絶対超越神でもない、生ける現人神《あらひとがみ》（景行紀にみえる表現）たる歴代の天皇にとっての皇祖神である。文武天皇が持統天皇の後ろ盾をもってその一年（六九七）の即位の宣命で、官僚貴族の心得として述べている「明《あか》き浄《きよ》き直《なお》き誠の心を以て（中略）務め結《しま》りて仕へ奉れ」という精神が、伊勢神宮の天照大神の祭祀の精神として永く継承されてきたものと考えられる。

二重王権論

日本歴史における王権論の試みの一つに、網野善彦《あみのよしひこ》・上野千鶴子《うえのちづこ》・宮田登《みやたのぼる》の『日本王権論』[2]がある。一九八八年の発言集であるが、上野氏の発言はいつものことながら刺激的である。まず、権力論の出発点には、〈内〉と〈外〉の弁証法があると上野氏はいう。そして、共同体や国家というものが自己認識をもつためには、〈外〉の存在、〈外部〉の認識が不可欠である、〈外部〉を設定したとき、必ず〈内〉と〈外〉の間に一定の〈交渉〉が現れる、その〈交渉〉が現れる場が〈境界〉である、その〈境界〉を媒介（mediate）する役割は、ある特定の人物に託される、それが司祭者であり、〈外部〉をコントロールする特権、祭司権をもつ、その〈外部〉の独占（monopoly）は、実体的な〈外部〉の独占、たとえば人や物や情報などの交通や交流の独占であると同時に、象徴的で儀礼的な〈外部〉の独占でもある、そのような〈外部〉の独占権を王権と呼ぶ、というのである。

日本の古代王権の特徴を解読する上で有効と考えられるのが、この三人の指摘する王権の世俗性と宗教性に着目するいわゆる二重王権論である。上野氏は、網野氏や宮田氏による日本の天皇の〈祭司王〉としての性格についての議論に対して、神話学者ジョルジュ・デュメジル[3]を紹介しながら、〈祭司王〉と〈世俗王〉とが二重化して別々に形象化されるという二重王権（diarchy）は世界中いたるところにみられるという。そして、〈祭司王〉と〈世俗王〉とを一身に兼ねる〈神聖王権（divine kingship）〉の問題にも言及している。

ここでは、この三人の議論を参考にしながら、あらためて、〈祭祀王・宗教王〉と〈世俗王・武力王〉という、王権の属性における二重性に注目して分析を進めることにしたい。

武力王・世俗王としての雄略

くりかえしになるが、ここでもう一度、具体的な日本歴史における古代王権に関する情報を整理しておこう。『漢書地理志』が記す前一世紀ごろの百余国分立の状態で、すでに小国における王の存在が推定される。その後、『後漢書東夷伝』が記す西暦五七年に遣使した倭の奴国王《なのこくおう》（一七八四年に筑前国志《し》賀島《かのしま》で発見された金印が参考資料）、一〇七年に遣使した倭国王帥升《すいしょう》（まだ倭国の統一が達成されていたとは考えられず、一小国の王とみる説が有力）、そして、『魏志倭人伝』が記す二三九年に遣使して「親魏倭王」の称号を受けた邪馬台国の女王卑弥呼の存在が知られている。その後、中国の南北朝期、つまり日本に関する情報が記されないいわゆる「空白の四世紀」を経て、再び中国王朝の歴史書に現れるのが、『宋書倭国伝』が記す、四二一年から四七八年まであいついで遣使し「安東将軍倭国王」などの称号を授けられた讃（応神・仁徳・履中の三説）、珍（仁徳・反正の二説）、済（允恭）、興（安康）、武（雄略）のいわゆる倭の五王である。

この倭の五王は仁徳から雄略までの歴代の天皇が比定され、その実在性が多くの古代史研究者によって支持されている。これら五世紀の王は、三世紀までの地方の小国家の王ではなく、それらを征服統合したまさに倭国の王であったと考えられている。そして、その王権の特徴は、武がその上表文に、「昔より祖禰躬ら甲冑を擐《つらぬ》き、山川を跋渉し、寧処に遑あらず。東は毛人を征すること五十五国、西は衆夷を服すること六十六国、渡りて海北を平ぐること九十五国」云々、と記しているように、卓越した武力に基づく王権であり、その意味では武力王、すなわち世俗王として位置づけられるということであった。しかし、その後、七世紀末から八世紀初頭の律令国家体制整備の段階で編纂された『古事記』や『日本書紀』の語る天武や持統の王権は、これと比較すると神聖性がきわめて強調されたものとなっている。

超越神聖王をめざした天武・持統

この間の王権の変質を考える上で、いま述べた二重王権論が有効な視点を提供してくれる。『魏志倭人伝』の記す三世紀半ばの邪馬台国の女王卑弥呼は、その記事をみるかぎり典型的な祭祀王であった。もちろん王権の二重性論からすれば純粋な祭祀王というのは存在しない。かならず世俗的な武力装置を装備していることにまちがいはない。しかし、卑弥呼の王権の特徴としては祭祀王としての性格が際立っている。それに対して、『宋書倭国伝』の記す五世紀後半の倭王武は列島一円の各地の小国家を征服統合した典型的な武力王であった。もちろん単純な世俗王・武力王というのではなく、一定の宗教性をもつ祭祀王としての側面があったにはちがいない。しかし、倭王武の王権を特徴づけていたのは、祭祀王ではなく世俗王としての性格であった。それに対して、七世紀後半の壬申の乱で勝利を収めた天武と持統の王権は、武力王であるとともにきわめて神聖性の強いものとなっている。

それは、欽明朝の仏教伝来にともなう宗教文化的衝撃、推古朝の遣隋使派遣にともなう政治文化的衝撃、斉明朝の半島情勢の大転換にともなう政治外交的衝撃、未曾有の内乱であった壬申の乱など、時代ごとの画期を経て成熟してきていた大和王権のすがたを示している。雄略には武闘の世俗性が卓越していたが、欽明から皇極までの歴代はいずれも仏教文化と半島交流を独占する蘇我氏の権勢を後ろ盾にしたいわば依存的な王権であった。その後をうけて、壬申の乱で勝利した天武には母親皇極以来の宗教性とともに結果的に武闘性が付加されてきたのであったが、その天武があらためて必要としたのは、その王権を強化する上でのさらなる祭祀性、神聖性の強調であった。つまり、中国皇帝を模して絶対的な支配者として律令国家に君臨する日本国王としてめざされたのが、世俗王権と祭祀王権との両者を合して一身に帯する超越神聖王権であった。そして、その実現の施策の一環を占めていたのが伊勢神宮の祭祀であり、その天武のめざした超越神聖王権を実現したのが、その後継者として自ら即位した持統であった。

ここで、記紀の語る神統譜や皇統譜の神話上における重要な論点が二点あるということに注意したい。第一は、いま述べた王権の祭祀性と世俗性というその二重性であり、第二は、前述した王権をめぐる〈内部〉と〈外部〉の弁証法的な関係性である。第一の王権の二重性は天武・持統によって超越神聖王権が実現したが、第二の王権をめぐる〈内部〉と〈外部〉の弁証法は、その天武・持統による伊勢神宮の奉祭と密接に関係している。天武・持統の王権にとっての神聖性の確保が、伊勢神宮の奉祭であったのに対して、神話世界において必要不可欠とされたのが、出雲という〈外部〉の設定であった。

（2）伊勢と出雲

伊勢神宮の創祀

伊勢神宮の創祀については、第一章で詳論したが、『日本書紀』の記事の整理から、以下の六つの記述が注目される。①崇神六年の皇女豊鍬入姫命による大和国笠縫邑での祭祀、②垂仁二五年にあらためて皇女倭姫命に託して近江から美濃へと鎮祭地をもとめてめぐり現在地伊勢へ奉祭した、③雄略一年に稚足姫皇女を伊勢大神の祠に侍らしめた、④用明天皇即位前紀に酢香手姫皇女をもって伊勢神宮に召して日神の祀りに奉仕させた、⑤大海人皇子（天武）が壬申の乱の戦略展開の最中に天照大神に遥拝して戦勝祈願を行なった、⑥乱の勝利後、即位した天武天皇はその二年に大来皇女（大伯皇女）を伊勢の天照大神の神宮に遣わし斎宮として奉仕させた、というこれら六つの記事である。

これらの記事のうち、歴史的な実体性という観点からすれば、前述のように大海人皇子による壬申の乱の勝利と、それをふまえて超越神聖王権の樹立へと向かった天武と持統による伊勢神宮奉祭という記事こそが史実にのっとるものであり、それ以外の記事は、記紀編纂の過程で整合性の上から仮託が行なわれた可能性が大である。『万葉集』巻二に収める高市皇子の殯宮《あらきのみや》で柿本人麻呂が歌った挽歌の、次のような一節も、天武天皇と壬申の乱の勝利と伊勢神宮奉祭というその密接な関係性をよく物語るものである。

「行く鳥の　あらそふ間《はし》に　渡会の　斎の宮ゆ　神風に　い吹き惑はし　天雲を　日の目も見せず　常闇に　覆ひ給ひて　定めてし　瑞穂の国を　神ながら　太敷きまして　やすみしし　わご大王の　天の下」

これは壬申の乱では伊勢の神風が吹いて勝利をもたらしたことを意味するが、この伊勢の神風をめぐる心性は、こののち長く日本の精神史の地下水脈に潜《ひそ》み続け、元寇やアジア太平洋戦争などといった未曾有の国難に際して繰り返し浮上してきたものである。そして、この壬申の乱で勝利をおさめて祭祀王権と世俗王権とを一身に帯する超越神聖王権をめざした天武と持統の時代に編纂された記紀神話において、特別な意味を与えられたのが「〈外部〉としての出雲」であり、それを語るのが出雲神話なのである。

日神の伊勢と日隈宮の出雲

『日本書紀』斉明五年（六五九）の記事に「是歳、命出雲国造闕名修厳神之宮」とある神之宮が、杵築大社か、熊野大社かについては議論の分かれるところであるが[4]、本稿の立場からいえばそれは杵築大社と考えるべきである。というのも、第一に、この出雲の神之宮の修造が百済滅亡（六六〇年）から白村江の敗戦（六六三）へと展開する緊張状況の中で命じられていること、そして第二に、大陸や半島に向かって日本海に面して対峙し、対馬海流によって大陸や半島の文物を絶え間なく寄せ来らしめてきた島根半島の西端の湾岸に立地するのが杵築大社であるということ、この二つの理由による。

大和の飛鳥の地からみて東方の海上に太陽の昇る地を求めれば、伊勢志摩の海岸へと至るのは地理的必然である。垂仁紀の語る大和の菟田から近江へ美濃へそして伊勢へと鎮祭地をもとめてめぐったという伝承は、前述のように天武の壬申の乱に深く関わる地名である。大和から見て東方に昇る太陽、海上から昇る清新なその太陽を拝することができる地、伊勢に自らの皇祖神天照大神を祭った天武と持統の大和王権が、その対比として強く意識し、記紀の神統譜の中に特別な位置を占めるかたちで設定したのが、西方の海上に赤く美しく輝きながら太陽が沈み行く出雲の神々の世界であったと考えられるのである。

『日本書紀』神代下の第九段一書（第二）の大己貴神《おおあなむちのかみ》の国譲りの記事の中で、「夫《そ》れ汝が治《しら》す顕露《あらは》のことは、是吾孫《すめみまし》治すべし、汝は以て神事《かみのこと》を治《しら》すべし。又汝が住むべき天日隅宮《あめのひすみのみや》は、今供造《つく》りまつらむこと、即ち千尋《ちひろ》の栲縄《たくなは》を以て、結ひて百八十紐《ももむすびあまりやそむすび》にせむ。其の宮を造る制《のり》は、柱は高く大《ふと》し。板は広く厚くせむ」とあるのは重要である。政治は皇孫に、神事は大己貴神に、との分業を語るとともに、その大己貴神を祭る杵築大社は天日隅宮と呼ばれている。太陽の沈む聖地に祭られる宮、という意味である。歴史地理的な継続性の観点からみるならば、現在でも宍道湖《しんじこ》や出雲平野からは島根半島の西端、杵築の地に美しく沈んでいく夕陽を見ることができる。それは仏教の西方極楽浄土観とはまったく別の系統の、古代の出雲地方の人びとの社会で形成されていた方位観であったと考えられる。日昇と日没という太陽の運行に注目する東西軸の方位観が、天武と持統の時代に編纂された記紀には深く底流していたのである。(5)

表1　出雲大社と伊勢神宮の対照性

	祭神	祭主	立地	方位	対外緊張
出雲	大国主神	出雲国造	日本海岸	西	半島・大陸
伊勢	天照大神	斎宮（皇女）	太平洋岸	東	無為安寧

	太陽	祭祀	司る世界	遷宮
出雲	日没	龍蛇祭祀	幽冥界	修造遷宮
伊勢	日昇	新嘗祭祀	現実界	式年遷宮

垂仁紀と天武紀にみえる伊勢と出雲

垂仁紀の記事には、前述のような皇女倭姫命に託して天照大神を伊勢に奉祭したという記事とともに、天照大神の言葉に、「是の神風の伊勢国は、常世の浪の重浪帰《しきなみよ》する国なり。傍国《かたくに》の可怜《うま》し国なり」と、「神風の伊勢」という表現がみえる。そしてその一方、後述するように、古事記では、皇子の本牟智和気《ほむちわけ》の発語不全が出雲大神の祟りで、「我が宮を天皇の御舎《みあらか》の如く修理《つくりおさ》めたまはば、御子必ず、真事登波牟《まこととはむ》」との夢告があって、それにしたがい出雲に参拝した本牟智和気が言葉を発することができるようになったという記事や、日本書紀では出雲国の神宝を検校させたという記事もみられる。

このように垂仁紀には、伊勢と出雲の両者への深い関与とともに、この時期に各地の神社に兵器を神の幣《まい》として納めて神祇を祭らせる方式を創始し、神地《かむどころ》・神戸《かむべ》を定めたという記事もみられる。それらの記事はいずれも斉明朝から天武朝にかけてみられた歴史事象が仮託されている可能性が大である。というのも、『日本書紀』の叙述の中では、斉明朝から天武朝の歴史的な事跡が、垂仁朝の事跡として記されている可能性が高いと考えられるからである。

たとえば、皇子の失語症は、斉明天皇の皇孫で八歳で亡くなった建王からの投影と考えられるし、また社殿の造営は、前述の斉明五年（六五九）の「是歳、命出雲国造闕名修厳神之宮」の記事に対比されるものであり、垂仁紀の記す伊勢神宮の奉祭や「神風の伊勢」という表現は、前述の天武紀の記す事跡のとおりである。そしてさらに、全国に向けての神祇祭祀の整備については、天武紀一〇年（六八一）正月己丑（一九日）条の「詔畿内及諸国、修理天社、地社、神宮」という記事が、律令国家体制の整備と神祇祭祀の関係をよく示している。そして、ここに「神宮」とあるのは、天皇の宮殿に等しい神の宮殿の意味であり、伊勢神宮と出雲大社の両社がそこに含意されているものと考えられるのである。(6)

2　出雲世界の歴史と伝承

（1）神話と儀礼

出雲国造神賀詞

古代の出雲が大和の王権にとって特別な存在であったことは、『古事記』や『日本書紀』

の伝える素戔嗚尊の八岐大蛇退治の神話や大己貴神《おおあなむちのかみ》による国作りや国譲りの神話など、一連の「出雲神話」と呼ばれる神話群の存在によって知られる。そして、その出雲の特殊性は、第一に、霊威の激しい畏《おそ》るべき祟《たた》り神《がみ》であり、そのイメージは不気味な蛇体の神々であったという点にある。それをよく示すのが、①素戔嗚尊の八岐大蛇退治の神話、②大己貴神による国作りにおける神霊の海上来臨とその大和三輪山への鎮座伝承、③垂仁天皇の子の本牟智《ほむち》和気《わけ》と一夜婚する肥長比売《ひながひめ》の物語、などである。このうち大己貴神による国作りの神話は、前段の少名毘古那神《すくなびこなのかみ》の協力による部分と、後段の海上来臨した神霊の加護による部分とから成り立っている。その海を照らして寄り来たった神霊について、『古事記』はとくにその名を記さないが、『日本書紀』神代上第八段の一書（第六）では、大己貴神の幸魂《さきみたま》と奇魂《くしみたま》であるとしている。この海上来臨した神こそは大和国の御諸山、すなわち三輪山に祀られた神であり、三輪の大物主神つまり蛇体の神なのである。

　そのような出雲の特殊性の第二は、神話世界に限らず、八世紀から九世紀の律令制下にあってもその伝承が中央の官人社会で具体的に共有されていたという点にある。出雲国造の補任にあたって行なわれた神賀詞《かむよごと》の奏上という儀礼がそれである。その式次第は、後世の一〇世紀の情報ではあるが、『延喜式』巻三の臨時祭の部に「賜出雲国造負幸物」条と「国造奏神寿詞」条として記されている。それによれば、出雲国造は他の各地方の国造が律令制下で消滅していった中で、特別に存続しつづけ、その補任に当たっては朝廷からとくに負幸物《おいさちもの》を賜わり、それに対して厳粛に神賀詞を奏上するという儀礼が執行されていたのである。その神賀詞の一節には次のようにある。

「すなはち大なもちの命の申したまはく、『皇御孫《すめみま》の命《みこと》の静まりまさむ大倭の国』と申して、己命《おのれみこと》の和魂《にぎみたま》を八咫《やた》の鏡に取り託《つ》けて、倭の大物主くしみかたまの命と名を称《たた》へて、大《おほ》御和《みわ》の神なびに坐《ま》せ、己命《おのれみこと》の御子あぢすき高ひこねの命の御魂《みたま》を、葛木の鴨の神なびに坐《ま》せ、事代主の命の御魂をうなてに坐《ま》せ、かやなるみの命の御魂を飛鳥の神なびに坐《ま》せて、皇孫の命の近き守神と貢り置きて、八百丹杵築《やほにきづき》の宮に静まりましき」

つまり、その内容は記紀の伝える神話の内容と一致しているのである。このような神賀詞の奏上記事は、『続日本紀』以下の国史で、霊亀二年（七一六）二月一〇日条の出雲国造果《はた》安《やす》の神賀詞奏上の記事を初見として、以下、果安の子広嶋《ひろしま》（神亀一年〈七二四〉正月二七日条）、さらにその子弟山（天平勝宝三年〈七五一〉二月二二日条）、国成《くになり》（延暦五年〈七八六〉二月九日条）、旅人（『日本後紀』弘仁三年〈八一二〉三月一五日条）、豊持（『日本紀略』天長一〇年〈八三三〉四月二五日条）、と、代々の国造補任と神賀詞奏上の事実を伝えている。たとえば、天長一〇年の豊持の記事では、「出雲国司、率国造出雲豊持等、奏神寿。幷献白馬一疋、生雉一翼、高机四前、倉代物五十荷。天皇（仁明天皇）御大極殿、受其神寿、授国造豊持外従五位下」と記されている。

出雲神話と出雲世界

古代史研究者の間でこれまで長いあいだ議論され、そしてこれからも長く議論されるであろう古代史上の一大問題とは、記紀の記す須佐之男命や大己貴神の物語を中心とする出雲神話が、実際の出雲世界の歴史上の事実をどれだけ反映しているのか、という問題であろう。大己貴神による葦原中国の国作りとその天孫への国譲りの物語が、実在した出雲の地方王権の大和王権への服属という歴史的事実を反映した物語であるのか、それとも、出雲地方にはそれほど強力な地方王権は存在せず、記紀の出雲神話はあくまでも大和の王権とその下での記紀の編者たちによって構成された大和王権の内部でだけ語られた虚構の物語に過ぎないとみるか、この問題にはいまだに明快な解答が得られていない。現在も、出雲地方から考古学的な発掘情報が新たに発信されるたびに、多くの研究者が関心を示すのは、出雲地方の地方王権の実体性についての問題に解決の糸口が与えられるのではないかという期待感からであり、それが明白に意識されるか否かは別として、第一にはやはり記紀の出雲神話の実体反映性に多くの研究者の関心が寄せられているといってよいだろう。

しかし、これは方法論的には困難であろう。どれだけの発掘情報がもたらされようとも、それは個々の発掘遺物の情報をめぐる個別実証的な解釈論のレベルでの議論に終始するしかない。大和の王権とどれだけの関係性を実証できるかは、いつまでも可能性の範囲内での議論にとどまり、最終的な実証的結論にまではなかなか到達できないであろう。しかし、その考古学的な情報収集と整理分析というあくまでも科学的な営みが、崇高な価値をもつことにまちがいはない。その着実な努力はこれまでも続けられてきたし、今後も続けられていくことに大きな意義を見いだすことができる。そこで、その考古学の堅実な研究に呼応できるかどうか、また、文献史学のこれまでの着実な研究蓄積に、どれだけ呼応できるかどうか、はなはだ心もとない限りではあるが、ここで柳田や折口に学ぶ日本民俗学の観点から、若干の考察を試みてみることとしたい。

まず、記紀の出雲神話に対する読みかたであるが、それはあくまでも記紀の世界における物語であると考えたほうが自然である。それは、その記録編纂が大和の王権の内部の人材によって実施されたものに他ならない、という単純な事実からだけでもいえることである。

そこで参考になるのは、記紀とは別に、天平五年（七三三）に出雲国造広嶋を中心とする出雲の現地の有力者たちによって筆録編纂された『出雲国風土記』（天平五年〈七三三〉二月三〇日の日付で、国造兼意宇郡大領の出雲臣広嶋と秋鹿《あいか》郡の人神宅臣全太理《みやけのおみまたたり》の連名で筆録編纂）の記す記事である。その嶋根郡や楯縫《たてぬい》郡や大原郡などの記事に「古老《ふるおきな》の伝へていへらく」とあることからも、それらの記事はおそらくは七世紀後半以降、出雲の現地で蓄積されていた伝承が中心であったと考えられる。しかしまた、同時にそれが、当時、天武以降、大和に新たに成立した、圧倒的な律令王権への完全な服属関係へという政治状況のもとで、その中央王権に提出されたものであるという点にも注意しなければならない。『風土記』とは単純素朴な地方史誌などでは決してなく、きわめて政治的な産物であり、律令国家の中央政権が構想し編集完成した記紀の世界と比較されるべき、各地の国単位の領域における伝承情報の収集と編纂の産物であった。したがって、そこには、律令政府へと提出されるにともなって、適宜、勘案編修された部分もあるはずである。出雲神話を特別に構想した記紀を国家の基礎文献とする中央政府へと提出された『出雲国風土記』の場合には、とくにこの点が重要であり、これを読む上では、その点にとくに注意すべきである。大和の王権の側で編纂記録された記紀の記す神話や伝承が、『出雲国風土記』にどれだけ反映混入しているか、という視点が重要となるゆえんである。

その視点に立つとき、『出雲国風土記』の記述に関して以下の諸点が指摘できる。第一点は、記紀の記述からみた比較情報についてである。第二点は、『出雲国風土記』からみた比較情報についてである。第三点は、『出雲国風土記』の独自情報についてである。

まず、第一点では、①素戔嗚尊の八岐大蛇退治の情報がない。②大己貴神による国作りや国譲りの物語の詳細についての情報がない。

第二点では、①須佐乃烏命は、安来《やすき》郷の地名由来譚や大原郡の記事など一部に出てくるだけであるが、その須佐乃烏命の御子の何某の命、という形であればそれこそ随所に出てくる。②天《あめ》の下造《したつく》らしし大神と常に呼称される大穴持命《おおなもちのみこと》（大己貴神・大国主神）による、国作りと国譲りの詳細にわたる記事はないが、その基本だけは最初の意宇郡母理《もり》郷の記述の中で簡潔に記されている。そして、その天の下造らしし大神としての大穴持命の名前はそれこそ随所に出てきており、もっともポピュラーな神としてさまざまな由来譚の中心的な存在となっている。また、須久奈比古命《すくなひこのみこと》もその名前だけは飯石郡多禰《たね》郷の地名由来譚で一部だけだが出てきている。③記紀神話の原点にあるイザナギ・イザナミの二神に関する記述も、嶋根郡千酌駅家《ちくみのうまや》についての伊佐奈枳命《いざなぎのみこと》の御子、都久豆美命《つくつみのみこと》の記事、それに出雲郡宇賀《うか》郷の黄泉の坂、黄泉の穴の記事にみられる。④歴代天皇の事跡に関連する記事としては、三人の天皇の名が出てくる。一人は、出雲郡健部《たけるべ》郷の地名由来譚で倭健命の父親としての纏向《まきむく》の檜代《ひしろ》の宮に御宇しめしし天皇（景行天皇）、二人目は、日置臣《ひおきのおみ》や日置の伴部に関わる志貴島《しきしま》の宮に御宇しめしし天皇（欽明天皇）、三人目は、飛鳥の浄御原の宮に御宇しめしし天皇（天武天皇）である。ただし、その天武朝とされる意宇郡毘売《ひめ》埼に因む話は、記紀神話の大国主神に関係する因幡白兎《いなばのしろうさぎ》のモチーフや神霊の海上来臨のモチーフ、それに神代記紀の海幸彦と山幸彦と和邇《わに》魚のモチーフが、それぞれわずかながらも混融した物語となっており、通常の地名由来譚とは異なり特別に構成されたような物語となっている。⑤「出雲国造神賀詞」についての記事もみられ、「神吉詞」の奏上に旅立つ国造の禊《みそ》ぎ祓えの場所として、意宇郡の忌部《いんべ》の神戸《かんべ》や仁多《にた》郡三沢郷の記事が記されている。

第三点としては、①出雲独自の国引き神話の主役は八束水臣津野命《やつかみずおみつののみこと》である。しかし、この八束水臣津野命は国引き神話以外にはほとんどその活躍を伝える記事がない。②杵築大社について、「出雲の御埼山《みさきやま》　西の下《ふもと》に謂はゆる天の下造らしし大神の社坐《やしろいま》す」とその位置を記し、杵築の地名の由来についても、「杵築の郷　郡家《こほりのみやけ》の西北《いぬゐ》のかた廿八里六十歩なり。八束水臣津野命の国引き給ひし後、天の下造らしし大神の宮を造り奉らむとして、諸《もろもろ》の皇神《すめがみ》等《たち》、宮処に参集《まゐつど》ひて、杵築きたまひき。故、寸付《きづき》といふ。神亀三年、字を杵築と改む」とある。つまり、八束水臣津野命が国引きを行なった後に、あらためてこの地に天の下造らしし大神を祭るための宮を築いたというのであり、この記述からは、海に臨む半島の付け根に宮を築いたという意識が明白である。そしてその「諸の皇神等、宮処に参集ひて、杵築きたまひき。故、寸付とふ」という記述は、『日本書紀』神代下第九段の一書（第二）の「又汝が住むべき天日隅宮は、今供造りまつらむこと、即ち千尋の栲縄を以て、結ひて百八十紐にせむ。其の宮を造る制は、柱は高く大し、板は広く厚くせむ」という記述とよく呼応している。③出雲国内の歴史的伝承や地理的情報や産物情報など、豊富な記事がみられるが、往古の出雲の地方王権の存在を示唆するような情報はとくにない。

以上のべてきたところをまとめると、第一に、『出雲国風土記』は記紀神話の語る素戔嗚尊と大己貴神の物語に対応し、それへの整合性をはかるかたちで記述を構成している。そう判断するのは、この二柱の神についてはそれぞれの物語の独自性が記紀神話のほうにあり風土記にはないからである。

第二に、欽明朝の事跡と記す日置臣や日置の伴部の記述は、六世紀半ばに大和の王権が日昇と日没の東西軸を意識する信仰にも関連しつつ出雲地方への支配権を伸長させていたという伝承が存在したことを暗示している。それははるかな時代をへだててはいるが、日御碕神社の名称とその社家の小野氏が日置臣の子孫であるという伝承を有していることと対応している可能性もある。

第三に、天武朝の事跡と記す意宇郡毘売埼に因《ちな》む和爾《わに》に害された少女と大神の和魂や荒魂の話題、そして和爾たちの行動の物語を、比較的冒頭に近いところに掲載しているのは、大和の天武・持統の王権と出雲国造との間に一定の情報交流、それは政治的圧力と神話的な情報交流という両方の意味の可能性が高いのであるが、それが確実に存在していたことを示唆している。

第四に、それらをふまえていうならば、記紀の中の出雲神話は、出雲地方における現地の人たちの現実の記憶の伝承だけではなく、大和の王権が、出雲の地方王権に接触してその相互交流の中で一定の歴史的現実をもとにしながらも政治的な構想力を加えて蓄積し、さらにそれを整序して神話化した構成物語とみたほうがよい。それは古くは欽明朝の日置臣や日置の伴部の設置のころからうかがわれることだが、本格的には斉明朝の対外緊張から天武朝の国内緊張へという政治情勢の展開の中でのことであり、この内外の緊張状況が、出雲世界とその神々の祭祀への関心と関与とを促進させた原動力であったと考えられる。

斉明朝における半島政策の緊張と破綻に対する神話的逆説的反映と考えられるのが、神功皇后の三韓征伐の物語である。その中に、荒魂と和魂の加護という出雲神話に特有の霊力が強調されていることもそのことをよく示している。そして、記紀の出雲神話の物語的な整序の最終段階とは天武・持統の治世下、そしてそれを継承して『日本書紀』の編纂を完了した文武・元明・元正の治世下、であったと考えられる。

(2) 出雲大社の創建

埋納された青銅器

昭和五九年（一九八四）から昭和六〇年（一九八五）にかけて、島根県斐川町《ひかわちょう》の神庭《かんば》荒神《こうじん》

②

①

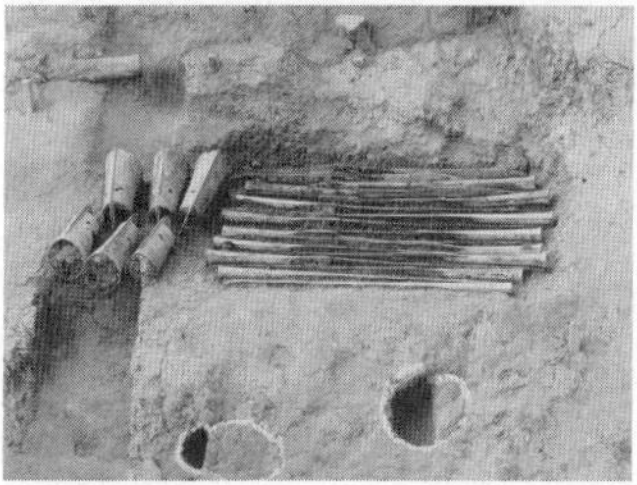

③

④

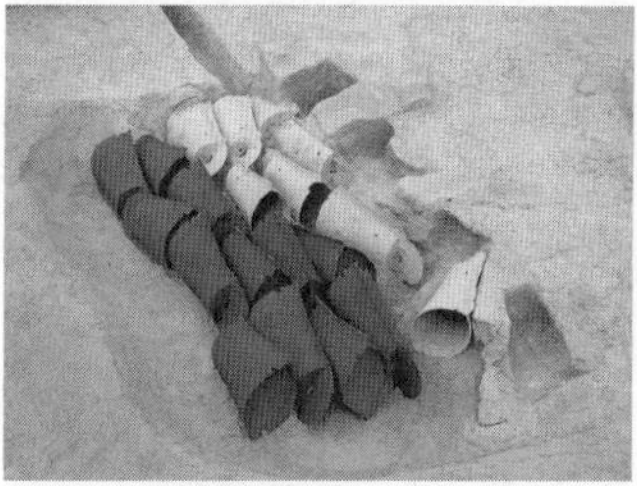

⑤

①島根県荒神谷遺跡
②荒神谷遺跡出土銅剣
③荒神谷遺跡出土銅矛・銅鐸
④加茂岩倉遺跡（遺跡西側上空より谷を望む）
⑤加茂岩倉遺跡銅鐸配列復原状況
（島根県立古代出雲歴史博物館提供）（加茂町教育委員会提供）

谷遺跡《だにいせき》では、計三五八本の銅剣、それに銅鐸六個、銅矛一六本が発見された。そして、その約一〇年後の平成八年（一九九六）には、それにほど近い大原郡加茂町《かもちょう》（現雲南市）の加茂《かも》岩倉遺跡《いわくらいせき》で、計三九個もの銅鐸が発見された。

このような古代の、とくに弥生時代の祭祀に用いられたと推定される青銅器類の豊富な出土量からみて、弥生時代の出雲地方が、日本列島内でも北部九州や畿内とともに朝鮮半島との交流をさかんに行なっていた先進地帯であったことが明らかとなってきている。しかし、それら出雲の豊富な青銅器類は、弥生Ⅰ期（前期）・Ⅱ期（中期）に登場して、Ⅲ期・Ⅳ期（中期）の盛行をみせたのち、Ⅴ期（後期）には忽然《こつぜん》とその姿を消す。この弥生後期のⅤ期は、北部九州では依然として祭祀具として特化したと思われる広形銅矛《ひろがたどうほこ》・広形銅戈《ひろがたどうか》が、また近畿・東海地方では大型化した突線鈕式銅鐸《とっせんちゅうしきどうたく》がまだ盛行をみせていた時期である。それにもかかわらず、出雲地方ではいち早くそれらの青銅祭器類を消失させているのである。

そこで、その背景として注目されているのは、弥生後期の出雲地方でみられる四隅突出型《よすみとつしゅつがた》墳丘墓《ふんきゅうぼ》の出現である。昭和五八年（一九八三）から一〇年間にわたって発掘調査された、出雲市の西谷墳墓群《にしだにふんぼぐん》の中の西谷3号墓がその代表例である。西谷墳墓群は、神庭荒神谷遺跡から西方約八・二キロメートル、加茂岩倉遺跡から西方約九・三キロメートルの斐伊川《ひいかわ》下流西岸の丘陵上に位置する弥生時代後期から古墳時代前期にかけての墳墓群である。そこには六基の四隅突出型という特異な墳墓が存在するが、中心的な位置を占める西谷3号墓は、一辺四〇メートルを超える大規模なものである。

つまり、共同体的であった青銅器祭祀からあらたに登場した首長の権威を仰ぐ墳墓祭祀へ、という大きな転換が、弥生時代中期後半の出雲の地で起こったのではないか、というのが現在の通説的な解釈である。

しかし、それにしてもなぜ青銅器は次の世代の首長たちの権威の象徴、いわゆる威信財として継承されなかったのだろうか。『魏志倭人伝』にみる卑弥呼の銅鏡が、魏の皇帝から下賜されたものとして有名であるが、それらの銅鏡の場合には、それらが威信財として中央の王から地方の首長たちに下賜、分配された例が知られている。ではなぜ、銅剣や銅矛、銅戈などの武器形青銅器や銅鐸が、新たな首長の威信財として継承されなかったのか。この疑問はどうすれば解決できるであろうか。

その重要な鍵は、神庭荒神谷と加茂岩倉の遺跡の発見それ自体であり、ていねいな発掘作業による豊富な知見の獲得である。約二〇〇〇年前の埋納の状態がそのまま保存されていたというその点にこそ、弥生中期に突如として青銅器類が消失していった理由や背景に関する情報が秘められているはずである。

青銅器祭器類の集中的な埋納の意味についてのこれまでの考古学者の解釈は多様である。①廃棄説、②隠匿《いんとく》説、③土中保管説(7)、④境界埋納説(8)、⑤地鎮説(9)、⑥ポトラッチ的浪費説(10)、⑦奉献説(11)、などの諸説が提出されているが、いずれも埋納の立地や地点などすべてにわたって合理的に解釈するのは困難であり、決定的な解釈とはなりえず、判断は留保せざるをえないというのが現状だという(12)。

しかし、それは全国的な青銅器埋納の理由を一律的な解釈のもとに行なおうとするゆえの困難である。発掘情報の豊かな出雲の神庭荒神谷遺跡と加茂岩倉遺跡の場合は、両者の埋納状況の具体的で現実的な解釈が優先されてよいであろう。そこで、現在の段階で指摘できる点を整理してみると、以下の通りである。

(1)神庭荒神谷遺跡出土の、計三五八本の銅剣、銅矛一六本、銅鐸六個について。

①銅剣の型式と同笵《どうはん》関係については、銅剣三五八本がすべて中細形銅剣《なかほそがたどうけん》c類という同一器種、同一型式で、四三組の同笵関係が確認された。三五八個体のうち、二九六個体が比較でき、鋳型の数にして二二六種に整理できた。二本一組が二六組、三本一組が一〇組、四本一組が四組、五本一組が三組であった。つまり同笵品が確認されたのが一一三本、残りが一八三本であった⒀。このように同一器種で同笵品を多く含むことから、同一箇所で同一時期に製作されたものと考えられる。そして、その製作地は出雲であったと考えられる。また、埋納の時期はⅣ期（弥生中期後半）と推定される⒁。

②銅矛一六本は、中細形銅矛a類二本、中広形銅矛a類二本、中広形銅矛b類一二本であった。銅矛の分布は九州地方に集中しており、これらの銅矛は北部九州で製作されたのち出雲に搬入されたものと推定される⒂。

③銅鐸の型式分類は、古い順にⅠ式（菱環鈕式《りようかんちゆうしき》）、Ⅱ式（外縁付鈕式《がいえんつきちゆうしき》）、Ⅲ式（扁平鈕《へんぺいちゆう》式《しき》）、Ⅳ式（突線鈕式《とつせんちゆうしき》）とされているが、神庭荒神谷の銅鐸六個の内、Ⅰ式（5号鐸）とⅡ

青銅器の変遷

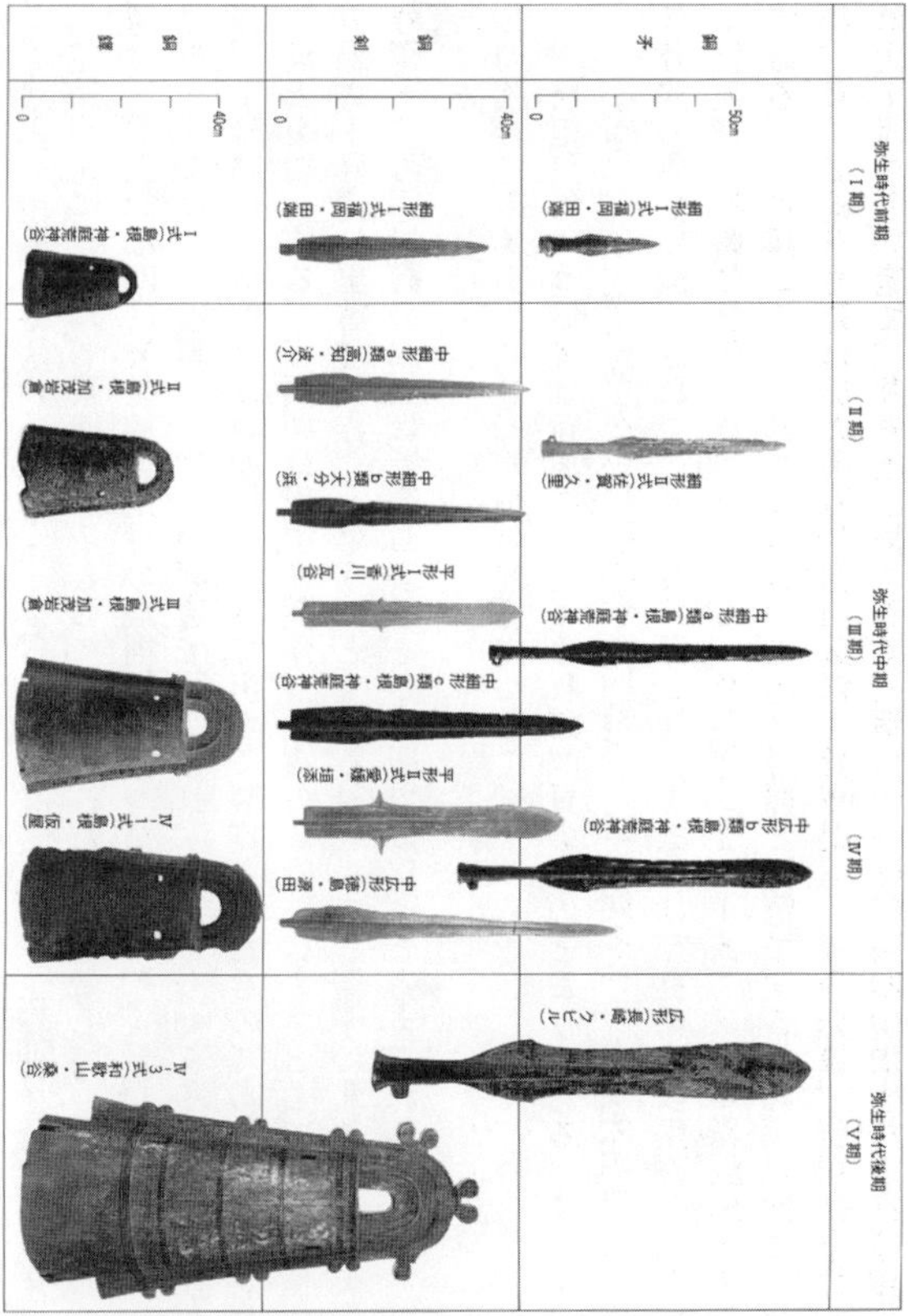
弥生時代前期（Ⅰ期）
（Ⅱ期）
弥生時代中期（Ⅲ期）
（Ⅳ期）
弥生時代後期（Ⅴ期）
銅矛
銅剣
銅鐸
0
50cm
40cm
細形Ⅰ式（福岡・田端）
細形Ⅰ式（福岡・田端）
Ⅰ式（島根・神庭荒神谷）
細形Ⅱ式（佐賀・久里）
中細形a類（高知・波介）
中細形b類（大分・浜）
Ⅱ式（島根・加茂岩倉）
中細形a類（島根・神庭荒神谷）
平形Ⅰ式（香川・瓦谷）
中細形c類（島根・神庭荒神谷）
Ⅲ式（島根・加茂岩倉）
中広形b類（島根・神庭荒神谷）
中広形（徳島・源田）
広形（長崎・クビル）
Ⅳ-3式（和歌山・桑谷）

式（2・3・6号鐸）が四個で、どの型式に属するか不明なものが二個（1・4号鐸）である。最古の段階の特徴をもつⅠ－1式に属する5号鐸は、内面にある突帯が磨り減っており、長期間にわたって楽器のカネとして使用された痕跡を残している。Ⅱ式の2・3・6号鐸は、典型的な四区《よんく》袈《け》裟襷《さだすき》文《もん》銅鐸《どうたく》の規則性を守ったもので、4号鐸もこの流れに沿った型式であり、これらは近畿およびその周辺で製作され、出雲にもたらされた可能性が高い。しかし、1号鐸は、個性の強い独特の銅鐸で出雲で製作されたものである可能性が高い[16]。

以上を要約すると、銅剣は出雲で製作、最古の5号鐸はカネとして使用、個性の強い独特の銅鐸1号鐸は出雲で製作、ということである。そして、銅矛は北部九州で製作、銅鐸も1号鐸と5号鐸以外の四個は近畿およびその周辺で製作、と考えられるという。

(2)加茂岩倉遺跡出土の計三九個の銅鐸について。

①同笵関係については難波《なんば》洋三《ようぞう》氏によれば次頁の図のとおりである。4・7・19・22号鐸（Ⅱ－1式）は和歌山県太田《おおた》黒田《くろだ》銅鐸と同笵で、22号鐸→19号鐸→太田黒田銅鐸・4号鐸→7号鐸の順番に製作されている。17号鐸（Ⅱ－1式）は奈良県上牧《かんまき》銅鐸と同笵で、17号鐸→上牧銅鐸の順番に製作されている。6・9号鐸（Ⅱ－1式）は兵庫県辰馬《たつうま》419号鐸と同笵である。5号鐸（Ⅱ－2式）は兵庫県気比《けひ》2号鐸と同笵で、5号鐸→気比2号鐸の順番に製作、Ⅱ－2式21号鐸は伝大阪府陶器山《とうきやま》銅鐸、兵庫県気比4号銅鐸、伝福井県井向《いのむかい》出土鐸（明治大1号）と同笵で、井向出土鐸を除く三個の中では伝陶器山出土鐸が21号鐸・気比4号鐸

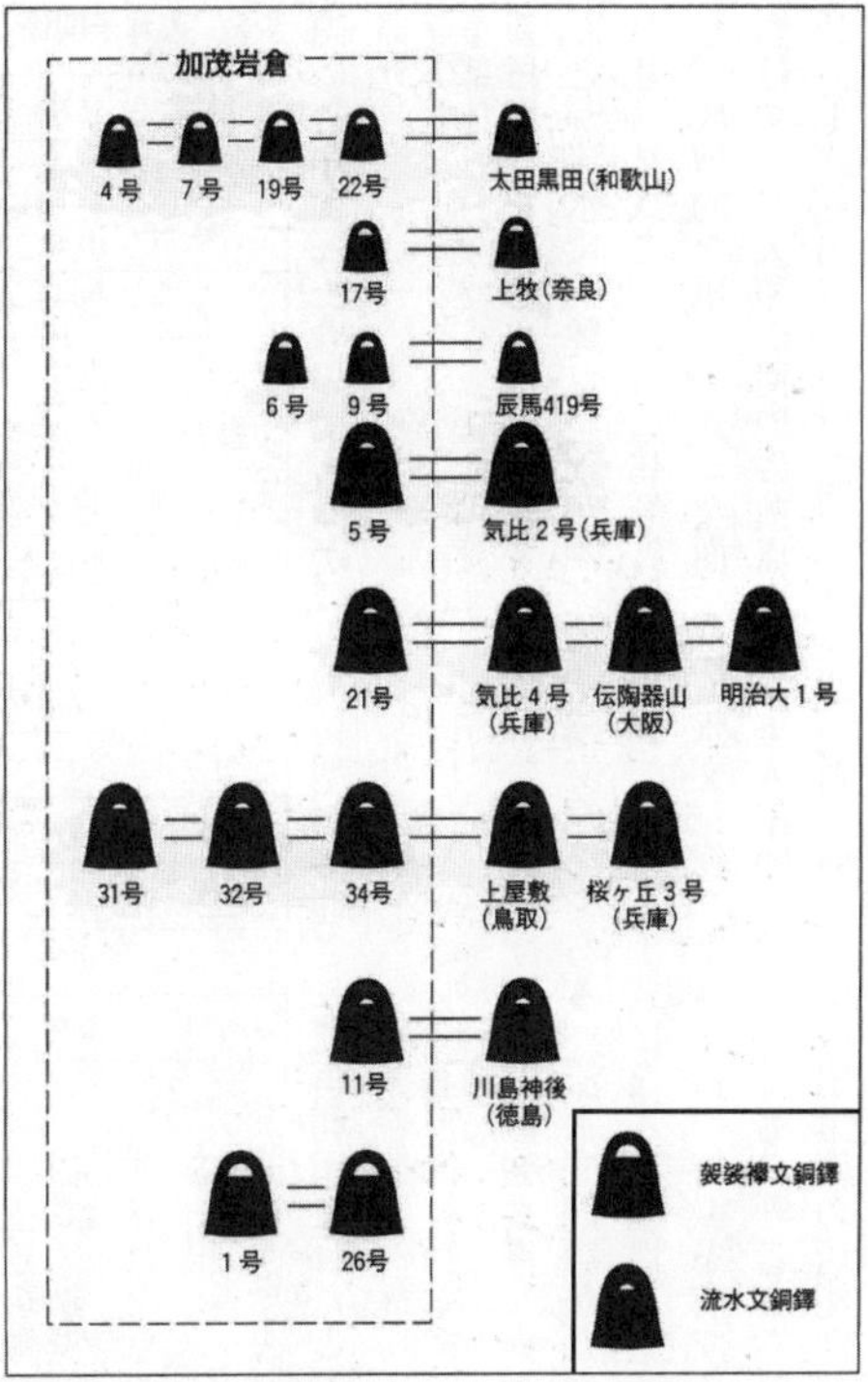

加茂岩倉銅鐸の同笵関係（島根県立古代出雲歴史博物館提供）

よりも先に鋳造されている。31・32・34号鐸（Ⅱ－2式）は、兵庫県桜ヶ丘3号鐸、鳥取県上屋敷《かみやしき》鐸と同笵で、32・34号・上屋敷が先で桜ヶ丘が後の製作である。11号鐸（Ⅱ－2式）は徳島県川島神後《かわしまじんご》銅鐸と同笵である。以上、同笵関係にある七組はいずれもⅡ式で時期的に

表2　入れ子関係

1号	4号
2号	3号
5号	6号
7号	28号
8号	9号
11号	12号
13号	14号
15号	16号
18号	19号
26号	27号
29号	30号
31号	39号
32号	33号
35号	36号
37号	38号

は上述の順番に新しくなると考えられ、すべて石製鋳型を使って製作されたものと考えられる。残りの一組（1号鐸と26号鐸〈Ⅲ－2式〉）は土製鋳型を使って26号が先に製作されたものであるが、土製鋳型が修理されて再利用されたことを示す珍しい例だという(17)。

②同じく難波洋三氏によれば、Ⅱ－1・2式（外縁付鈕1・2式）とⅢ－2式（扁平鈕式新段階）を中心に構成されており、Ⅱ－1式はすべて四区袈裟襷文銅鐸で、Ⅱ－2式はほとんどが流水文銅鐸《りゅうすいもんどうたく》で一部が四区袈裟襷文銅鐸である。流水文銅鐸が九個あり、そのうち七個がⅡ－2式で、二個（15号鐸と28号鐸）はⅢ－1式になる可能性もあるが、複数の区画があり、典型的なⅢ－1式（全面一区流水文銅鐸）よりは古い特徴を有する。この流水文銅鐸九個はすべて大和か河内に拠点をおく工人集団が製作したものと考えられる。製作年代の古いⅡ－1式も出雲製の可能性は低いが、新しいものには出雲製の可能性もある。それは四区袈裟襷文銅鐸の18・23・35号鐸（＝Ⅲ－2式かⅣ－1式にするか微妙）で、これらは同時期の畿内で作られた銅鐸とは異なる特徴を有する。同じ四区袈裟襷文銅鐸でⅢ－2式の1・26号鐸も微妙で、畿内と共通しながらも独特な点もある。これら五個の四区袈裟襷文銅鐸には×印の刻印がある。それに対してⅢ－2式の六区袈裟襷文銅鐸四個には×印の刻印はない。そ

のⅢ－２式の六区袈裟襷文銅鐸の製作地や工人は不明である。

③加茂岩倉遺跡の銅鐸の出土状況の特徴の一つが大小二個の銅鐸の入れ子状態での出土である。その入れ子関係は、１号と４号、２号と３号、５号と６号、７号と28号、８号と９号、11号と12号、13号と14号、15号と16号、18号と19号、26号と27号、29号と30号、31号と39号、32号と33号、35号と36号、37号と38号である。全体で三九個の銅鐸のうち、一二組確認、三組は推定であるが、計一五組三〇個が入れ子であり、10号、17号、20号、21号、22号、23号、24号、25号、34号、の九個が単体であった[18]。入れ子の意味は速断できないが、集中的な埋納状態であるということは事実である。

以上を要約すると、近畿地方や四国の一部と同笵関係にある銅鐸が多いが、それでも出雲のものが先に製作されている例が多い。ただし流水紋銅鐸九個はすべて大和か河内に拠点をおく工人集団が製作したと考えられる、また×印のみられる四区袈裟襷文銅鐸（Ⅲ－２式～Ⅳ－１式）五個は出雲で製作された可能性がある、ということである。そして、銅鐸の大多数が入れ子という集中的な埋納状態であったという点も特徴的である。

⑶神庭荒神谷遺跡と加茂岩倉遺跡の両者の比較の視点から。

①銅鐸の比較の上では、加茂岩倉の銅鐸のサイズは大が全高約四五センチメートルで、中が全高約三〇センチメートル、両者の組み合わせとして計一五組三〇個の入れ子がみられたが、それに対して神庭荒神谷の銅鐸のサイズは全高約二〇センチメートルと小型であり、加

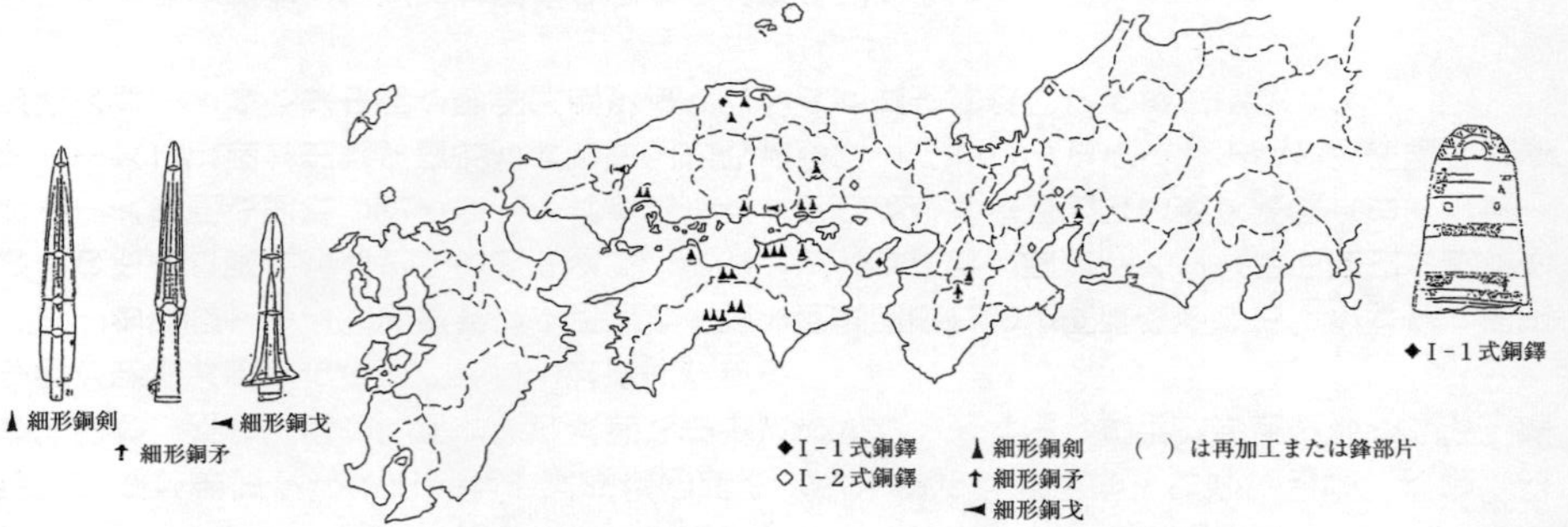

埋納された武器形青銅器と銅鐸の分布【第Ⅰ段階】

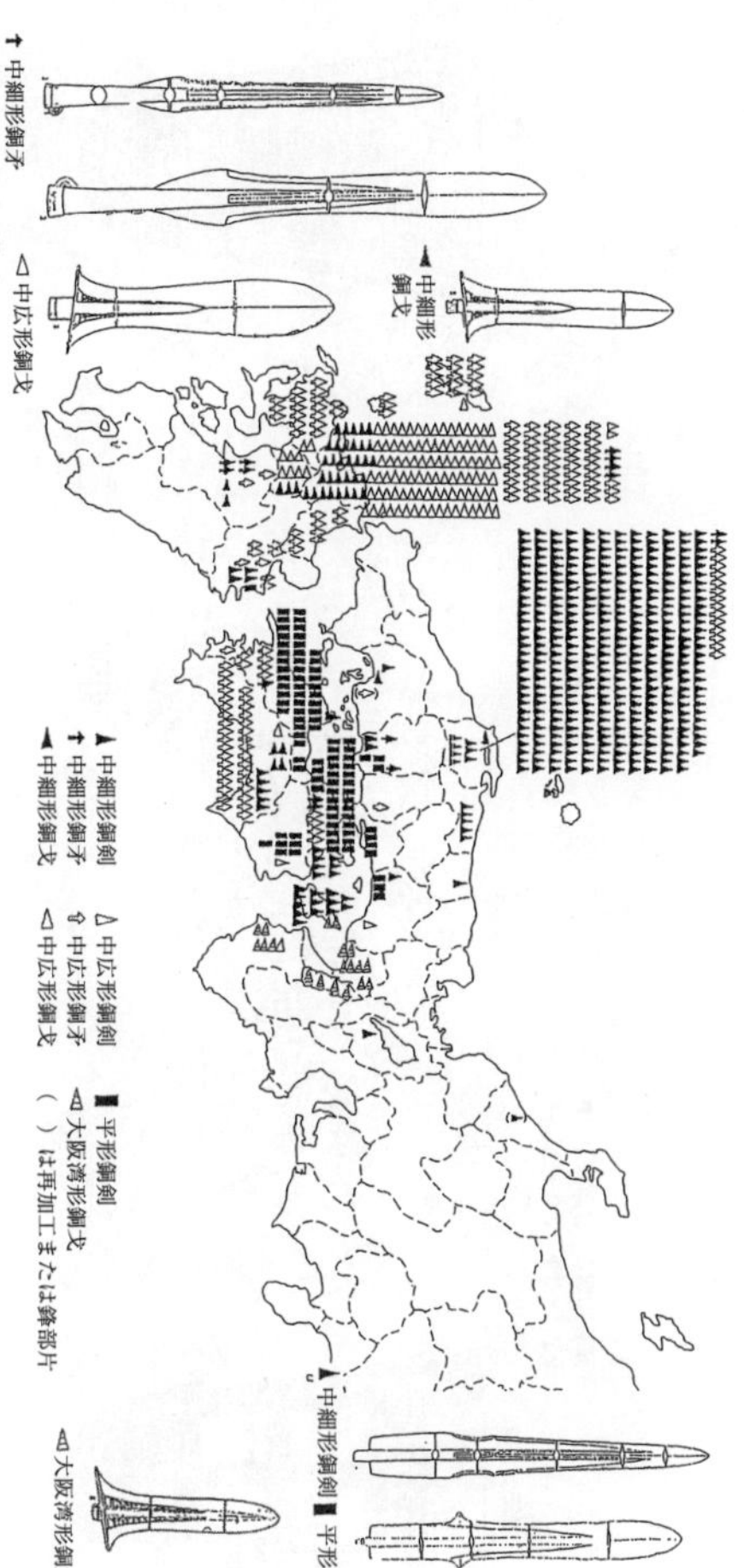

埋納された武器形青銅器の分布【第II段階】

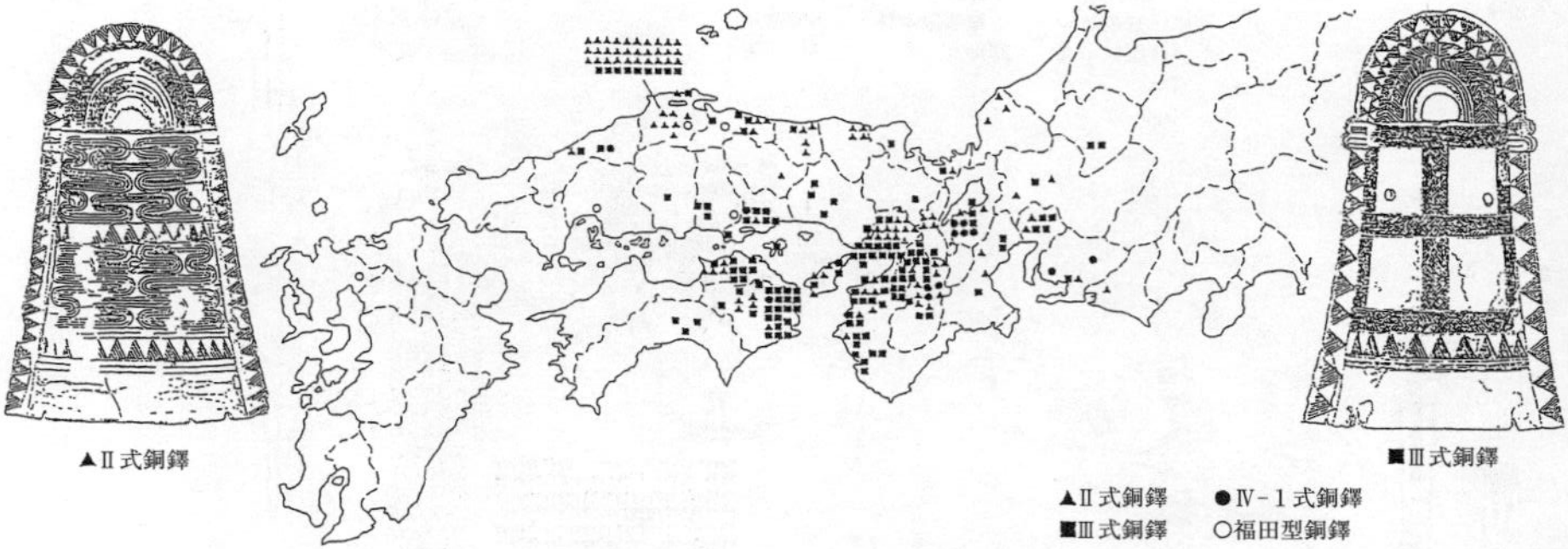

銅鐸（Ⅱ式～Ⅳ-1式）の分布【第Ⅱ段階】

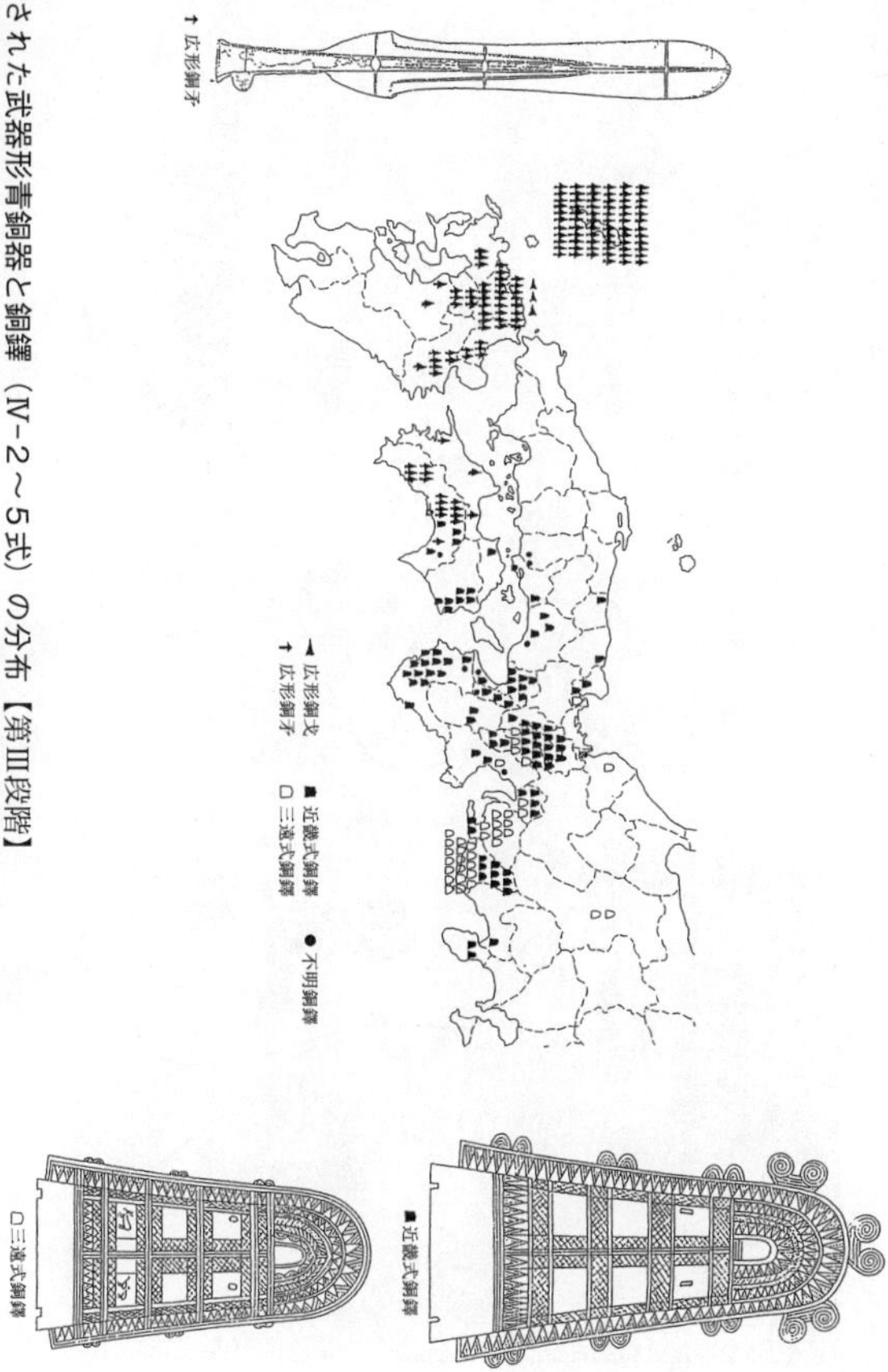

埋納された武器形青銅器と銅鐸（Ⅳ-2～5式）の分布【第Ⅲ段階】
（松本岩雄「弥生時代の青銅器文化」『鉄と神道文化』神道文化会公開講演会報告書、第9集、2008より）

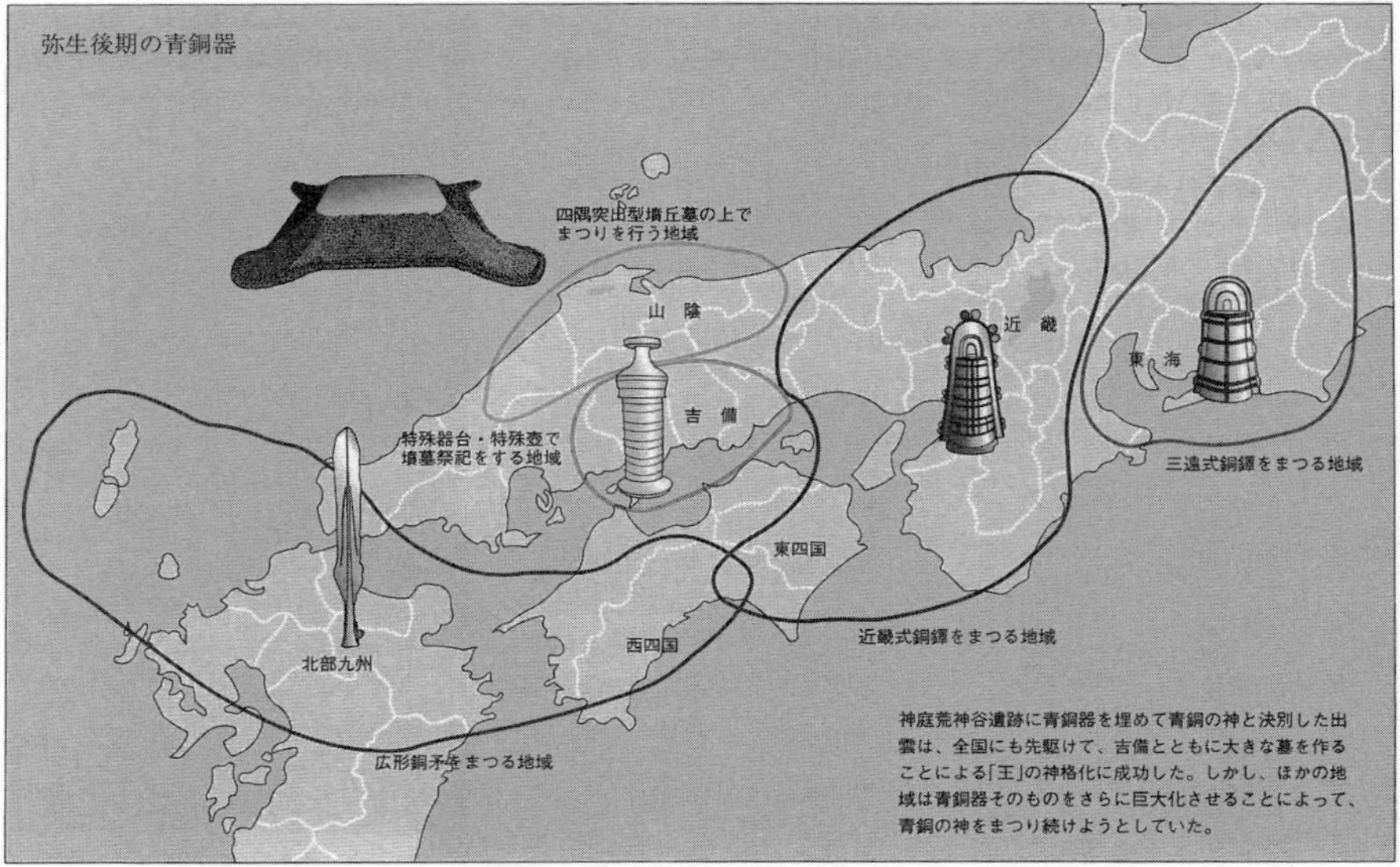
弥生後期の青銅器
四隅突出型墳丘墓の上で
まつりを行う地域
山　陰
近　畿
東　海
吉　備
特殊器台・特殊壺で
墳墓祭祀をする地域
三遠式銅鐸をまつる地域
東四国
近畿式銅鐸をまつる地域
西四国
北部九州
広形銅矛をまつる地域
神庭荒神谷遺跡に青銅器を埋めて青銅の神と決別した出
雲は、全国にも先駆けて、吉備とともに大きな墓を作る
ことによる「王」の神格化に成功した。しかし、ほかの地
域は青銅器そのものをさらに巨大化させることによって、
青銅の神をまつり続けようとしていた。

弥生時代後期の各地域のシンボル（島根県立古代出雲歴史博物館提供）

茂岩倉と神庭荒神谷とでは同じサイズの銅鐸はない。加茂岩倉へは大型を、神庭荒神谷へは小型を、と両者が区別され埋納された可能性がある。[19]

②両者に共通する点として注目されるのが、神庭荒神谷の銅剣にも加茂岩倉の銅鐸にも、×印の刻線が施されているものが多いという事実である。神庭荒神谷の銅剣ではその茎《なかご》に×印が刻まれているのが計三五八本のうち三四四本もあり、加茂岩倉の銅鐸では三九個のうち、一二個で確認されている。その一二個とは、時期の古いものからいえば、第一が22号鐸（Ⅱ－1式）、第二グループが5・11・13・28・31・32号鐸（Ⅱ－2式～Ⅲ－1式）、第三グループが1・18・23・26・35号鐸（Ⅲ－2式～Ⅳ－1式）である。そして、同笵でも×印のあるものとないものとがあることから、製作したのちに刻印が入れられたことを表している。発掘調査報告書では「おそらく埋納にそれほど先立たない頃に刻された可能性が高くなる」とのべており、神庭荒神谷と加茂岩倉の×印の共通は埋納までのある時期、この両遺跡の青銅祭器が一つの集団の管理下にあった可能性を示すという。[20]

以上を要約すると、加茂岩倉へは大型銅鐸を、神庭荒神谷へは小型銅鐸を、と両者が区別されて埋納された可能性がある、そして、×印の共通は埋納までのある時期、この両遺跡の青銅祭器が一つの集団の管理下にあった可能性を示す、ということである。

以上の⑴、⑵、⑶の要約から指摘できるのは以下の六点である。第一に、神庭荒神谷の銅剣はすべて中細形銅剣c類であり弥生時代中期（Ⅲ期）の型式である。第二に、神庭荒神谷遺跡の大量の銅剣と銅矛・銅鐸と加茂岩倉遺跡の大量の銅鐸とは、この地域の一定の集団の管理下にあったもので、それが二ヵ所に区別されて埋納されたものと考えられる。第三に、銅鐸はカネとして利用されていた初期の段階つまり弥生時代前期（Ⅰ期）から弥生時代中期（Ⅱ・Ⅲ・Ⅳ期）のものまで含まれており、長いあいだこの地域に定着していたものである。第四に、銅剣はすべて出雲で製作されたものであり、銅矛は北部九州から、銅鐸はその多くが近畿地方からもたらされたと考えられるが、出雲で製作された銅鐸も含まれている。つまり、その弥生前期（Ⅰ期）から中期（Ⅳ期）の時期にすでにこの出雲の地では、大和や北九州と一定の交流があったことが推定される。第五に、両遺跡の銅剣・銅矛・銅鐸はほぼ同じ時期、弥生中期（Ⅳ期）に埋納されており、その後、北部九州では依然として広形銅矛・広形銅戈が、また近畿・東海地方では大型化した突線鈕式銅鐸がまだ盛行をみせていた弥生後期Ⅴ期には、この出雲の地ではこれらの青銅製祭器類が忽然とその姿を消す。第六、その消滅は先端的かつ急激であり、神庭荒神谷と加茂岩倉の埋納現場から判断する限り、人目を避けての谷奥への隠蔽秘匿という意味での埋納であったと推定される。

　つまり、これら銅剣・銅矛・銅鐸という貴重な青銅製の祭祀具が、新たな社会変化の中で他の勢力の手に渡らないようにという意図で丁重に埋納されたものと考えられるのである。

　それは、あたかも中国古代の西周《せいしゅう》王朝の本拠地であった陝西省周原《せんせいしょうしゅうげん》の遺跡で、宮殿のあった地区から一〇〇〇点以上の青銅器が集中して発見された例を髣髴《ほうふつ》させる。[21] 西周は前七七一年に西方からの勢力である犬戎《けんじゅう》などの攻撃を受けて翌年、東都洛邑《らくゆう》（洛陽《らくよう》）へと都を移すが、その際に宗廟の祭器である青銅器類を土中の窖穴《あな》に埋め隠し、いずれ再度の復帰を期したものと考えられている。しかし、その後の王朝復興はかなわず、宮殿の故地に埋納され窖穴中に眠り続けた青銅器類は、二〇世紀に至って発掘され、ようやく約二七〇〇年の眠りから覚めたのであった。

弥生時代後期の首長墳墓

では、弥生時代中期後半（Ⅳ期）、つまり紀元一年から五〇年ごろにこの地域に青銅製の祭祀具を埋納した集団が、それらを奪われたくないとして警戒した勢力とは何か。それは容易には推定できない。弥生時代後期にこの出雲の地に現れる巨大な四隅突出型墳丘墓として知られるのが、前述の出雲市大津町の西谷墳墓群の中の西谷3号墓などであるが、その弥生中期後半と弥生後期との間の時間的な懸隔は大きい。西谷3号墓は弥生後期で二世紀後半と推定されているが(22)、青銅器埋納の時期と推定されている紀元一年から五〇年という年代からはおよそ一〇〇年以上ものちのことである。つまり、青銅器祭祀の消滅と西谷墳丘墓の首長の登場との間には時期的に約一〇〇年以上の懸隔がある。

その間に大きな社会的な変化が起こったことは推定される。それはやはり、通説でも説かれているように、呪術的な指導者のもとでの共同体的な青銅器祭祀に対してそれを侵害するような勢力の登場への動きであろう。そして、それは『後漢書東夷伝』が記す「桓霊の間、倭国大いに乱れ、更《こもごも》相攻伐して歴年主なし」という二世紀後半の倭国大乱と何らかの関係があるであろう。後漢の桓帝《かんてい》（在位一四六～一六八）と霊帝《れいてい》（在位一六八～一八九）の間と

西谷3号墓
(写真上　島根大学考古学研究室提供)
(写真中・下　松本岩雄氏提供)

いえば、西暦一四六年から一八九年という時期であり、ちょうど、青銅器埋納の時期から約一〇〇年後、西谷3号墓が登場する時期もしくはその直前である。したがって直接的に西谷墳丘墓に埋葬されている首長が神庭荒神谷や加茂岩倉の青銅製祭祀具の埋納を余儀なくさせた勢力とはみなせないが、間接的には、そのような紛争や騒乱へさらには戦乱の時代へという大きな社会変化の緊張状況の中から軍事的な指導者が登場し、彼らを中心とする新たな権力的な社会秩序が形成されてきたことと関係した現象であろうことは推測される。

西谷3号墓は一辺が四〇メートルを超える大規模な墳丘墓で、墳丘斜面に石を張りつめ、裾には列石を巡らしている。埋葬主体は木槨《もっかく》と木棺の二重構造をもち、棺底にはあざやかな朱が一面に敷かれていた。第1主体にはガラス製と碧玉製の玉類が、最も手厚く葬られていた第4主体には鉄剣とガラス製管玉《くだたま》が副葬されており、第4主体が首長で、第1主体がその

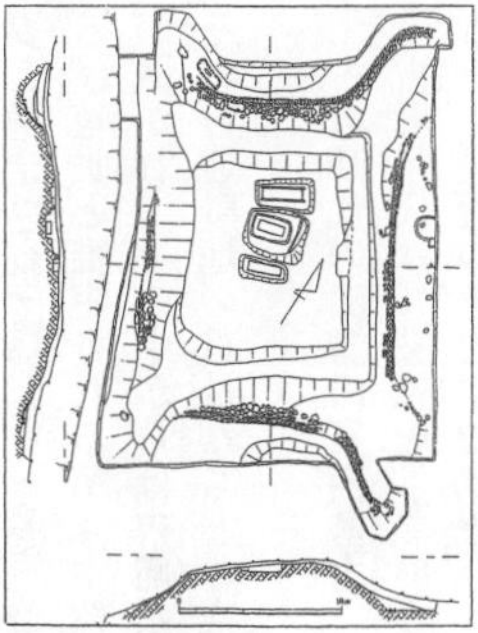

仲仙寺９号墓
(四隅突出型墳丘墓)
(『鉄と神道文化』前掲より)

出雲地方における弥生時代後期〜古墳時代前期の墳墓の変遷
(破線のものは、規模または年代が不明確なものを示す)
(ともに島根県立古代出雲歴史博物館提供)

妻と推定されている。また、墓壙《ぼこう》上には供献《きょうけん》土器と呼ばれる壺や器台などの土器が出土する。首長と推定される第4主体の直上には朱の付いた円礫《えんれき》が安置されており、大量の土器類が置かれ、その中からは吉備系の特殊な土器や丹後から北陸系統の土器もあった。つまり、それら遠隔地の首長たちとの交流関係が推定されるのである。(23)

古墳時代の出雲の東西勢力

古墳時代は、文献史学でいう邪馬台国の卑弥呼の時代、考古学でいう箸墓古墳築造に始まるが、最近の考古学ではそれは西暦二四〇年ごろと考えられている。そして、出雲の古墳時代の最古段階のものと位置づけられているのは、前述の青銅器銅鐸の大量埋納で知られる大原郡加茂町の加茂岩倉遺跡に近い同町の神原神社《かんばらじんじゃ》古墳や、安来市塩津山《やすぎしおつやま》1号墳である。(24)前者の神原神社古墳は、景初三年銘三角縁神獣鏡《さんかくぶちしんじゅうきょう》が出土したことで注目された古墳で、二九メートル×二五メートルの方墳である。(25)

この景初三年（二三九）の銘のある三角縁神獣鏡については、『魏志倭人伝』が記す、邪馬台国の女王卑弥呼が大夫難升米らを遣わして魏に朝貢したさい、魏の皇帝から卑弥呼へ下された豪華な種々の下賜品の中に含まれていた銅鏡一〇〇枚にあたるとする解釈が一般的である。この卑弥呼の鏡が三角縁神獣鏡であり、大和を中心に分布することを根拠として邪馬台国畿内説を考古学の上から唱えたのが小林行雄《こばやしゆきお》氏であった。(26)その後、中国の研究者王仲殊《おうちゅうしゅ》氏により三角縁神獣鏡は倭に亡命した呉《ご》の工人の製作とする説が提出され、(27)製作地論争が展開したが、福永伸哉《ふくながしんや》氏によれば、鏡の中央にある半球状のつまみの部分である鈕《ちゅう》に開けられた穴の形が円形もしくは半円形である場合と、長方形である場合とがあり、三角縁神獣鏡の場合には横長の長方形を原則としているという点から、『魏志倭人伝』が記す「銅鏡百枚」は魏王朝が下賜品として特別に鋳造した三角縁神獣鏡であるといってよいという。[28]

つまり、加茂町の神原神社古墳から出土した景初三年銘三角縁神獣鏡は、その方墳型式の古墳に埋葬された首長に対して、西暦二三九年からさほど遅くない時期に、邪馬台国の女王卑弥呼から、中国王朝につながる権威の象徴として下賜分与されたものであった可能性が高いということである。

西出雲ではこののち一定の空白期間をおいて、西谷墳墓群から北へ約五キロメートルのところに全長約五〇メートルの大型前方後円墳、大寺《おおてら》古墳が造営されるなどの動きがあるが、一方、東出雲では安来市荒島町付近において、弥生時代後期の四隅突出型墳丘墓から古墳時代前期へと引き継がれる首長墓が多数造営されている。東出雲の前期古墳の特徴は、大成《おおなり》古墳や造山《つくりやま》1号墳（一辺約六〇メートル）など大型の方墳であるという点にある。

その後、古墳時代後期になると、出雲の東西の王墓にそれぞれ特徴的な動きが現れる。五世紀から六

景初三年銘三角縁神獣鏡
（島根県立古代出雲歴史博物館提供、国［文化庁保管］所有）

世紀初めごろには、中海《なかうみ》と宍道湖の沿岸各地で四〇メートルから五〇メートル規模の前方後円墳、前方後方墳、方墳、円墳などが造られており、勢力の均衡状態がみられたが、六世紀中葉になると、その均衡を破るような大古墳が東西に造られるのである。西出雲の出雲市大《だい》念寺《ねんじ》古墳と東出雲の松江市山代二子塚《やましろふたごづか》古墳である。ともに全長九〇メートルを超える出雲最大級の古墳で、大念寺古墳は前方後円墳、山代二子塚古墳は前方後方墳である。

この両者は、西出雲では、大念寺古墳↓上塩冶築山《かみえんやつきやま》古墳↓地蔵山《じぞうやま》古墳、東出雲では、山代二子塚古墳↓山代方墳↓永久宅後《えいきゆうたくあと》古墳、とそれぞれ三代にわたる王墓が認められ、七世紀前半まで出雲を東西に二分していたと考えられる。そして、この東西出雲の古墳から出土する副葬品の分布にも興味深い特徴がある。すなわち、西部勢力の古墳から出土するのは、捩《ねじ》り環頭大刀《かんとうたち》、透しをもつ板状鍔《いたじようつば》をもつ金銀装円頭大刀《きんぎんそうえんとうたち》など、倭風飾大刀《わふうかざりたち》の系譜をひく武具であるのに対して、東部勢力の古墳から出土するのは、金銀装の円頭大刀、獅噛環頭大刀《しがみかんとうたち》、単龍《たんりゆう》環頭大刀《かんとうたち》、双龍《そうりゆう》環頭大刀《かんとうたち》、三葉文環頭大刀《みつばもんかんとうたち》など、中国・朝鮮系の大陸風飾《たいりくふうかざりたち》大刀の系譜をひく武具であるという特徴である。この大陸風飾大刀の分布については、出雲の東部勢力が大和政権、とくに蘇我氏との密接な関係を持ち始めていたことを示しているという解釈が有力である。(29)

この大陸系の双龍環頭大刀に関しては、それが蘇我氏との関係を指摘できる遺物の一つであるという見解が他の発掘事例からも示されており、(30)それを勘案するならば、六世紀後半から七世紀初頭にかけて、同じく蘇我氏の影響が、出雲だけでなく隠岐の島前《とうぜん》地域にも及んでいたことが、その隠岐島前の立石《たていし》古墳に副葬されていた双龍環頭大刀から推定される。そして、昭和五九年（一九八四）の保存修理作業で見つかった松江市南郊の有《あり》古墳群の中の岡田《おかだ》山《やま》1号墳から出土した「額田部臣《ぬかたべのおみ》」の銘文入りの大刀は、この東出雲の地に、額田部皇女《ぬかたべのひめみこ》つまり、後の推古天皇となる女子であるが、その養育のための部民《べみん》が設置されていたことを物語っている。(32)

額田部皇女とは、前掲の四二頁の系図にもみるように、吉備五郡の白猪屯倉《しらいのみやけ》や備前の児島《こじまの》屯倉《みやけ》の設置と経営で知られる蘇我稲目の娘の堅塩媛《きたしひめ》の娘であり、稲目からいえば孫、馬子からいえば姪にあたる皇女である。その推古女帝の強引な即位を実現させたその背景に蘇我馬子のうしろだてがあったことはいうまでもない。この東出雲での「額田部臣」の銘文入りの大刀の出土という事実は、大和王権が蘇我稲目の時代から、山陽、山陰へとその勢力の伸張をはかっていたことを推定させる。

この六世紀後半から七世紀初頭にかけての時期とは、東西の出雲の王たちが、蘇我氏を中心にして迫り来る大和王権に対してどのように対応していき、またそれに対して大和王権はどのような方策をとっていったのか、そのありかたの帰着が、その後の律令国家日本の体制の中に大きな影響と方向性とを残すこととなった時期である。そして、これまでの通説的な理解によれば、蘇我氏の大和王権と結んだ東出雲の王がその勢力を順調に伸張して、後の出雲国造一族となり、一方、西出雲の王の勢力は衰退へと向かったと考えられている。(33)

それは、のちの一〇世紀の『令義解』や『令集解』が記す神祇令の「天神地祇《てんじんちぎ》」の註釈に

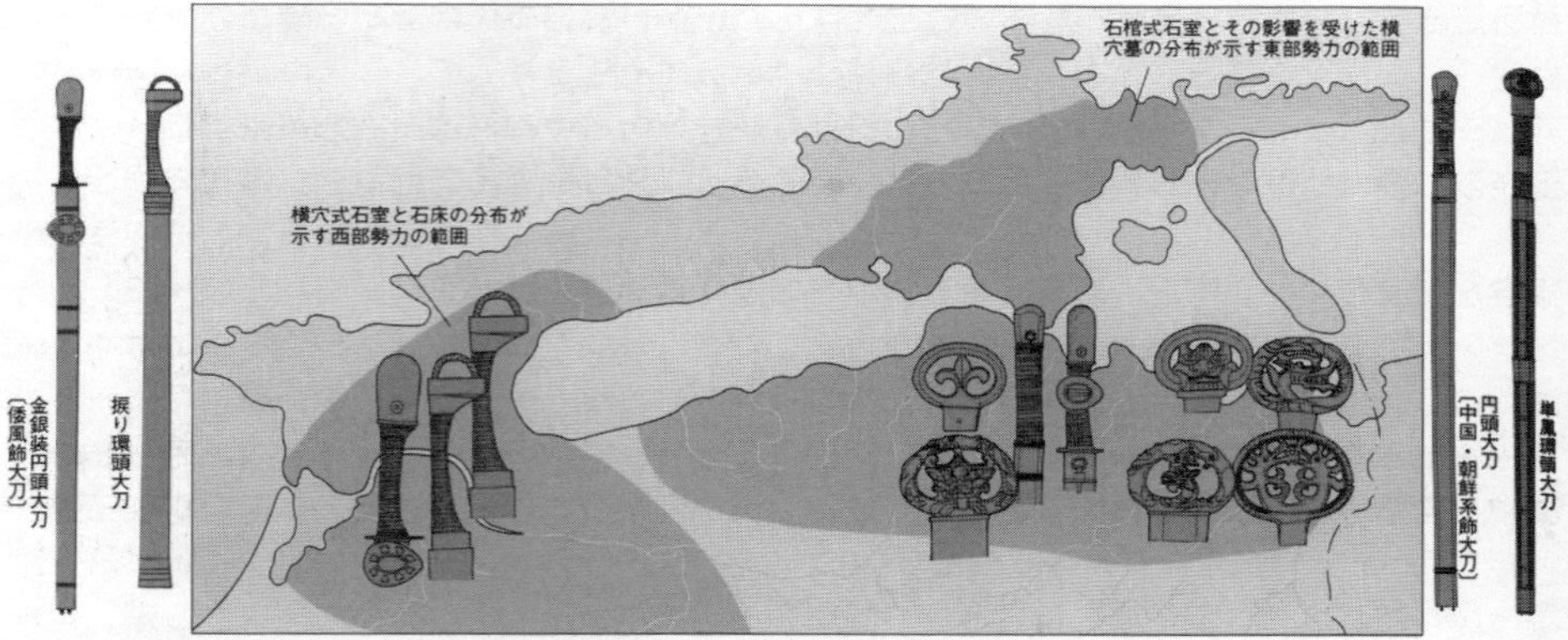

上塩冶築山古墳築造ごろまでの飾り大刀の形式と分布（島根県立古代出雲歴史博物館提供）

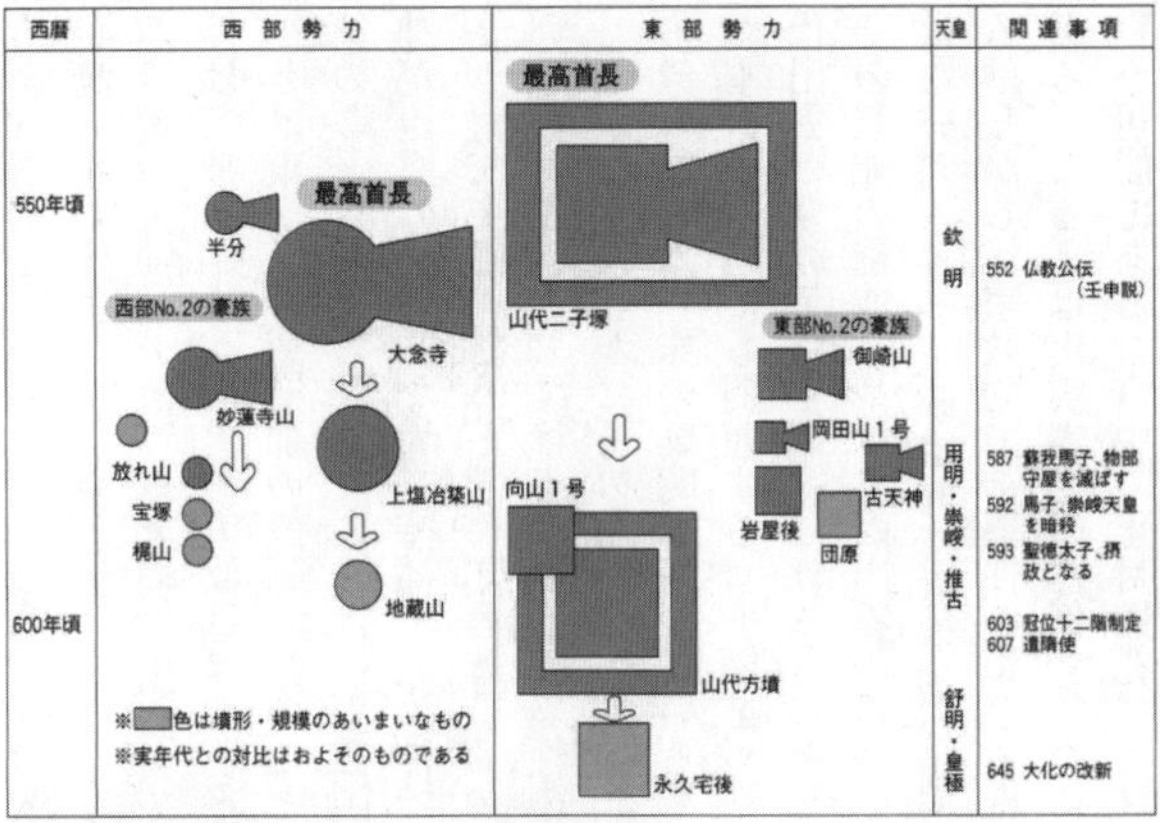

6世紀後半から7世紀前半の出雲東西の最有力古墳の編年

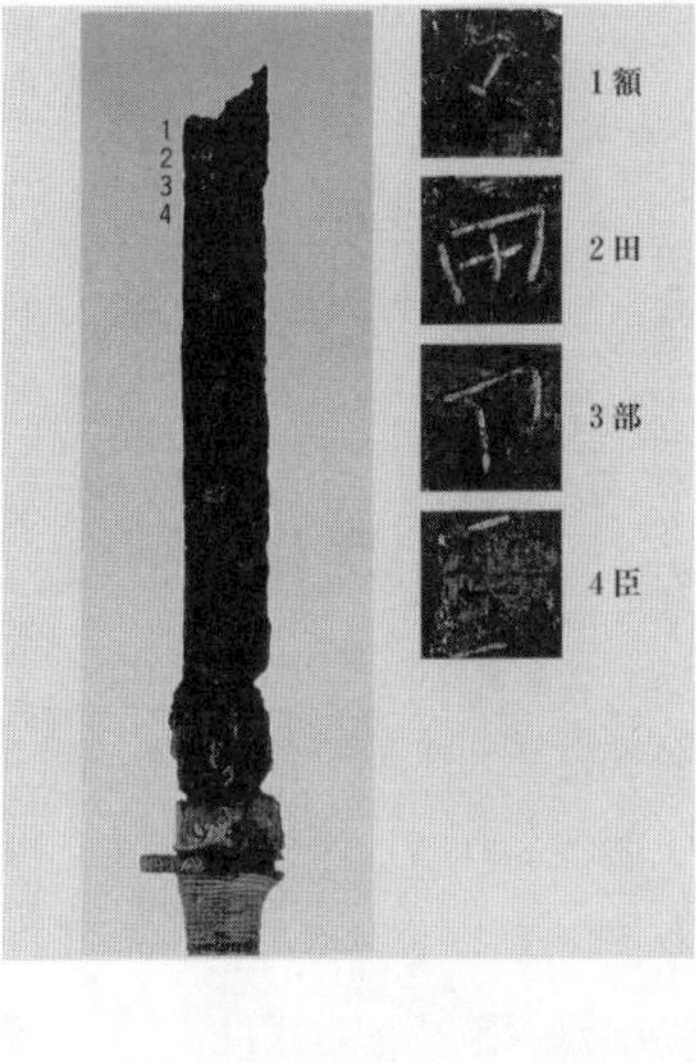

「額田部臣」銘入り大刀
（松江市　岡田山1号墳
［六所神社蔵］）
（ともに島根県立古代出雲歴史博物館提供）

もよく対応している。それは八世紀の大宝令や養老令以来の天神地祇の解釈であった可能性が高いものであるが、そこには、「天神者、伊勢、山城鴨、住吉、出雲国造斎神等類是也。地祇者、大神、大倭、葛木鴨、出雲大汝神《おおなむちのかみ》等是也」とある。つまり、出雲国造が斎《いつ》き祭る神は天神とされ、出雲の大汝神は地祇と分類されているのである。この出雲国造が斎き祭る神とは東出雲の意宇郡の熊野大社のことであり、出雲の大汝神とは西出雲の出雲郡の杵築大社のことと考えられる。これは、出雲国造の先祖が天神の天穂日命であり、その国造が祭る神が出雲の土着的な大穴持神・大汝神である、という記紀神話の記す内容とよく対応する位置づけである。こうして、出雲国造家の先祖は東出雲の王の系譜を引くものと考えられるというのが現状としてはもっとも妥当性の高い解釈である。

　しかし、たしかにその可能性の高いことは認められるところではある。が、そこには一縷の望みならぬ一抹の疑問も残っている。そして、それは決して小さなものではない。すなわち本書の主題にも関連する、王権をめぐる世俗性と神聖性という観点からの疑問である。古代出雲の祭祀王権を特徴づけるものとして、西出雲における龍蛇神祭祀を想定するならば、その祭祀の権能はやはり西出雲の首長の系譜を引く者にしか継承しえないと考えられたのではないだろうか。政治的で世俗的な権能は社会的な職分であり、他者への代替が可能である。しかし、宗教的で神聖性を帯びる権能は脱社会的な職分であり、他者へは代替不可能である。たとえば出雲大社の古伝新嘗祭においては宮司自らの奉仕が不可欠でありその役は代替不可能である。宮中の正月儀礼における天皇自らの四方拝の儀、またもちろん新嘗祭の儀なども、他者への代替など根本的に不可能な職能であることは自明である。なぜならば、それらは宗教的な職能だからである。

記紀神話の中でも、それぞれの神を祭ることができるのは誰か、ということで多くの託宣があったこと、その神の教えによる人物に神祭りを奉仕させたことが記事としてそれこそ頻出している。つまり、半島や大陸という異界からの海流と文物の打ち寄せ来る西出雲の海岸部の、その地における独特な龍蛇神祭祀を中核とする巫王的な王権儀礼のその固有性は、異郷人たる大和やそれと結んだ東出雲の勢力にはたやすくは代替できなかったと考えるほうが自然である。

軍事的・政治的征服者は現実的な実利が安定的に確保されればそれでよく、土着的な祭祀世界の細部にまで介入する必要性は少ない。霊威力の著しい畏怖すべき祭祀の権能は、あくまでも西出雲の土着的で巫王的な首長層に委ね、その保全へと政策展開したと考えるほうが自然である。つまり、出雲臣は律令制下においては意宇郡大領を兼帯しているが、それは必ずしも出雲臣の出自が意宇郡にあったことを意味するわけではないのである。前述の岡田山1号墳出土の「額田部臣」の銘文入りの大刀が語るように、蘇我氏を中心とする大和王権の進出が推定される六世紀後半の出雲から、『出雲国風土記』に意宇郡大領としての出雲臣の記事がみえる八世紀の律令国家体制下の出雲との間には、約一五〇年近い時代差がある。その間に、西出雲の杵築大社の司祭者としての位置をえた西出雲の巫王的な系譜を引く出雲臣が、あらためてその地位を固め、東西出雲をあわせた国造という古代擬制的な職掌を継承していくこととなったとも考えられるのである。出雲の古代社会において画期的であった神祇祭祀の創生にあたって、その権能が誰に、またどの集団に委ねられたのか、という観点からみるかぎり、杵築大社で大己貴神を祭ることができるとされた出雲臣のルーツは、やはり西出雲の首長層の中の巫王の系譜の中にあると考える余地も、ここに残しておきたいのである。

大社境内遺跡の発掘情報から

現在、出雲大社に収蔵されている銅戈と翡翠《ひすい》の勾玉《まがたま》は、寛文五年（一六六五）に大社に近接する命主《いのちぬし》社の背後の大岩の下、真名井《まない》遺跡から出土したものである。当時の記録によると、銅戈一を含む武器形青銅器四点と翡翠の勾玉が、数度にわたって発見されたという(34)。一方、大社の境内遺跡の発掘調査によれば、東の十九社《じゆうくしや》の前の調査区からは古墳時代前期の土器群とともに瑪瑙《めのう》製勾玉一、蛇紋岩《じやもんがん》製勾玉一、滑石《かつせき》製臼玉一二、手捏《づく》ね土器片一点という祭祀系の遺物が出土しており、火を焚《た》いた跡も発見されている。また、古墳時代中期から後期は遺物密度が低くなるが、その後、拝殿南側の調査区から七〜八世紀の供膳・盛付け具、液体貯蔵具、煮炊き具、ミニチュア土器など数点ずつの土器類が流水の水際および水路内から出土している(35)。つまり、現在の境内地とその周辺が一定の祭祀の場としての歴史を刻んでいることはたしかであり、それは上記の真名井遺跡出土の銅戈と翡翠の勾玉からみて弥生中期に、また境内出土の勾玉類や手捏ね土器からは古墳時代前期にまでさかのぼることができよう。しかし、記紀神話に登場するような高大な社殿の遺構というのはまだ発見されていない。このような考古学的な知見からすれば、発掘が一部の調査区からの情報のみに限られているため、やはり大社創建の決定的な時期をもとめることは困難である。

青銅器祭祀・墳墓祭祀・神祇祭祀の三段階

　では、大穴持神を祭る杵築大社、出雲大社の創建の時期は歴史的にみていつなのか。それを霊魂観念の問題として考えるとすれば、以下のような仮説が可能であろう。出雲の古代社会においては、まず、弥生時代前期から中葉にかけて、青銅器祭祀（一世紀中葉に消滅）の段階があった。その後、弥生後期から古墳時代には首長墳墓祭祀（六世紀中葉に頂点から終焉へ）の段階へと転換した。しかしその後、首長の身体と霊魂に対する同次元的な畏怖と祭祀の段階から、霊魂観念の抽象化と象徴化とがより進んだ神祇祭祀の段階にいたる。つまり、青銅器祭祀、墳墓祭祀、神祇祭祀の三段階が、古代出雲の社会では想定されるのである。

　銅剣・銅矛の特徴は有力な武器であるとともに黄金に輝く神秘性にある。銅鐸の特徴も、もともと霊妙な音を発する楽器であるとともに黄金に輝く神秘性にある。つまり、それらは精霊崇拝的な自然霊への信仰である。首長の墳墓祭祀は威力ある首長の具体的な身体と武力と霊力への畏怖と崇拝にもとづくもので人間霊への信仰である。それに対して、神霊を意識する神祇祭祀というのは、王のイメージを中核としながらも、その身体性を捨象しむしろ排除して霊性や霊力を抽出した神霊への信仰である。一つの仮称を試みるならば、青銅器祭祀の段階をアニマイズム（精霊イズム＝精霊崇拝）、墳墓祭祀の段階をキングイズム（巫王・武王イズム＝巫王・武王崇拝）、神祇祭祀の段階を、ゴッドイズム（神祇イズム＝神祇崇拝）、ととらえることもできよう。このような視点からすれば、神社の創建というのは、第一の自然霊、第二の人間霊、の段階を越えた、第三の神祇霊、という霊魂観念の段階で実現していったものと考えられるのである。

その神祇祭祀の段階は、首長墳墓祭祀の段階が超克されていく六世紀後半から七世紀初頭と推定される。それはちょうど、前述のような巨大な墳墓祭祀を誇っていた東西の出雲の王たちが、あらたに蘇我氏を中心として迫り来る大和王権に対して、どのように対応していったのか、その緊張状況の中であったと考えられるのである。

大己貴神の原像

では、杵築大社に祭られた大己貴神とはどのような神様なのだろうか。記紀神話の記事を整理してみよう。まず注意されるのは、『古事記』では、大国主神の話題として、国作りと国譲りの話題に入る前に、その前段としてつぎの三つの物語が配置されていることである。①稲羽《いなば》の八上比売《やかみひめ》への求婚と八十神《やそがみ》による大穴牟遅神の虐待の話題、稲羽《いなば》の素兎《しろうさぎ》の話もこの中に含まれる。②根堅州国《ねのかたすのくに》の訪問と須佐能男命による虐待と須勢理毘売《すせりひめ》の獲得、ここでは葦《あし》原色許《はらのしこ》男《お》と呼ばれており、大穴牟遅神、大国主神、宇《う》都《つ》志国玉神《しくにたまのかみ》の名前も列記されている。

③高《こ》志国《しのくに》の沼河比《ぬなかわひ》売《め》への求婚、ここでは掛け合いの歌が中心となっており、八《や》千矛神《ちほこのかみ》と呼ばれている。しかし、これらの物語は『日本書紀』にはみられない。

『日本書紀』で、大国主神、大物主神、国作大己貴命、葦原醜男《あしはらのしこお》、八千戈神とその名前を列挙しながら登場するのは第八段（素戔嗚尊による八岐大蛇退治の段）の本文ではなく、一書（第六）においてである。そこでは前段はなく、ただちに前半の大己貴神と少彦名命との協力による国作りと、後半の海上より来臨した幸魂と奇魂の協力による国の理平が記されている。そして、『日本書紀』では続いて第九段の本文で、国譲りの話題が記されており、事代《ことしろ》主神《ぬしのかみ》はそれに賛同している。その際、大己貴神は、国平《くにむ》けし時に杖《つ》けりし広矛《ひろほこ》を以て、二《ふたはしら》の神に授《たてまつ》りて曰はく、「吾此の矛を以て、卒《つひ》に功治《ことな》せること有り。天孫《あめみま》、若《も》し此の矛を用《も》て国を治《し》らば、必ず平《さ》安《き》くましましぬ。今我当《まさ》に百足《ももた》らず八《や》十隈《そくまで》に、隠《か》去《く》れなむ」と述べている。

そして、一書（第二）では、高皇産霊尊の勅として「夫れ汝が治す顕露《あらは》の事は、是吾孫治《これすめみましら》すべし。汝は以て神事を治すべし。又汝が住むべき天日隅宮は、今供造りまつらむこと、即ち千尋の栲縄《たくなは》を以て結ひて百八十紐にせむ。其の宮を造る制は、柱は高く大し、板は広く厚くせむ」、「又汝が祭祀《まつり》を主《つかさど》らむは、天穂日命、是なり」、「吾は退《さ》りて幽事《かくれたること》を治めむ」、「躬《み》に瑞《みつ》の八《や》坂瓊《さかに》を被《お》ひて、長《とこしへ》に隠れましき」と記されている。この国作りと国譲りの話題は『古事記』もほぼ同様の物語を記している。

ただし、『古事記』では、事代主神は国譲りに賛同したが、建御《たけみ》名方神《なかたのかみ》が抵抗し建御雷神

国作り　大己貴神
- 少彦名命＝医療・禁厭の法
- 幸魂・奇魂＝霊力 ——→ 日本国の三諸山

国譲り　大己貴神
- 建御名方神＝武力
- 事代主神＝霊力 ——→ 大和の神に

と力比べをして建御雷神の怪力に敗れ信濃国に追い詰められて服従したという話題が記されている。

ここまでで指摘できるのは以下の二点である。第一に、『古事記』の記す、前段の八上比売、須勢理毘売、沼河比売への求婚の物語はいわゆる古代の若者たちの通過儀礼的な物語の類であって、大己貴神の基本的な属性を語るものとは限らない。第二に、国作りと国譲りの話題の中にこそ、大己貴神の重要な属性が語られている。そこで注意されるのが、上図のような関係性である。つまり、大己貴神の国作りにおける少彦名命との医療や禁厭《まじない》の法の創生については、高天原として表象されている大和の王権はそれを継承せず、海上来臨した大己貴神の幸魂・奇魂の霊力はこれを大和に移して継承する、また国譲りにおける建御名方神の武力は圧倒し排除するが、事代主神の霊力は、これも大和に移して継承する、という関係性である。この国譲り神話で語られているのは、葦原中国の国譲りだけでなく、大己貴神の霊力の継承であり、出雲世界の大己貴神に関わるすべての霊力を大和の王権が継承する、という関係性である。

そこで、注目されるのが、大己貴神と天照大神の両者の関係性

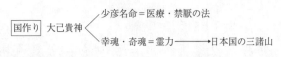

であり、対照性である。それは神器の対照性においてとくに象徴的である。大己貴神が国譲りに際して語ったのは、前述のように、「国平《くにむ》けし時に杖《つ》けりし広矛《ひろほこ》を以て」、「天孫、若し此の矛を用て国を治《し》らば、必ず平安《さき》くましましぬ」（第九段本文）という言明であった。つまり、青銅製と推定される広矛が大己貴神の神器と語られているのである。それに対して、天照大神が天孫に語ったのは、「天照大神、手に宝鏡《たからのかがみ》を持ちたまひて、天忍穂耳尊《あめのおしほみみのみこと》に授けて、祝《ほ》きて曰はく、『吾が児、此の宝鏡を視《み》まさむこと、当《まさ》に吾を視るがごとくすべし。与《とも》に床を同じくし殿《おほとの》を共《ひとつ》にして斎鏡《いはひのかがみ》とすべし』」（第九段一書第二）という言明であった。つまり、青銅製と推定される鏡が天照大神の神器と語られているのである。注目されるのは、この青銅製の広矛と青銅製の鏡という対照性である。そしてまた一方では、両者に共通する神器も存在する。それが勾玉《まがたま》である。大己貴神は隠れるに際して、前述のように、「躬《み》に瑞《みつ》の八坂瓊を被《お》ひて、長《とこしへ》に隠れましき」とあり、大きな輝く瓊《たま》を身につけて隠れられたと記している。一方、天照大神もその三種の神宝として、「天照大神、乃ち天津彦彦火瓊瓊杵尊《あまつひこひこほのににぎのみこと》に、八坂瓊の曲玉、及び八咫鏡、草薙剣《くさなぎのつるぎ》、三種の宝物を賜ふ」（第九段一書第一）とある。つまり、葦原中国と高天原、出雲と大和、この両者に共通していた王権の表象物とは、八坂瓊の勾玉であった。ここに両者の間の、銅矛と銅鏡の対照性、八坂瓊の勾玉の共通性、が浮かび上がってくる。

　そしてさらに、この両者の間には両者を結ぶ媒介項が存在する。それが語られているのが、素戔嗚尊による八岐大蛇退治の神話である。その神話の中で素戔嗚尊の武器とされているのは十握剣《とつかのつるぎ》である。そして、退治した八岐大蛇の尾から発見されたのが、『日本書紀』第

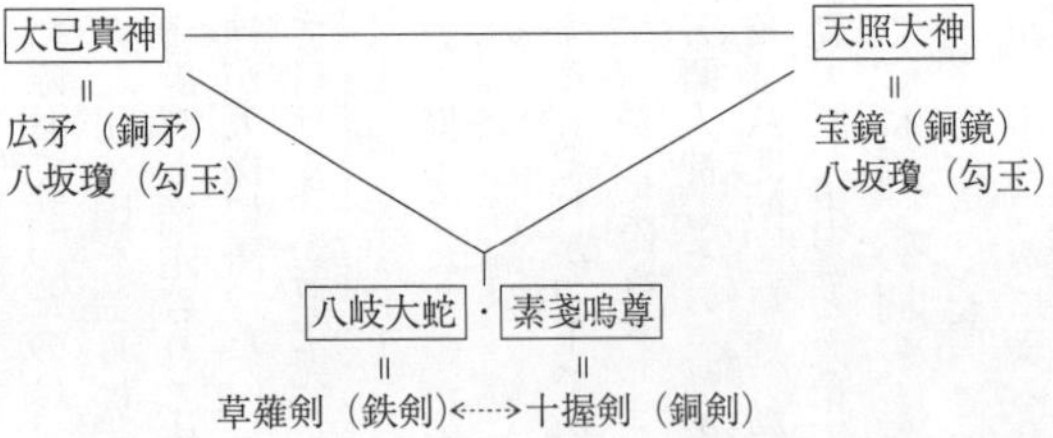

八段本文では、草薙剣またの名を天叢雲剣《あめのむらくものつるぎ》という剣である。第八段一書（第二）では、その草薙剣は今では尾張の熱田の祝部《はふり》が祭っているといい、大蛇《おろち》を切り殺した剣は蛇の麁正《あらまさ》といって今では石上にあるという。そして、一書（第三）では、素戔嗚尊の剣は韓鋤《からさび》の剣といい今は吉備の神部《かむとものお》のもとにあるという。一書（第四）では、素戔嗚尊の剣は天蠅斫剣《あめのははきりのつるぎ》というとある。また、『古事記』では、速須佐之男命の剣は十拳剣で、八俣遠呂智の尾から出てきたのは都牟《つむ》刈《がり》の大刀でその名は草那《くさな》芸《ぎ》の大刀というと記されている。

　素戔嗚尊の剣の十握剣というのは普通名詞的であるが、蛇の麁正とか韓鋤の剣とか天蠅斫剣などは固有名詞的であり、多様な伝承が存在したと考えられる。それに対して、大蛇の尾から出てきた剣は、ほぼ草薙剣の名で共通しており、のちに日本武尊の東征に持参されたという物語につながっていく。そして、（大蛇→素戔嗚尊）→（天照大神→天皇）→（倭姫→伊勢神宮→日本武尊）→（宮簀《みやず》姫《ひめ》→尾張国造→熱田神宮）という長い移動の系譜が語られていくことになる。そして、この八岐大蛇退治の物語で共通しているのは、この草薙剣によって素戔嗚尊の十握剣の刃が欠けたという部分である。すなわちここには、旧式の銅剣と新式の鉄剣との遭遇というモチーフが語られているのである。この草薙剣のもつ神話論的な意味は、新旧二つの世界の媒介項である。それが表象する二つの世界とは、出雲と大和、葦原中国と高天原、青銅器と鉄器、という二つの対照的な世界である。

右図にみるように、大己貴神の出雲と天照大神の大和という二つの世界の相異点（矛と鏡）と共通点（勾玉）とが示されながら、素戔嗚尊という両者の間の媒介項が設定され、銅剣から鉄剣へという文化変容が語られている。素戔嗚尊の八岐大蛇退治の神話は、その二つの世界の並立から統合へという物語であり、大己貴神の国譲りの神話も同様に、二つの世界の並立から統合へという物語であり、両者はたがいに併行して語られている物語としてパラレルな関係でとらえることができる。

そして、この両者に共通するのが、王権の象徴である神器の相違である。素戔嗚尊の銅剣（十握剣）と天照大神に献上された鉄剣（草薙剣）、大己貴神の青銅製広矛と天照大神の青銅製鏡という相違である。それは、王権の象徴としての銅矛と銅鏡の対照性でもある。そしてここから、前述の青銅器祭祀から墳墓祭祀へという考古学的な知見とのアナロジー、すなわち類推的な考察の可能性が開けてくる。

ここで一つの仮説として考えられるのが、大己貴神の青銅製広矛は、前述の弥生時代の銅剣・銅矛・銅鐸の祭祀世界および、その後の首長墳墓祭祀の世界を象徴し、天照大神の青銅製鏡は、中国王朝から下賜された古墳時代の三角縁神獣鏡などの政治世界を象徴している、という解釈である。同様に素戔嗚尊の銅剣は前者の象徴であり、草薙剣は後者の象徴と考えられる。この古代社会における新旧の大きな転換を象徴的に物語っているのが、八岐大蛇退治の神話であり、国譲りの神話であると考えられるのである。それはもちろん、厳密な歴史知識による記憶の記録ではなく、過去の記憶の集積としての重層的な神語りの伝承として読むときに初めて得ることのできる古代社会からのメッセージである。

そこで、大己貴神の原像として浮かび上がってくるのは、あの弥生時代の青銅器祭祀の世界というはるかなむかしの記憶である。直接的にあの神庭荒神谷遺跡や加茂岩倉遺跡の青銅器祭祀の記憶というのではなく、それらを含めて出雲の地でかつて存在し、それらが隠匿隠蔽されていった後までも記憶されつづけ当然変容もしたであろう青銅器祭祀の時代への追憶である。その集団的な記憶と追憶とが中核となって、その後の墳墓祭祀の時代の出雲の王たちの記憶もその上に重層しさらには混淆もして、新たな神祇祭祀の時代の到来の中で、出雲の大神の原像がそれらの歴史的な記憶の蓄積の中で形成されてきたものと考えられる。それは朝鮮半島から日本海を渡って寄り来たった楽器としての銅鐸などを原点として、その後出雲で発達した青銅器祭祀の時代、そして新たな首長墳墓祭祀の時代へ、さらには新たな大和王権の進出と服属へ、という長い歴史の記憶の蓄積の中で隠れて見えなくなった出雲の青銅器祭祀の時代以来の指導者たちと、墳墓祭祀の時代の巫王的な首長たちに対する記憶の集合であった。そして、それが神話的に結晶化したのが大己貴神の原像であり、それはまさに古代出雲の祭祀王の記憶の集積像であり、凝縮像なのであった。

以上のような文脈で考えるならば、『出雲国風土記』の記述の中で、大原郡神原の郷の地名の由来伝承として、「古老の伝へていへらく、天の下造らし大神の御財《みたから》を積み置き給ひし処なり。則ち神財《かむたから》の里と謂《い》ふべきを、今の人、猶誤りて神原《かむはら》の郷といへるのみ」と伝えているのも、理由のないことではない。前述の加茂岩倉遺跡の大量の銅鐸の埋納や神原神社古墳への景初三年銘の三角縁神獣鏡の副葬などの歴史事実についての蓄積的なその地の記憶の重層と変奏と凝縮の結果として、はるかな時間を超えながらもまだ遠い幽《かす》かな記憶と伝承として響きあっていたその結果、『風土記』にその地の伝説として書き留められたものではないかと考えられるのである。

（3）出雲の霊威力

龍蛇神祭祀

では大和王権にとって、なぜ出雲が特別だったのだろうか。大陸や半島との交通や交流の点からいえば、北九州の筑紫地方であってもよく、たとえば記紀の伝える宗像《むなかた》三女神の伝承は大和の王権にとってその地が重要な位置を占めていたことを物語っている。にもかかわらず、それでもなお、出雲でなければならなかった理由とは何か。それは、出雲の神々の祭祀における独自性にあったと考えられる。その独自性とは、前述のような蛇神祭祀である。記紀神話にも顕《あらわ》れているように、それは海を照らして依り来る神霊であり、それを迎えて奉祭する祭祀である。その伝承が、現在の民俗と連続的につながるものであるか否かは論証困難であるが、参考情報としてみれば、毎年旧暦神無月の一〇月、現在の新暦では一一月に出雲大社や佐太《さだ》神社《じんじゃ》で斎行されてきている神在祭《かみありまつり》の伝承が注目される。

神無月は出雲では神在月といい、「お忌みさん荒れ」などと呼ばれる海上の荒れる風雨の激しい季節となる。その季節に「龍蛇《りゅうじゃ》さん」と呼ばれる海蛇が漁師の人たちの船に寄り来る。この龍蛇さんというのは南海産のセグロウミヘビで、背中が黒く腹部が黄色で、夜の海で漁船の灯火を慕って寄り来る習性があり、漁師さんたちは異口同音に美しく黄金に輝いて寄り来るという。南海では猛毒をもつウミヘビであるが、急冷化した海流の中では意識朦朧《もうろう》の状態となっている。それでも生命力は異常に強く、餌がなくても一週間も二週間も十分に生きている。漁師さんたちは龍蛇さんを獲ると出雲大社や佐太神社に納めて、むかしは米俵一俵をもらったものだという。

この龍蛇さんを獲ることを、龍蛇さんが「上がる」といっている。龍蛇さんは、佐太神社では一一月二〇日から二五日までの神在祭の期間中、拝殿に安置されて参拝の対象とされている。そして、二五日の神送り神事のあとは保存され、篤信の家などに分与されることもあった。二五日の神送り神事は厳重なもので、龍蛇さんの神霊が神籬《ひもろぎ》に移されて暗闇の中を神目《かんの》山《め》《やま》の山上の祭場へと送られ、そこで神職による船出の神事などを経てそこからいずかたともなく送られる。

この龍蛇さんの海上来臨と山上からの神送りの民俗儀礼の伝承と、記紀神話や「出雲国造神賀詞」の伝える海上来臨した神霊の大和三輪山への奉祭という神話の伝承との類似性をめぐる議論や、歴史的な龍蛇祭祀についての、七世紀の『出雲国風土記』にみえる佐太大神誕生譚、一四世紀の釈由阿《しやくゆうあ》著の『詞林采葉抄《しりんさいようしょう》』（一三六六年以前の成立）の記事、また一五世紀の『佐陀大社縁起』（一四九三年成立）の記事の検討など、より詳細なこの神在祭の情報と分析については、すでに拙著『神々の原像——祭祀の小宇宙』[36]で詳論しているので、ここでは再説しないこととする。関心のある方はぜひそれを参考にしていただきたい。

古代の神話と現代の民俗との関係性についての問題は、厳密な帰納と実証という基本に立つかぎり、論証不可能な問題である。しかし、たがいにレベルの異なる情報ではあるが、神話と歴史と民俗というそれぞれの情報に対して指摘できる事実と問題点とを整理してみることは必要であろう。そして、そこに論理的な補助線が引かれるならば、一定の関係論の輪郭を得ることができるのではないか、と考えるのである。

佐太神社の龍蛇神（上）と神目山上の秘儀（下）

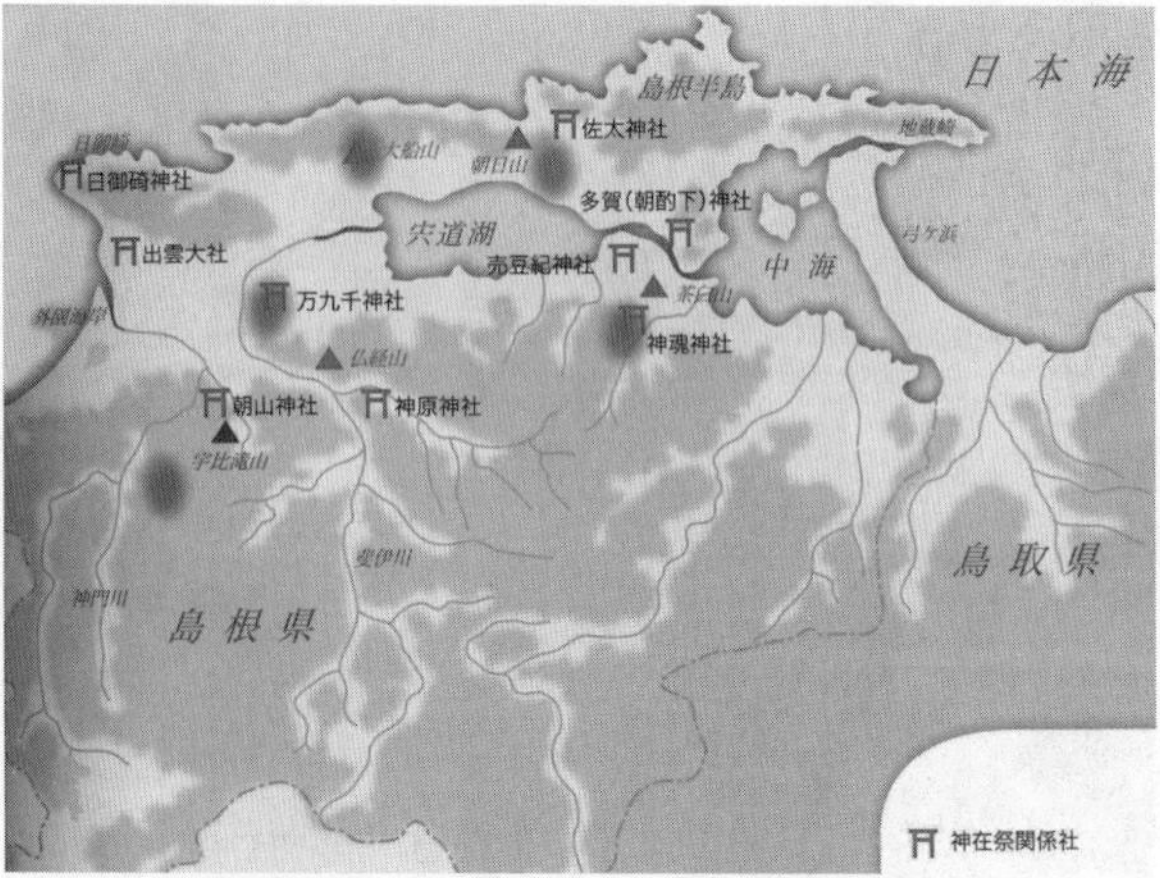

神在祭関係の神社（島根県立古代出雲歴史博物館提供）

久高島の祝女とウミヘビ

ウミヘビのような自然界の生命力を示してくれる生物を特別視したり神聖視する心性は、出雲に限らずいわゆる祭祀王にとっては普遍的なものといってよい。神無月の日本海に漂着する龍蛇さん、お忌みさんの故郷は、日本列島の西南海方面、沖縄の海である。その南西諸島の中でも、ウミヘビを特別視する伝承を伝えているのが、一二年ごとに行なわれてきたイザイホウの伝承で知られる久高島《くだかじま》である。

ここで、琉球大学の赤嶺政信《あかみねまさのぶ》氏の教示により、久高島の祝女《ノロ》とウミヘビのエラブウナギ（イラブー）の伝承を紹介しておこう。久高島の近海のウミヘビを現地の人たちはイラブーと呼ぶ。少していねいな言いかただとエラブウナギという。沖縄でヘビといえば、何といっても猛毒で危険なハブが印象第一である。それに対して、しばしば食用とされるウミヘビには、むしろウナギの呼称が与えられている。

　久高島では、交尾と産卵のために海岸の洞穴に上がってくるイラブーを手で捕獲する漁がながく行なわれてきた。その捕獲する場所に対する権利が、特定の神役とハッシャ（村頭とも）と呼ばれる村落祭祀の供物徴収などに関わる二名の祭祀係に与えられていた点に特徴がある。島の南西岸のイラブーガマ一帯に対しては久高ノロと二名のハッシャが、またイリバンと呼ばれる島の西海岸一帯に対しては外間《ほかま》ノロが、そして徳仁《とくじん》港の南に浮かぶフシマ（小島）に対しては、外間ニーチュ（根人）が、それぞれ捕獲権を有し、それは神託によって与えられたものであると認識されていた。イラブーガマとは、イラブーの巣である洞穴のことである。

　代々にわたって久高島の地頭を務めたことのある恵《めぐみ》姓の家譜の中のつぎの記事は、かつて久高島の地頭がイラブーに対する権利を有し、それが神託によって与えられたものであるという認識があったことを示している。

「一　昔日神詫（託）に、ゐらふ……魚秋……水穴両所、地頭ニ賜候間、毎年八月神遊之時、彼ゑらふうなき取候而、御馳走可仕由候、若此水穴より地頭之外ニうなき取者あらは、上道とふらは、つなれ、下道とふらはかたわらなれさしくし、ぬきくしとて被差置候、たいこ有之候事」

この二ヵ所の「水穴」の場所は史料からは特定できないが、もっとも捕獲量の多い現在の島の南西岸のイラブーガマである可能性が高いと思われる。地頭以外の者が捕獲すると、祟りがあると考えられていた。

一方、島外においても久高ウミンチュがイラブー漁に従事していたことは、たとえば幕末期の奄美《あまみ》に滞在した名越左源太《なごしさげんた》による『南島雑話《なんとうざつわ》』[37]の中で、久高ウミンチュがイラブーを獲っている様子が紹介されていることからも確認できる。さらに『南島雑話』のイラブー漁に関係する記事としては、「永良部宇奈貴　琉球国産物、久多加嶌より小船にのり、大小数千尾を取る。大なるは三味線をはる皮に用」いるという記事や、また「本琉球久高島人、常に漁方に来りて居住す。久高［人］此島［横当島］より帰るときは水のある処を深くかくし置く。若し水あれば魚取る者大島辺より多く来り居住せん事をきらひ、また此島には永良部鰻魚其外の魚類多き故如レ斯と云」という記事などがある。

また、比嘉康雄《ひがやすお》『神々の原郷　久高島』[38]によれば、イラブーの大漁祈願には立願と結願とがあって、九月のニライカナイからの来訪神の祭祀であるハンジャナシには、イラブーの料理を神職者に食べてもらう「ムムハメー」という儀礼がある。そして、ハンジャナシで謡われる歌謡には、外間ノロや久高ノロ、外間根人に「(ニライカナイの神によって)下されたイラブーの漁場」という歌詞がある。

なお、赤嶺氏によれば、かつて彼が久高島に滞在して調査を行なっていたときに、島の人にイラブー漁の見学をしたいと申し出たところ、漁に従事していた親しい人に、むしろ氏のことを気遣って「何か障りがあるとよくないからやめたほうがいい」と言われたことがあるという。漁の従事者たちの間でも、イラブー漁には通常の漁とは違う特別な感覚があるようである。赤嶺氏は二〇〇九年現在執筆中の原稿で、中国から冊封使に供される料理にイラブー料理があることを指摘している。一六〇六年に来琉した夏子陽《かしよう》の『使琉球録《しりゆうきゆうろく》』[39]の中の「かわった蛇があって、その色は黒く、風疾を治すとされる」という記事をはじめ、一六八三年に来琉した汪楫《おうしゆう》の『冊封使琉球雑録《さくほうしりゆうきゆうざつろく》』[40]の「物産」の項の「国王が、時期をみはからって、使臣のごきげんをうかがう（使者を天使館に遣わす）ときは、必ず海蛇を持参する。長さ、一、二尺ほど。まっすぐ固くなっていて、まるで朽ち縄のようで、おそろしげなさまは、憎々し。この国の人は、特に手に入れるのがむずかしいといっている。何に使うのか、とたずねたところ、料理にすれば、その性は熱で、持病の治療ができるとのことである」という記事、また、一七五六年に来琉した周煌《しゆうこう》の『琉球国志略《りゆうきゆうこくしりやく》』[41]の「物産」の項の、「海蛇、国王が天使を問安させる時に、必ず海蛇一束を呈上する。長さは二、三尺で、堅くてまっすぐで、まるで朽ちた縄のようで、黒色で獰猛な顔付きで、恐ろしげである。この国の人は、これを御馳走だとしている。その性は熱で、よく慢性疾患を改善し、らいを治すといわれる」という記事などによってである。

赤嶺氏によれば、こうして冊封使一行に振る舞われた海蛇が薫製されたイラブーであることは、記述の内容からしてまちがいないが、問題はその産地であるという。中国人の記録には、海蛇の産地についての言及はないが、赤嶺氏は以下で述べる理由により久高島産であったこと、つまり、イラブーは久高島から王府への貢納品であったと推定している。

第一点めの理由は、イラブーを捕獲し、それを薫製にする技術を保持してきた地域は、久高島以外からは報告されていないことである。イラブーを薫製する施設を、久高島ではバイカンヤと呼ぶが、バイカン（焙乾）というのはカツオ節の生産工程で使われる用語である。第二点めの理由としては、バイカンヤのある場所はウドゥンミャーと呼ばれる広場の一画にあって、別名トゥヌチグァー（殿内小）とも呼ばれていることがあげられる。ウドゥンミャーのウドゥン（御殿）が、王府に関わる建造物としての「御殿」である。バイカンヤが近世の行政用語である「殿内」系で呼ばれていたのも、イラブーが王府への貢納品であったことに関係している可能性がある。第三点めの理由として、かつて久高島の地頭が久高島のイラブーに対する権利を保持していたことも、イラブーが貢納品であったことと関連があるのではないかという。以上の三点に加えて、同治四年（一八六五）から同治八年（一八六九）の「両先島在番往復文書」のなかに、「久高島下小之西銘筑登之親雲上四反帆船壱艘、久高島より那覇川江回船之洋中向風相成、多良間島江漂着、官府用之ゑらふ□取得方為当島罷渡候処、（下略）」とある記述により、近世末期に久高島のウミンチュが、「官府用」のイラブーの漁に従事していたことを確認することができるという。

以上のことから、一六〇六年の夏子陽の記録を初見とする中国人に振る舞われたイラブーは、久高島産であったことが想定でき、その想定が正しければ、久高船の記事が王府記録に頻出する一九世紀初頭よりもはるか以前から、久高ウミンチュは、公用船の水主とは別に、イラブーの捕獲と焙乾という特別な技術でもって、王府との特別なつながりを保持していたことになる。

以上が、赤嶺政信氏の執筆原稿の要旨の一部を紹介したものであるが、赤嶺氏の教示に感謝するしだいである。

毎年、出雲の西海岸に漂着して、龍蛇さん、お忌みさんなどと呼ばれて神聖視され祭祀と祈願の対象とされてきた南海産のウミヘビが、琉球王朝以来、久高島の祝女の祭祀と首里王府の王権表象の場において、宗教的にも重要な意味を持ち続けてきたことが明らかとなった。出雲と久高島との間に祭祀王をめぐる交流など直接的な関係は何もない。しかし、ウミヘビに対する特別視や神聖視という民俗的な心性の共通性は、それぞれの伝承文化の意味の深層を考える上での参照枠として、それなりに意味は深いだろう。

出雲を必要不可欠とした大和王権

出雲の地方王権の特殊性が、その龍蛇神祭祀にあったというのがここでの私の仮説である。龍蛇と呼ばれるウミヘビは、その漂着、来臨のありかたからみても、海という他界性、異界性を表象する異様な生物である。ここでいう海の他界性、異界性というのは、具体的な大陸や半島という異文化世界から来訪する外来、舶来の物体であるという世俗的な意味と同時に、抽象的な海上他界や海中他界、また神霊の世界など、異次元世界から来訪する霊妙神秘な物体であるという宗教的な意味との両者を含むものである。毎年、西方からの荒れる海流に乗って寄り来る霊妙な龍蛇を迎えて祭り、出雲の王はその自然的霊威力を自らの霊肉に受け取り、その祭祀王としての文化的霊威力を更新しつづけていたと考えられるのである。

それに比べて、倭の五王以来、大和の王権に欠けていたのは、その呪術性であり宗教性であり根源的な祭祀王としての霊威力という属性であった。天皇家のもっとも重要な神格は伊勢神宮に祭られている天照大神とされているが、その皇祖神としての属性と太陽神としての属性とは、その二つが合体されている経緯も含めてきわめて抽象度の高い属性である。そこにはアニミズム的な自然レベルの霊威性もまたマナイズム的な自然レベルの霊威性も豊かであるとはいいがたい。むしろ文化的に洗練されたイデオロギー性こそが強烈である。

世俗王権と祭祀王権とを合体した超越神聖王権をめざした大和の天武と持統の王権が必要としたのは、大陸や半島に向かう出雲という一種の辺境世界、つまり境界世界にあって、自然信仰的な霊威力を豊かに蓄積し伝承していた出雲の王権の祭祀王としての属性であった。天武の大和王権が、世俗王としてのみならず、祭祀王としての属性をも身に帯し、かつ両者の属性を一身に享《う》けた超越神聖王をめざしたとき、必要であったのが、前述のように「内なる伊勢と外なる出雲」という東西の両端の象徴的霊威的存在であった。この東西の両者は大和の王権にとって、東―西、朝日―夕陽、太陽―龍蛇、陽―陰、陸―海、現世（顕世）―他界（幽世）、という対照性のコスモロジーの中に位置づけられるすぐれて宗教イデオロギー的な存在であった。それはまさに、〈内部〉としての伊勢、〈外部〉としての出雲、という対照的な位置づけであった。そしてそれは、北極星を背に負い北斗七星をもって運行の気を占い、青龍・白虎に朱雀・玄武という東西南北に四神を配する中国王朝の天子南面の南北軸中心のコスモロジーとは別の、太陽の運行観測と海上他界観念とを基盤として日本の古代王権が独自に想定していった東西軸のコスモロジーによるものであった。七世紀末から八世紀初頭にかけて成立した大和の超越神聖王権とは、このように、〈外部〉としての出雲、の存在を必要不可欠とした王権だったのである。

3　祭祀王としての天皇

（1）聖化する大王

御贄の供御

古代大和王権の歴史的展開における時代ごとの画期として、第一章では、①歴史の出発点としての雄略朝、②仏教伝来にともなう文化的衝撃の欽明朝、③遣隋使派遣にともなう文化的衝撃の推古朝、④半島情勢の大転換にともなう政治的衝撃の斉明朝、そして、⑤未曾有の内乱であった壬申の乱を勝利した天武朝、という五つの画期を想定した。ここであらためて、古代の天皇が世俗王から祭祀王への聖化を進める動きを、考古学の研究成果を参考にして、少し追跡しておくことにしたい。それは御贄《みにえ》の供御《くご》と大王の聖化という視点である。

御食《みけ》つ国　志摩の海人《あま》ならし　真熊野《まくまの》の　小船に乗りて　沖へ漕ぐ見ゆ（万葉集　巻6）

朝凪《あさなぎ》に　楫《かぢ》の音聞こゆ　御食《みけ》つ国　野島《のしま》の海人の　船にしあるらし　（万葉集　巻6）
伊勢の白水郎《あま》の　朝な夕なに潜《かづ》くとふ　鰒《あはび》の貝の　片思《かたもひ》にして　（万葉集　巻11）

これは『万葉集』に御食つ国と歌われた志摩や淡路、それから伊勢神宮の神饌の代表でもある鮑《あわび》の漁をする海人についての歌である。

考古学の山中章《やまなかあきら》氏は二〇〇八年の論文で、(42)律令制下に編成された地方の「国」の中にはわずか数郡でしか構成されない小国が存在し、それらがいずれも島嶼《とうしょ》部か海浜部に所在する点に注目して興味深い論考を提出している。志摩、安房、伊豆、佐渡、能登、淡路、隠岐、対馬のような小国がなぜ設置されたのか。そこには田租の徴収とは別の目的があったはずだとして、隠岐島におけるミヤケの設置と海部《あまべ》の成立、そしてそれに関連するであろう古墳群・横穴群の分布に注目する。そして、六世紀後半から七世紀初頭にかけて島前地域に立石古墳などの横穴式石室が築造され、その副葬品として蘇我氏と関係深い双龍環頭大刀が出土したこと、この立石古墳とほぼ同じ時期に島前地域の小湾ごとにいっせいに横穴群が形成され、それらの中には畿内系の土師器《はじき》や奈良時代までの遺物が副葬されていること、などから、それらの被葬者が、浦々で海産物を採取する海民であったと考えられるという。

島後の支配は隠岐国造の勢力に任せて、少なくとも島前は六世紀後半からミヤケが設置され、その経営に安曇《あずみ》氏や安曇部、海部を配置して大和の大王のために海産物を貢納する地域となった、そしてその隠岐島は八世紀の律令国家になってからも一つの国として位置づけられたのであり、前代のまま海産物を貢納させつつ、安曇氏の一部は天皇の供御として特別な製品を貢納することとなった、というのである。平城宮跡から出土する木簡には隠岐の海部《あまべ》郡《ぐん》、知夫郡《ちぶぐん》の海部や安曇部の姓を名乗る者が数多く見いだせるが、彼らはその子孫であったと考えられるという。ではなぜ、そのような海産物の確保が必要であったのか。

やすみしし　わご大君の　食国《をすくに》は　倭《やまと》も此処《ここ》も　同じとそ思ふ　（万葉集　巻6）

これは『万葉集』に収める大伴旅人《おおとものたびと》の歌であるが、大王が「食《を》す」素材は「御食《みけ》つ国」から貢納されるのであり、その品質が重要であった。その質を保証し安定的に供給させるための直轄地ミヤケの設置であったというのが山中章氏の見解である。律令制下においても島嶼部や海浜部に小国が設置されたのは、かつてそれらの地方にミヤケを設置して安曇氏のもとで海部による「質の保証された供御用の各種海産物の安定的供給」をはかったことに由来するのだという。

ここで注目されるのは、良質の海産物が、御贄《みにえ》、御調《みつき》、供御《くご》とされた意味である。単に美味であるというだけでなく、その大王への御饌物《みけつもの》には同時に神饌としての清浄性が併《あわ》せもとめられるようになってきていたからであろうと考えられる。それは単なる食品や食材の貢納ではなかったのである。この六世紀後半から七世紀初頭は、天皇でいえば、敏達、用明、崇峻、推古の時代であり、大臣として君臨した蘇我馬子の権勢がさかんな時代であった。その時期、大王という存在の神聖化が大きく進展していたことを、島嶼部や海浜部へのミヤケの設置は物語っているのである。豊富な鰒などの海の幸を産する伊勢、志摩も、この時期にはすでに上質の御贄の供給地として、大和の大王の王権の視界の内にあったことは確実であろう。その点について早くに注目していたのが水野祐《みずのゆう》氏であり、同氏は後世の記録ではあるが『延暦儀式帳』などを史料として志摩の海女の貢納する鰒などが神饌として特別な意味をもっていたことを指摘している[43]。

一時的であった超越神聖王権

次にあげる二首は『万葉集』に収める有名な歌である。これまでも律令国家の確立を象徴する天武と持統の強大な王権のありさまを詠んだ歌として歴史の教科書にも紹介され、注目されてきた歌である。しかし、これも天武がめざし持統が継承した超越神聖王権を詠んだ歌という文脈で理解したほうが、より正確であろう。

大君は　神にし坐《ま》せば　赤駒の　匍匐《はらば》ふ田井《たゐ》を　都となしつ（大伴御行　万葉集　巻19）

大君は　神にし坐《ま》せば　天雲の　雷の上に　廬《いほ》らせるかも（柿本人麻呂　万葉集　巻3）

神風の伊勢の地に、太陽神でありかつ皇祖神として天照大神を祭った天武と持統にとって、持統所生の草壁皇子は、その名も日並知皇子尊《ひなみしのみこのみこと》、日の皇子と詠まれた皇子であった。しかし、その天武（六八六年没）も草壁（六八九年没、二八歳）もまもなくあいついで没してしまう。天武の跡を継承したのは持統女帝（七〇二年没、五八歳）であったが、その後の平城京の律令国家の中枢部においては、皇位の継承も混乱し、皇親や天皇側近また官人貴族など諸勢力の間での政治抗争による政局不安の状態が続くこととなった。つまり、超越神聖王権の実現は当初の天武と持統の時代のみの一時的な現象として終わってしまったのである。

そして、歴代の天皇は天武と持統が実現させた神聖王・祭祀王の性格をもちながらも、同時に政治抗争の中に位置する伝統的な世俗王の性格をも併せもち続けざるを得なかった。八世紀後半の天武皇統から天智皇統への転換、平城京から長岡京さらに平安京への遷都、それらの政治状況の変化の中にあっても、この王権の二重性は変わることはなかった。

（2）新たな〈外部〉の創生

祭祀王への純化

平安京に遷都した王権に変化が起きるのは、九世紀から一〇世紀にかけてであった。古代の神祇祭祀の上で、天武朝から大宝年間にかけて形成された神祇令を中心とする「律令祭祀制」に対して、それとは異なる新たな「平安祭祀制」がその時期に形成されてくることを明らかにしたのは岡田荘司《おかだしょうじ》氏である。(44) 岡田氏によれば、律令祭祀制の特徴は、神祇官による運営、年中四度の祭祀つまり祈年祭・月次祭・新嘗祭が中心であること、全国官社を対象としてその祝部が幣帛を受け取りに来る幣帛班給制度、にあった。

それに対して、九世紀から一〇世紀に成立する平安祭祀制においては、国家祭祀と天皇祭祀とが重なり合い、やがて天皇祭祀の性格が濃厚となる点が大きな変化である。それまでの全国官社を対象とする幣帛班給制度から、京畿を中心とする二十二社など特定の有力大社を対象とする奉幣制度へと転換し、旧来の祈年祭や新嘗祭以外の臨時祭が重視されるようになり、天皇の神社行幸もさかんに行なわれるようになった。

このような変化の起点にあったのは、藤原氏の氏神である春日社《かすがしゃ》の春日祭など、外戚《がいせき》の氏神祭祀を中心とした公祭制の成立であり、それは一方では天智皇統と藤原氏先祖の顕彰のための十陵四墓の制の整備[45]とも連動するもので、藤原良房摂政下の清和朝における一つの画期でもあった。その後、宇多《うだ》朝以降、賀茂《かも》臨時《りんじ》祭《さい》をはじめとして神社臨時祭の方式が成立するとともに、十六社・二十二社奉幣制度が確立し、天皇の代がわりごとに大神宝使が遣わされ、それらが制度として定着することとなった。このような平安祭祀制は、とくに宇多朝から後三条朝に展開したものであったが、じつは、この「天皇祭祀」と「摂関政治」とが相互に補完しあう関係にあったという点にこそ、その重要性があったのである。これこそが、天皇の祭祀王と世俗王との二重性からの脱皮であり、純粋な祭祀王としての出発を意味するものであったからである。

〈祭祀王〉たる天皇に対して、世俗王権を行使することができるのは、あくまでも天皇の「代理人」であり、その新たな体制の出発点が、幼帝清和を即位させて政権の中枢を握った外祖父藤原良房の摂政就任であった。それはまさに新たな〈世俗王〉の出現を意味した。これ以後の日本の政権の歴史の中で、それぞれの時代ごとに、摂政関白や内覧《ないらん》であったり、中世から近世においては征夷大将軍であったり、近代国家においては内閣総理大臣であったりすることとなった。ただし、それらはあくまでも天皇の任命によるという一点においては共通していた。

王権の危機

王権の構造自体の中に含まれている祭祀王と世俗王の二重性という属性と、その両者の関係性は、原理的にみてそれぞれの時代状況に応じて顕在化したり潜在化する宿命にあった。あの天武のめざした超越神聖王権それ自体も、王権に内在する二つの属性の関係性から一時的に発露した現象であった。ただし、その超越的な王権が、じつはきわめて強力強大であるとともに、それだけに逆に、自他ともにその生死・存亡をきわめるほどに危険なものであることに注意しておく必要がある。

祭祀王はその権能の限りにおいて責任体系を維持できる王権である。なぜなら、それが脱社会的領域での比較不能の霊妙なる権能だからである。しかし、世俗王はその権能の発現に対して同時に武力的かつ思想的な責任追及を避けることはできない。世俗王権は社会的領域における王権であり、それは世俗的にいつでも交代可能な王権なのである。

祭祀王として安定したその後の日本の歴代天皇は、あらゆる戦乱を経てもその存在自体は微動だにすることのない安定した王権となったが、その稀有なる継続性は、唐や新羅など東アジアの古代国家が滅亡する一〇世紀の時代状況の中にあって、ひとり祭祀王へと純化がはかられたことによると考えられる。

七世紀後半に、それまでの「大王」から「天皇」へ、つまり天武天皇と持統天皇によって〈超越神聖王〉として誕生した「天皇」は、九世紀半ばの清和天皇の出現により、〈祭祀王〉に純化した新たな「天皇」として、ふたたび誕生したのである。しかし、その後の歴史において、王権に内在する〈祭祀王〉と〈世俗王〉という二重性、その安定と不安定の力学の方程式の中にあって、世俗王権をも併合して超越神聖王権をめざした例がないわけではなかった。自ら望んでか周囲がそれを望んだかは別として、たとえば、鎌倉期初頭の後鳥羽上皇《ごとばじょうこう》や建武政権の後醍醐《ごだいご》天皇《てんのう》、さらに近くは昭和の軍国主義と大政翼賛会体制下での大元帥陛下昭和天皇の姿がすぐに想起されるであろう。しかし、それは聖俗含めた巨大な権力集中であったと同時に、天皇という存在自体にとってはきわめて危険な状況であったことはまちがいない。

では、それとは逆に、祭祀王としての天皇の祭祀権を他者が奪おうとした例はなかったであろうか。先の岡田氏によれば、一二世紀の院政期にあっては、天皇祭祀の一部を院が掌握するという異例の事態も出来したことがあるという。たとえば、白河上皇《しらかわじょうこう》による大江匡房《おおえのまさふさ》の伊勢公卿勅使発遣などがその例である。しかし、それは、あくまでも天皇祭祀権の権能の範囲内でのことであり、現天皇の祖父や父である「治天《ちてん》の君《きみ》」にのみ限られたことであった。そして、中世以降、近世に至って征夷大将軍の幕府を中核とする強力な軍事政権が成立し、天皇祭祀に倣った将軍祭祀の権能が出来してきても、天皇祭祀権そのものへの侵犯はみられなかったという[46]。その意味でも、祭祀王としての天皇は、その後の日本歴史においてその地位を微動だにもさせていない。そして、その理由は、繰り返しになるが、〈祭祀王〉への純化という一点にあるのである。

ところで、ここでぜひとも紹介しておかなければならないのは、角田文衛《つのだぶんえい》氏の「ある夜の紫式部[47]」という興味深い論文である。それは一条天皇《いちじょうてんのう》の寛弘五年（一〇〇八）一二月三〇日、つまり大晦日の夜のことであるが、宮中深くに忍び込んだ盗賊によってうら若き女房二人が、その着物を身ぐるみはがれ裸にされた事件をめぐる分析である。当時の内裏の警護が、頻発する盗賊の侵入に対して非常に緩やかなものであったという実態の分析からはじめて、摂関期の天皇とは、暗殺やクーデタによって廃されたり、その地位が簒奪《さんだつ》されたりすることのない僧王《そうおう》（Priest-King）、つまり神聖にして不可侵な王であり、暗殺やクーデタの対象からは超越した存在であった、という結論が示されている。ここで説いてきている〈祭祀王〉とは、この角田氏の説いたプリースト・キング（Priest-King）[48]に近い王権であるといってよい。

4　出雲の地位の変化

九～一〇世紀の大転換

一〇世紀半ばに編纂施行された『延喜式』（九二七年完成、九六七年施行）に収録されている「出雲国造神賀詞」の奏上は、前述のように『日本紀略』が記す天長一〇年（八三三）四月の出雲国造豊持までは確認できるが、その後は記録上明らかでない。具体例が記録に確認できなくても、その後もしばらくは継続されたと考えるのが自然であろう。しかし、公家の日記類など平安京の王朝貴族たちの見聞記録が豊富になる一一世紀の記録類にはその記事

律令制	〈外部〉としての出雲（霊的守護機能）	天皇（祭祀王・世俗王）	
		律令神祇祭祀制 律令官寺制（鎮護国家）	律令法体系 律令官僚制
摂関制		天皇（祭祀王）	〈外部〉としての摂関（政治的輔弼機能）
		平安祭祀制 王城鎮護の密教体制	格式中心的律令法体系 令外官中心的律令官僚制

はまったくみられない。つまり、先の平安祭祀制にもとづく「天皇祭祀」と「摂関政治」という新しい王朝国家の体制が成立してくる九世紀から一〇世紀にかけての間に、その奏上は廃絶されていったものと思われる。平安京の祭祀王権にとって出雲大社は古代の記紀神話を継承する特別な神社ではなくなっていったのである。それは、長きにわたって異様な霊威力で大和王権を支えてきた〈外部〉としての出雲、の地位の喪失を意味するものであった。京都の祭祀王権が新たな、〈外部〉としての世俗王権、すなわち摂関や内覧という天皇の「代理人」を創出したからである。

　このような律令制から摂関制へ、という九〜一〇世紀の古代国家の大転換はこれまでも指摘されているとおりである。九〇七年には唐が滅亡し、九三五年には新羅が滅亡しており、日本でも承平《しょうへい》・天慶《てんぎょう》の乱（九三九〜九四一）が起こって、これが新たな武士の時代の到来への序章と位置づけられている。この時期の日本社会の変動は多くの点で連動しており、ここで指摘している、天皇の祭祀王への純化、〈外部〉としての出雲の地位の喪失、新たな〈外部〉としての摂関の成立、という変化もその一環であった。

そして、このような変化は、荷前使《のさきのつかい》の遣使などを中心とする十陵四墓の制などによる陵墓祭祀の伝統から洛外墓地の設営による死穢忌避の強調へ、という変化にも連動するものであり、さらには、第三章で詳しく検証する、王権儀礼の中核をなす鎮魂祭の変容とも連動しているものであった。その鎮魂祭については、第三章に譲るとして、九～一〇世紀の大変動に連動するものとして確認されるもう一つ重要な変化が、死穢忌避と肉食忌避という平安王権の内部で特化されていった極端なまでの触穢《しょくえ》思想の高揚とその定着であった。

触穢思想の形成

平安時代の摂関貴族たちが、極端な触穢忌避の信仰と思想とをもっていたことは、彼らの日記類にさかんにみられる物忌みや方違えの記事からもよく知られているところである。しかし、そのような触穢思想も、日本古代史の中で形成されてきたものであり、歴史を超えた人類普遍の死穢忌避や血穢忌避の観念や禁忌というレベルで考えてはならない。汚穢忌避の観念は人類文化の中に普遍的に共有されているにはちがいないであろうが、実態としてはそれぞれの社会と文化によって異なる文脈と意味をもつのであり、平安貴族の触穢思想も、歴史的に形成されそれなりに特徴づけられた彼らの社会に特有のものと考えるべきであろう。そこで、その形成過程について検討する必要がある。ここでは要点だけにしぼってみるが、まず死の穢れという観念について参考になるのは、三世紀の『魏志倭人伝』の記事である。

そこには「其の死には、棺あるも槨なく、土を封じて塚を作る。始め死するや停喪十余日、時に当たりて肉を食わず、喪主は哭泣し、他人は就いて歌舞飲酒す。已に葬れば、挙家水中に詣りて澡浴し、以って練沐の如くす」とある。ここに穢れという表現はないが、死者の葬送のあと水中で澡浴するというから、一定の清めの行為が行なわれていたことがわかる。七世紀の記紀神話では、イザナギの黄泉国訪問の物語が記されており、そこでも、「伊邪那伎大神詔りたまひしく、『吾はいなしこめしこめき穢き国に到りてありけり。故、吾は御身の禊ぎせむ』とのりたまひて、筑紫の日向の橘の小門《おど》の阿波岐原《あはきはら》に到りまして、禊《みそ》ぎ祓《はら》ひたまひき」（『古事記』上巻）、「伊奘諾尊、既に還りて乃《すなは》ち追ひて悔いて曰く、『吾さきにいなしこめき汚穢《きたな》き処に到る。故、吾が身の濁穢《けがらはしきもの》を滌《あら》ひ去《う》てむ』とのたまひて、則ち往きて筑紫の日向の小戸の橘の檍原《あはきはら》に至りまして、祓《みそ》ぎ除《はら》へたまふ。遂に身の所汚を盪滌《すす》ぎたまはむとして」（『日本書紀』神代上第五段一書第六）とある。死者との接近について、「穢き国に」、「汚穢き処に」と表現されており、その場にいた人物に対しては「禊ぎ祓ひ」、「祓ぎ除へ」、「身の所汚を盪滌ぎたまはむ」という処理が必要不可欠とされていたことがわかる。

その後、穢れの文字が頻出することでよく知られているのが、八世紀の称徳《しょうとく》女帝の詔勅である。天平勝宝九年（七五七）の橘奈良麻呂《たちばなのならまろ》の変に際して反逆者を「穢奴等《きたなきやつこら》」と呼び、天平宝字八年（七六四）の藤原仲麻呂《ふじわらのなかまろ》の乱においても「逆仁穢岐奴仲末呂」と呼ぶなどしている。有名なのは神護景雲三年（七六九）の宇佐八幡神託事件における和気清麻呂《わけのきよまろ》の例で、彼も「穢奴《きたなきやつこ》」と呼ばれているが、それにとどまらず姓名を「別部穢麻呂《わけべのけがれまろ》」と改名させられまでしている。その称徳女帝の詔勅では、天皇に対する反逆心を穢れと表現する点が特徴的で、その点において、それ以前の『日本書紀』や『万葉集』、また『続日本紀』の神亀年間以前の記事において散見される穢れの表現が、生理的で物理的な汚さや不潔や不気味さを意味するものであったのとは大きく異なっている。この穢れという文字と用法をめぐって興味深い研究を行なっているのが大本敬久《おおもとたかひさ》氏であるが[49]、その修士論文作成におけるアドバイスの過程でむしろ私のほうが多くの知見を得ることができた。そこで、その大本氏の修士論文とそのアドバイスの過程で得られた情報を参考にしながら、以下の叙述を進めることとする。

　称徳朝の詔勅における穢れの表現の頻出の背景として推定されるのは、女帝の寵臣であった弓削道鏡《ゆげのどうきょう》の存在であろう。遣唐使僧玄昉《げんぼう》の請来と伝えられ天平期以降に流布していった密教の経典『陀羅尼集経《だらにじつきょう》』の巻九にみえる烏枢沙摩《うすさま》解穢《げえ》法印《ほういん》や、『大日如来剣印《だいにちにょらいけんいん》』の加持三業《かじさんぎょう》法《ほう》にみえる解穢法《げえほう》などの存在を参考にするならば、当時の穢れ観念の形成には密教の影響が大であったことが推定される。これは、従来の生理的、物理的な汚らしさや不潔の意味から、文化的な新しい意味が付与されてきたことを示す。またそれは、反逆心を穢れと結びつける考え方でもあった。

　そして、その延長線上に罪を穢れと結びつける考え方、日本の現代人にとっては当たり前とさえなっている「罪穢《つみけが》れ」という考え方が生まれてくることとなる。つまり、「罪穢れ」の発想自体も所与のものではなく、すぐれて歴史的所産なのであるが、ここではその問題には深入りせず、称徳女帝の詔勅に穢れの文字が頻出する背景として考えられるのが、サンスクリットを学び密教の経典にも通じていたとされる道鏡の存在であることを指摘するにとどめておきたい。このことは、彼の失脚後の光仁・桓武朝においては、ふたたび穢れの用法は神亀年間以前と同様に反逆心などを表すものではなくなり、生理的、物理的な汚らしさや不潔の意味に戻っているという事実からも推定できる。

そして、これらの穢れの表現で注目されるのは、記紀万葉からこの時期の『続日本紀』の記事にいたるまで、穢れに関する表記はいずれも、穢らわしいとか穢すとか凶穢や汚穢など、形容詞、動詞もしくは熟語として用いられており、穢という一文字の名詞としての用法はみられないという点である。それはまだ、「穢れ」という抽象名詞の概念が存在しなかったことを暗示している。

では、「穢」の一文字の名詞の表記が現れる初見はいつか、それは現在確認されているところからすれば、『続日本後紀』承和三年（八三六）九月一一日条の、岡野《おかの》王《おう》等が伊勢大神宮に遣わされたときの「中今月九日宮中有穢、神嘗幣帛、不得奉献之状」という記事である。また、宣命の文中にみえる初見は、『日本三代実録』仁寿元年（八五一）六月三日条で、伊勢、賀茂、松尾、乙訓等の神社に祈願のための使者を遣わしたときの策文にみられる、「此雨乃不止左留由縁乎卜求礼波、春祭尓供奉世留使等中尓有穢事介利」という記事である。その後、貞観年間になると、『日本三代実録』に「人死之穢」（八六一、四、二）とか「馬死穢」（八六二、六、一〇）、「犬死穢」（八六三、四、一三）など、具体的な事象に対する穢れという表現が頻出するようになり、名詞としての穢れの概念が定着してきたことがわかる。

そして、「犬産穢」（八六五、九、三）や、「失火穢」（八九三、三、三）などという例も出てくるようになる。

さらにその貞観年間の後半になると、「染穢《せんえ・けがれにそまる》」という表現が頻繁にみられるようになり、また「穢気《えき》」という表現や「其穢《そのけがれ》」「此穢《このけがれ》」などという表現の増加とともに、穢れが感染するものとの意識が明確になってきて、当時の貴族社会で、忌避すべき穢れという共通認識が形成されてきたことがわかる。

ところで、これまでの研究では、式における触穢の規定の早い例は、弘仁式（八二〇年成立）だとする三橋正《みつはしただし》氏の見解があるが、[50] その点についてはやや疑問が残る。なぜなら、それは一〇世紀後半成立の『西宮記』のしかもその逸文に、「弘仁式云、触穢悪事応忌者、人死限卅日、産七日、六畜死五日、産三日、其喫宍、及弔喪、問疾三日」とある記事を典拠とする解釈だからである。はたしてそれが確実に弘仁式の規定を正確に伝えるものであるかどうか、これまで述べてきた六国史の記事の追跡からすれば、疑問が残るといわざるをえない。貞観式（八七一年成立）の穢れに関する規定は現存せず、いま参考にできるのは『延喜式』（九二七年成立）の規定（巻三、神祇三、臨時祭）でしかないが、そこには、穢忌、弔喪、触穢、の三ヵ条がみえ、その穢忌の条にたしかに「凡触穢悪事、人死限卅日自葬日始計、産七日、六畜死五日、産三日鶏非忌限、其喫宍三日此官尋常忌之、但当祭時余司皆忌、及弔喪、問疾三日」とあり、三橋氏が引く『西宮記』逸文の文言と共通している。

しかし、三橋氏の論考では六国史の記事はほとんど参照されておらず、いまここで一部ではあるが追跡整理してみた六国史の記事の変遷によれば、八二〇年成立の弘仁式の段階ではまだこの『西宮記』逸文や九二七年成立の『延喜式』穢忌条のような内容の規定が完成していたとは考えがたい。貞観式が確認できないために明確に論じることはできないが、六国史の記事からみるかぎり、このような規定が完成したのは少なくとも貞観期以降であったと考えるほうが自然である。それは、名詞としての「穢れ」の成立、具体的な「人死之穢」「犬産穢」、そして、忌みを必然化する「染穢」という感覚、それらが一気に波状的に成立してくるのが貞観年間の後半期、八七〇年代以降のことと考えられるからである。つまり、一〇世紀前半の『延喜式』の規定以降、明確化してくる平安貴族社会に独特で特徴的なきびしい触穢忌避の思想と観念およびそれにもとづく禁忌としての行動規範の成立は、貞観期にまず大きくその一歩を踏みだし、延喜年間以降に広く深く定着していったものと考えることができるのである。

肉食の古代史

このように、歴史的な形成過程を考える必要があると思われる平安貴族の触穢思想と、その文化的特徴について、それを所与のもの、所与の日本文化として考えるのではなく、九世紀から一〇世紀の大変動の中で形成された、平安京の貴族社会に独特な歴史的産物である、という視点に立つとき、それに関連する多くの生活史的変動を九世紀から一〇世紀の日本社会にはみることができる。それは、文献史料というきわめて限られた情報範囲ではあるが、一連の波状的な変動として読みとることができる。

ここに、その一つの例を、衣食住の内の食生活の変化という事実としてあげておくことにしよう。それは古代社会における肉食の慣習とその変遷についてである。平林章仁《ひらばやしあきひと》氏の『神々と肉食の古代史』(51)が刊行されて、私も新聞書評を行なったが(52)、歴史学においても古代の肉食文化の実態への注目が始まっている。牛馬を殺して生贄《いけにえ》として諸々の社の神を祭り雨乞いなどを行なったという記事は『日本書紀』の皇極一年（六四二）七月条にもみえ、同じ皇極三年（六四四）には常世神《とこよのかみ》を祭るために、路傍に酒、菜、六畜つまり牛馬羊豚狗鶏の肉を供えたという記事がみえる。また、九世紀前半に著された仏教説話集『日本霊異記《にほんりょういき》』にも、漢神《からかみ》や疫鬼に対して牛を殺して血肉を供えて祭るという記事がさかんにみえる。中巻の「漢神の祟りに依り牛を殺して祭り、又放生《はうじやう》の善を修して、現に善悪の報を得る縁　第五」、「閻羅王《えんまわう》の使の鬼、召さるる人の 賂《まひなひ》を得て免《ゆる》す縁　第二十四」などがそれである。

もちろん、これらの記事はすでに古代史研究者の間ではよく知られたものであった。ただし、それらは大陸渡来系の文化をになう集団の間でのことであり、日本の古代社会ではきわめて例外的な事柄であるとみなされてきた。しかし、『日本書紀』や『続日本紀』に記されている、天武四年（六七五）の牛馬犬猿鶏の肉食禁止令以降、奈良時代から平安時代にかけてさかんに発令される肉食禁止令（天武四年〈六七五〉、持統五年〈六九一〉、神亀二年〈七二五〉、天平一三年〈七四一〉、一五年〈七四三〉、天平勝宝一年〈七四九〉、天平宝字二年〈七五八〉、天平宝字八年〈七六四〉、宝亀一年〈七七〇〉、宝亀六年〈七七五〉など）をよく読みこんでいくと、仏教の殺生禁断の思想による天皇の病気平癒祈願のための臨時の禁令が多く、そこから逆にそのようにさかんに肉食禁止令が発令された事実こそ、古代社会では肉食が当時の貴族層のみならず広範にみられた食習であったことをあらわすものに他ならないことがわかってくる。

たしかに、天皇の食膳に鹿や猪の肉が調進されていた記事は多くみられ、地方の国司からそれらが貢進されていたことをあらわす記事も多い。たとえば、『延喜式』巻三九の内膳司が記す「式」内膳の天皇の「正月三節」の食膳には、「鹿宍《しかのしし》、猪宍《いのしし》」とあり、鹿肉や猪肉が不可欠であったことがわかる。また、「淡路国正税帳」（『大日本古文書』2）には、天平一〇年（七三八）正月二節の御贄《みにえ》として「柄宍《えのしし》四頭」、つまり四脚を結わえて柄（朸《おうご》）に通した尾頭と五臓のついた鹿肉の献上が行なわれたことが記されている。天皇の正月の儀礼食として、瓜の漬物や鮎の加工品のほかに鹿肉や猪肉が必要不可決であったことがわかるのである。つまり、牛馬や鹿猪などの肉も血も、奈良時代から平安時代前半ごろまではまだ穢れたものとして忌み避けられていたわけではなかったのである。

では、いつどのようにして、動物の肉や血が穢れたものとみなされるようになっていったのだろうか。いち早くその変化を見せたのは、神社における神祇祭祀の現場からであった。『続日本紀』や『類聚三代格』にみえる八四〇年代の太政官符には、次のような記事がみえる。

太政官符（承和八年〈八四一〉三月一日）「応禁制春日神山之内狩猟伐木事（中略）藤原朝臣良房宣偁、春日神山四至灼然、而今聞、狩猟之輩触穢斎場、採樵之人伐損樹木、神明攸咎、恐及国家、宜下知当国厳令禁制者」。
太政官符（承和一一年〈八四四〉一一月四日）「応禁制汚穢鴨上下大神宮辺河事（中略）鴨川之流経二神宮、但欲清潔之、豈敢汚穢、而遊猟之徒就屠割事、濫穢上流、経触穢神社、因茲汚穢之祟屢出御卜」。

つまり、春日社や賀茂上下両社では、近隣の山野での狩猟と屠蓄に対して、神域を穢すものとしてその禁止をもとめる動きが現れているのである。そしてその後、神祇祭祀や天皇祭祀の清浄性を求めるようになっていった摂関貴族たちの世界では、九世紀後半から一〇世紀初頭にかけて次第に動物の肉や血を穢れたものとみなすように変化していく。『延喜式』神祇三の臨時祭の条には、「凡鴨御祖社南辺者、雖在四至之外、濫僧屠者等、不得居住」とあり、「式」の規定として、賀茂御祖社の神域に近い範囲には狩猟をして獣物を解体調理する屠者やその獣肉を食べる濫僧《らんそう》の類の居住はこれを認めない、としているのである。

もちろんその後も、あいかわらずさかんに狩猟をして屠蓄し肉食を続ける階層も存在したからこそ、このような措置がとられたわけであり、『今昔物語集』には、たとえば巻一五の第二七話「北山ノ餌取ノ法師、往生セル語」や、第二八話「鎮西ノ餌取《えとり》ノ法師《ほうし》、往生セル語」のように、牛馬の肉を食らう妻帯肉食の餌取法師の姿が生き生きと描かれている。彼らは貴族層からは「濫僧」「屠児《とじ》」と蔑称されていくこととなるのであるが、その平安貴族たちも自分たちの先祖がみんな七世紀の飛鳥の時代から八世紀の奈良時代にはさかんに肉食の味を楽しんでいたことなど、さすがに一一世紀以降にもなると知る由もなかったのである。

つまり、古来、七〜八世紀までは天皇をはじめ貴族層もさかんに肉食を行なっていたのであったが、九〜一〇世紀になると、その肉食が禁忌視されるようにと大きく変化していったのである。そして、七〜八世紀における肉食禁止令が、仏教の殺生禁断の思想と天皇の病気平癒の祈願によるもので、いずれも臨時のものであったのに対して、九〜一〇世紀以降の肉食禁忌は、神祇信仰と神祇祭祀の純化から血穢や死穢の忌避が強調されたものであり、恒常的な行動規範となっていったという点において両者の間には決定的な相違点があった。それは、律令官人から摂関貴族へと転身していった平安貴族たちにとって必然的な変化であり、神聖なる「まつりごと（神祇祭祀と摂関政治）」に奉仕するためには、身体の清浄性こそが必要不可欠と考えられるようになったからであった。このように、九世紀後半から一〇世紀にかけての平安京を中心とする日本の王権の周辺では、前述のような、天皇の〈祭祀王〉への純化が実現していったことと連動する、一連の大転換が大規模に起こっていたのである。

こうして新たに生まれた摂関という〈外部〉であったが、この〈外部〉という「形式」（容器）には、原理的にはどんな「素材」も投入可能である。神聖性を基本属性とする摂関にとってかわり、武闘性を基本属性とする将軍が、やがて新たな「素材」として、その〈外部〉という「形式」（容器）に投入されるのも、それゆえ歴史の必然であった。その意味からいえば、平安貴族の肉食禁忌がやがては武家政権を生むことにもなったのだ、といっても過言ではないのである。

神無月の由来

こうして、摂関という新しい〈外部〉の登場により、古くからの〈外部〉であった出雲はその役割を終えていったのであった。では、出雲はその後どうなったのだろうか。この重要な問題を考える上で次に注目したいのが、神無月という和風の月名と、その神無月には全国の神々が出雲に参集するという民俗伝承である。

旧暦の一〇月を神無月といい、全国の神々が出雲に参集して地元では神様がいなくなってしまうので、神のいない月、神の無い月、というのが現在広く流布している俗説である。では、いつから、なぜ、そのように言われるようになったのか。この問題を考える上で、歴史的にまず参考になるのは、その初見とされる藤原清輔《ふじわらのきよすけ》の歌学書『奥義抄《おうぎしょう》』(保延年間〈一一三五〜四一〉の成立)の記事である(53)。

「十月《かみなつき》　天下のもろもろの神　出雲国にゆきて　こと国に神なきゆへに　かみなし月といふを　あやまれり」

つまり、一〇月をかみなつきというのは、かみなしつきのあやまりだ、というのである。これはすでに現代の伝承に近いものである。そして、これと同様の記事は、同じ院政期の藤《ふじ》原範兼《わらのりかね》の『和歌童蒙抄《わかどうもうしょう》』(久安・仁平年間〈一一四五〜五四〉の成立)にもみられる。また、鎌倉時代の辞書『名語記』（一二七五年成立）にも「十月をかみな月となづく、如何。これは、日本国の諸神たち、御まつりごとのために、出雲のいつきの宮へあつまり給て、都城には、かみいませずとて、公家にも御神事を、をこなはれざれば、神無月といふと、ふるく尺《しやく》しおける也。この説、勿論歟《ろんなきか》」とある。

しかし、その一方、鎌倉時代末の卜部《うらべ》（吉田）兼好《かねよし》の『徒然草《つれづれぐさ》』（元徳二年〈一三三〇〉〜元弘一年〈一三三一〉ごろ成立）には、「十月を神無月と云て、神事に憚るべきよしは、記したる物なし。本文も見えず。但、当月、諸社の祭なき故に、この名あるか。この月、万《よろづ》の神達太神宮へ集り給ふなど云説あれども、その本説なし。さる事ならば、伊勢には殊に祭月とすべきに、その例もなし」とあり、先の『奥義抄』から二〇〇年もたった後の京都の知識人、卜部兼好でさえ、神々の出雲参集の話は知らないといっている。ただ、そこではすでに神無月の漢字は記されており、神々がいずれかに参集するという俗説は存在し、それが伊勢神宮だという説も一部にはあったらしいことがわかる。そして、一〇月は神事を憚るべき月とされ、京畿の諸社も祭礼は行なわない習慣があったこともわかる。

一方、この『徒然草』からやや遅れるが、ほぼ同時代の釈由阿の万葉集の注釈書『詞林采葉抄』（貞治五年〈一三六六〉以前成立）には、次のような記載がある。[54]

「抑一天下の神無月を□出雲国□□には神在月とも□□□□□『云也』我朝の諸神集り給ふ故也　其神在浦に神神来臨の時は　少童の『戯に』作れる如くなる篠舟波の上に浮ふ事不可及算数　諸神は彼浦の神在の社に集り給ひて大社へは参り給はすと云　彼の神在社

は不老山と云所に立給ふ　神号をは佐太『大』明神と云也　是則伝奏の神にて座すとかや大社は杵築明神と云　別当をは国造と申『す云々　或人』問曰　此大社は素盞烏尊にて座『とかや』『然るに』日本国の神々御祖神の如く尊崇し奉り参集し給ふ事誠以不審也□□□伊弉諾尊伊弉冊尊の二神こそ天神地祇の御祖にて在座す　亦は天照太神をも宗廟の神にて在座せは尤尊敬あるへきに　第四の御子にて『在』座すをは何故に祖神の如く成す事や如何　答曰是深秘なれは不載」

これはなかなか詳細にわたる記事であるが、要点をまとめれば以下のとおりであろう。①これが神在月という語の初見である。②ここで神在浦に来臨とあるのはウミヘビの龍蛇神の来臨を表現している可能性が高い。③その龍蛇神を迎えて祭る神在祭は当時も佐太神社で行なわれていた。④そして、その神在浦に来臨した神々、つまり龍蛇神は当時は杵築大社へは参らないものとされていた。⑤しかし、日本全国の神々が参集するのは出雲の杵築大社であるとしており、その点に変わりはない。⑥そして、当時の杵築大社の祭神は素盞烏尊とされていた。⑦ただし、祭神が素盞烏尊であるのに、なぜ日本国の神々は出雲の杵築大社を御祖神の如く尊崇して参集するのかは疑問であるとしている。⑧しかし、それに対する答えは秘されている。

以上、『奥義抄』（一一三五～四一年ごろの成立）、『徒然草』（一三三〇～三一年ごろの成立）、『詞林采葉抄』（一三六六年以前の成立）などの記録からの情報をまとめると、次のとおりである。

第一、旧暦一〇月を神無月と呼んで神がいない月、それは神々が出雲に参集するからだ、という解説は、院政期の一一三〇年代に藤原清輔たち京都の歌学者の間で語られるようになっていた。

第二、しかし、一三三〇年ごろの知識人、卜部兼好はそれを知らなかった。

第三、それでも、釈由阿のような一三六〇年代の『万葉集』研究の歌学者たちの間では現地の出雲の情報も含めて、かなり詳細な解釈論が展開していた。つまり、この出雲への神々参集の伝承と神無月の解説は、京都の歌学者たちの間で先端的に語られていたものであったと考えられる。

第四、一三六〇年代の『詞林采葉抄』が記すように、出雲の杵築大社の祭神は、古代の記紀神話や「出雲国造神賀詞」が伝えていた大国主神や大己貴命ではなく、素盞烏尊となっていた。

「出雲国造神賀詞」を掲載した『延喜式』が編纂された九〇〇年代までは、出雲の杵築大社の祭神は本来の大国主神や大己貴命であった。それが素盞烏尊となったのはいつか、そしてなぜなのか、これは大問題である。

万葉集と古今和歌集

歌学の世界からいえば、神な月の呼称の早い例は醍醐《だいご》天皇の延喜五年（九〇五）の勅命により編纂献上された『古今和歌集』である。

神な月　時雨《しぐれ》もいまだ降らなくに　かねてうつろふ　神なびのもり（読人知らず）

神な月　時雨に濡《ぬ》るゝもみぢ葉は　たゞわび人の　袂《たもと》なりけり（凡河内躬恒《おおしこうちのみつね》）

などである。しかし、これをさかのぼってみると、『万葉集』の歌にその起源がある。

十月　鍾礼尓相有　黄葉乃　吹者　将落　風之随（大伴池主《おおとものいけぬし》）

（かむなづき　しぐれにあへる　もみぢばの　ふかばちりなむ　かぜのまにまに）

十月　之具礼能常可　吾世古河　屋戸乃黄葉　可落所見（大伴家持《おおとものやかもち》）

（かむなづき　しぐれのつねか　わがせこが　やどのもみぢば　ちりぬべくみゆ）

『万葉集』の表記では「十月」としか書いていないため、これを「かむなづき」と読むのかどうか確定はできないが、発句の五文字ということで「かむなづき」の可能性がやはり高い。後世の歌学者たちは疑いもなく「かむなづき」と訓読みしているがそれで特段問題はないであろう。

ところで、『古今和歌集』には、「貞観御時《じょうがんのおんとき》」つまり清和天皇の治世に、「万葉集はいつばかり作れるぞ」という下問に対して、文屋有季《ふんやのありすえ》が詠んで答えた歌が載せられている。

神な月　時雨ふりおける　楢《なら》の葉の　名におふ宮の　ふるごとぞこれ

『万葉集』という古い歌集が作られたのは、「神な月　時雨ふりおける　楢の葉の」と歌われている、あの古いむかしの奈良の都の時代のことでございます」と答えているのである。その『万葉集』の時代の「十月（かむなづき）」もこの『古今和歌集』の時代の「神な月」もその意味は「神の月」、「神を祭る月」であり、まだ神がいない月という意味はなさそうである。のちに一般化する「神無月」という表記はやはり当て字であって、梅雨の季節の「水無月」や清流の「水無瀬」と同様に、「無」は表現の技法、意味を潜めた巧みな表現と考えておくべきであろう。

時雨から出雲へ

その「神無月」が「神の月」から文字通り「神無し月」と解釈されるようになったのは、先の一二世紀の『奥義抄』のころからである。そこで整理してみると、まず、①『万葉集』の時代には「かむなづき」は「十月」と表記されており「神無月」という表記はまだなかった。②その「かむなづき」には「しぐれのあめ」が付き物であった。③『古今和歌集』の時代にも「神な月」に「時雨のあめ」は付き物であり、その組み合わせは継承されていた。④それが一〇世紀を過ぎて一二世紀にまで至ると、『奥義抄』のように、「神な月」は神々が出雲に参集する月、つまり「神無し月」という解釈が一部の歌学者たちの間ではみられるようになっていた。

そこで一つの仮説であるが、ここで提示したいのは、「かむなづき」＝「しぐれ」のセットが、雨降りから曇りや雲などへの連想によって、「神無月」＝「出雲」のセットへと変換したのではないかという仮説である。その間をつなぐ媒介項は「雨」と「雲」である。そして、それはおそらく歌学の世界での文芸活動の中での京都の知識人世界で起こったことだったのではないか。前掲の、「神な月　時雨もいまだ降らなくに　かねてうつろふ　神なびのもり」という『古今和歌集』の有名な歌には、「神な月」と「神なび」とが巧みに詠み込まれており、同時にまた、いま述べた「かむなづき」＝「しぐれ」のセットが、「神無月」＝「出雲」のセットへと変換していく予感のようなものが詠み込まれている。

この「神無月」＝「出雲」のセットは、時期としては院政期、藤原清輔たち『万葉集』や『古今和歌集』に収載されている伝統的な和歌の研究者やその回顧と革新の運動の中にあった人たち、その歌壇、その歌学サークルの中で語られはじめたものではないかと考えられる。だから、『徒然草』の著者、卜部兼好が神々の出雲参集の伝承を知らなくても問題はないであろう。兼好が知らなくても歌学、歌の学問のサークル社会では、神無月といえば、もともとは神の月、神の祭りの月、そして、神な月は時雨の季節、神無月といえば時雨、それがやがて、雨といえば八雲立つ出雲、時雨と出雲と神無月、神無月は出雲、そして出雲への神々の参集、という知識の段階的つまりグラデーション変化が起こっていたのではないかと推定されるのである。

和歌の起源と素戔嗚尊

一〇世紀の和歌の世界で、出雲国と素戔嗚尊がどのようにイメージされていたのかをよく物語るのが、『古今和歌集』の仮名序と真名序である。仮名序には次のようにある。

「あらかねの地《つち》にしては、素戔嗚尊よりぞ起りける。ちはやぶる神世には、歌の文字も定まらず。素直にして、言の心わきがたかりけらし。人の世となりて、素戔嗚尊よりぞ、三十文《みそも》字《じ》あまり、一文字はよみける。素戔嗚尊は天照大神の兄なり。女と住み給はむとて、出雲国に宮造りしたまふ時に、その所に八色《やいろ》の雲の立つを見てよみたまへるなり。

八雲立つ　出雲八重《やへ》垣《がき》妻籠《つまごめ》に　八重垣つくる　その八重垣を」

また、真名序には、次のようにある。

「然るに、神の世七代、時質《すなほ》に人淳《あつ》うして、情欲分つことなく、和歌いまだ作《おこ》らず。素戔烏尊の出雲国に到るに逮《およ》びて、はじめて三十一字の詠《うた》あり。今の反歌の作《おこり》なり」

こうした和歌の起源に関する『日本書紀』からの知識が、京都の歌学の知識人たちの間に広まる中で、出雲国といえば素戔嗚尊、というイメージがしだいに普及し定着していったものと考えられる。

「神々のふるさと」へ

一〇世紀に編纂された『延喜式』に載せる「出雲国造神賀詞」の段階では出雲の神は「大なもちの命」、すなわち大国主神、大己貴神であった。しかし、同じくその一〇世紀に編纂された『古今和歌集』の歌人たち公家の世界では、このように和歌の起源をめぐって素戔嗚尊と「出雲八重垣妻籠に」の歌、そして出雲国へ赴いた神、という関係がとくに注目されるようになってきていた。そして、一二世紀の『奥義抄』や『和歌童蒙抄』のころには、前述のように平安京の歌人たちの世界では一〇月神無月は神々が出雲に参集する月とする解釈が流布するようになってきていた。さらに、一四世紀の『詞林采葉抄』の頃になると出雲の杵築大社の祭神は素盞嗚尊となっていた。しかし、その『詞林采葉抄』では、まだ「日本国の神々御祖神の如く尊崇し奉り参集し給ふ事誠以不審也」との疑問が投げかけられていた。「伊弉諾尊《いざなぎのみこと》伊弉冊尊《いざなみのみこと》の二神こそ天神地祇の御祖《みおや》にて在座《いま》す。亦は天照太神をも宗廟の神にて在座せは尤尊敬あるへきに、第四の御子にて在座すをは　何故に祖神の如く成す事や如何」という疑問である。しかし、それに対する答えは、まだ「是深秘《これしんぴ》なれは不載《のせず》」とその説明は棚上げされていた。

そこで、次の段階で登場するのが、素戔嗚尊と母神伊弉冊尊との関係説明である。明応二年（一四九三）三月一〇日の奥付のある『佐陀大社縁起《さだたいしやえんぎ》』（朝山皓『新撰佐太神社史料』）には、「神在月事、伊弉諾尊十月十一日示病相十七日暁刀尅隠（中略）當社者本朝宗廟、諸神父母故、諸神為顕孝行之義必集焉。是故他国以十月名神無月、當国以于月号神在月」という記事がみられ、諸国の神々が出雲へ参集するのは親孝行の意味があると説明されている。そして、一六世紀前半の卜部吉田家の撰になる『日本紀神代抄《にほんぎじんだいしよう》』では、「(伊弉冊尊) ハ一年ノ中ニ生滅ヲアラハシテ十月ニ死テ十一月ニヨミカヘリ給フ。十月ヲ神無月ト云ハ此ノ謂也」とある。

こうして、後追い的なかたちで、『日本書紀』の解読をもとに、素戔嗚尊は母神の伊弉冊尊を慕い求め、出雲国にあると伝えられている黄泉比良坂《よもつひらさか》、伊賦夜坂《いふやさか》と、そしてそこを越えて妣国《ははがくに》へ、根堅州国《ねのかたすくに》へ、つまり出雲国へと赴いた、という伝承がオーバーラップして、出雲国は素戔嗚尊と伊弉冊尊の国というイメージが普及していったのである。そして、『日本書紀』の出雲神話の解釈は、現実の出雲国へのイメージを増幅させ、出雲は神話の国であり同時にそれを現実に伝えている古代の伝統を伝える国であるという理解が広まっていった。仮にもし、というのは、歴史的には存在しないが、あえてその「もし」を仮定して、出雲の大神が記紀神話のいうとおり古代の大国主神、大己貴神のままでありつづけたならば、逆に、古代末から中世、近世にかけて全国の神々が出雲に参集するという信仰や伝承は生まれなかったのではないかと考えられるのである。

論点をまとめるなら以下のとおりである。古代の大和の王権が〈外部〉としての出雲を必要として、歴史的に形成された出雲国と大国主神、大己貴神に対する特別な意識と儀礼、つまり異様な霊威力で大和王権を支える存在であるという信仰は、記紀神話中の出雲神話群と律令儀礼中の出雲国造神賀詞奏上によって表現されていたのであったが、ほぼ一〇世紀を画期として、その〈外部〉としての出雲の地位は失われた。しかし、その後も出雲に対する平安京の知識人たちの間に伝承されていた特別な意識は完全には無化することなく、いわゆる文化の国風化とともに次第にその和歌の世界に生きる京都の貴族たちを中心として、以上述べてきたような意識と知識のグラデーション変化により、全国の神々が参集する出雲、さらには神々のふるさととしての出雲、というイメージが形成され[55]、その後の近世社会の文芸運動と庶民信仰の高揚という現象を通して、縁結びの神様、福の神としてのダイコクサマ[56]などの信仰が加わって広く全国へ各階層へと普及していくこととなった、と考えられるのである。

第三章　祭祀王と鎮魂祭

1　新嘗祭と大嘗祭

習俗としての収穫祭

現在にまで伝承されている天皇祭祀の基本にあるのが新嘗祭《にいなめさい》であり大嘗祭《だいじょうさい》である。神話上でも皇祖神たる天照大神が『日本書紀』神代上の第七段の素戔嗚尊の乱暴の話の中で新嘗をきこしめす神として描かれている。この新嘗は神話では天孫降臨条の天稚彦《あめのわかひこ》の記事の中にもみえ、天皇の祭儀としては仁徳四〇年条、清寧二年条（大嘗）、用明紀二年（五八七）条、舒明紀一一年（六三九）条、皇極紀一年（六四二）条、天武紀五年（六七六）条にみえる。しかし、記紀神話以外にも、『常陸国風土記』筑波《つくは》郡条に福慈岳《ふじのやま》（富士山）の福慈神が新粟《わせ》の初嘗をしていて家内諱忌《ものいみ》をしているとか、筑波神が新粟嘗をしているなどという記事がみえ、また『万葉集』にも、

鳰鳥《にほどり》の　葛飾早稲《かづしかわせ》を饗《にへ》すとも　その愛《かな》しきを　外《と》に立てめやも　（万葉集　巻一四）

の歌が収録されているように、新嘗は秋の収穫祭として広く古代社会に共通していた習俗で

あったと考えられる。

そして、このような新嘗祭を基盤としながら天皇の即位儀礼として成立したのが大嘗祭である。大嘗の初見は天武二年（六七三）一二月条で、中臣と忌部ほか神官らが奉仕し、播磨と丹波が新穀の稲を供出する悠紀《ゆき》と主基《すき》にあてられている。ついで、持統五年（六九一）一一月条では、神祇伯中臣大嶋朝臣が天神寿詞《あまつかみのよごと》を読んでいるが、播磨と因幡の二国が斎忌《ゆき》と次《すき》にあてられている。つまり、もともと民間にもみられた習俗としての毎年の収穫祭であったものが、とくに天皇の収穫祭の形態を整えたのが新嘗祭であり、さらにそれが天皇の即位儀礼としての形態を整えたのが大嘗祭である。そして、それが天皇の践祚大嘗祭という最重要儀礼として制度化されたのは、伊勢神宮の社殿造営とともに、天武・持統朝以降のことであったと考えられる。

外来魂の吸収儀礼

出雲の祭祀王にとっての龍蛇神祭祀はいわば外来魂の吸収儀礼であった。その出雲を〈外部〉として位置づけた大和の王権が中核とした祭祀が、新嘗祭と大嘗祭であった。しかし、そこには出雲の龍蛇祭祀のような自然界の脅威的な存在や現象と交霊交感するような不気味で呪術的な霊威力を示すところはない。むしろ清浄性と神秘性とをその特徴とする洗練された儀礼である。そこで出雲の王権の祭祀と接触した大和の王権がそこから獲得し吸収した呪術的部分が次の二つであった。

①神話としての出雲神話。つまり出雲の神々が大和王権の守り神として、その異様な霊威力で大和王権を支えるという大和と出雲の密接不可分の関係を物語る一連の出雲神話。
②儀礼としての鎮魂の祭儀。つまり、古代社会に広くみられた収穫儀礼としての新嘗祭を天皇祭儀として再構成したことと、それに加えて外来魂の吸収を繰り返す祭儀としての鎮魂の祭儀の獲得。

大和王権がその祭祀の中核とした新嘗祭と大嘗祭の前日の一一月の寅の日に行なわれる鎮魂の祭儀こそが天皇の霊威力を表象するもっとも重要な祭儀となったのである。

2　鎮魂祭の歴史

（1）令制下の鎮魂祭

天武の招魂

天皇の鎮魂の祭儀に関連する初見記事として注目されているのは、天武一四年（六八五）一一月丙寅（二四日）の「招魂《たまふり》」の記事である。しかし、その招魂は天武天皇の病気平癒祈願のためにこの前後に行なわれた一連の仏教的、道教的諸儀礼とともにその一環としての儀礼であり、神祇令の定める制度的な、新嘗祭や大嘗祭の前日に行なわれる鎮魂の祭儀とは異なるものである。

この招魂に関連して注目されるのは、それに先立つ天武一四年（六八五）一〇月庚辰（八日）に、百済僧の法蔵《ほうぞう》と優婆塞《うばそく》の益田直《ますたのあたい》金鐘《こんしょう》を美濃国に遣わして白朮《おけら》を煎じさせ、一一月丙寅（二四日）に献上させたという記事である。この白朮は藤原京趾から出土する木簡の中の医薬品の保管札にも「白朮四斗」などと墨書された付札があることから、当時すでに医薬品として利用されていたことがわかる。(1) この僧法蔵は天武天皇の没後には陰陽博士に登用された人物であり、彼が白朮をもって行なったのは陰陽五行法にもとづく医術行為であったと考えられる。また、天武の招魂が一一月寅の日に行なわれていることからみて、それが古代中国の歳時記にあわせた陰陽五行法や道術の知識からの援用であった可能性も大である。つまり、この招魂は陰陽五行法にもとづく中国的なものであり、天皇の病気平癒のための施術の一つであって、このちに令制下の王権儀礼として定着してくる鎮魂の祭儀とはまったく別のものであったと考えられる。(2)

大宝令と鎮魂祭

天武天皇の即位は天武二年（六七三）二月であるが、その年の一一月に大嘗祭が執行されたことは、『日本書紀』同年一二月丙戌（五日）条の「大嘗に侍奉れる中臣・忌部及び神官の人等、幷て播磨、丹波、二つの国の郡司、亦以下の人夫等に悉に禄賜ふ」という記事からわかる。次の持統天皇の即位は持統四年（六九〇）一月で、前述のように大嘗祭は翌持統五年（六九一）一一月に執行され、神祇伯中臣朝臣大嶋が前年の即位式の時と同じく天神寿詞を読み上げており、悠紀と主基に充てられたのは播磨と因幡の二国であった。しかし、この段階ではまだそれに先立って鎮魂祭が執行された記事はなくその点は不明である。むしろ、寅日の鎮魂祭と卯日の大嘗祭という組み合わせはいまだ出来上がってはいなかったと考えるほうが自然である。

その寅日の鎮魂祭と卯日の大嘗祭や新嘗祭という組み合わせが出来上がるのは、文武朝の『大宝令』（七〇〇年撰進、七〇一年施行）の施行段階であり、その『大宝令』とほぼ同じ内容と考えられる『養老令』の記事には次のようにある。

神祇令「仲冬上卯相嘗祭　下卯大嘗祭　寅日鎮魂祭」
職員令「神祇伯　掌鎮魂」

しかし、記事はこれだけで、その儀式次第についての記述はなく、詳細は不明である。

（2）鎮魂祭の儀礼内容

『貞観儀式』にみる鎮魂の祭儀

鎮魂の祭儀の詳細を記している最古の史料は『貞観儀式《じようがんぎしき》』である。(3) その成立は古代史研究者の間では貞観年間（八五九〜八七六）であろうと考えられており、『故実叢書』に全文が収められている。ここではその要点のみを示すことにするが、詳細を確認したい読者はぜひその全文を閲覧してみていただきたい。その『貞観儀式』の記す鎮魂の祭儀の記事の中で、とくに注目されるのは、①神宝、②御衣匣、(4) ③御巫《みかむこ》が宇気槽《うけふね》を覆したその上に立ち桙《ほこ》をもって槽を十度撞《つ》く儀礼、④神祇伯が筥《はこ》の中へ木綿を結ぶ儀礼、(5) ⑤猨女舞《さるめのまい》という五つの要素である。

『古語拾遺』の伝承

それらの由来について語るのが、『古語拾遺』や『先代旧事本紀《せんだいくじほんぎ》』の記事である。『古語拾遺』は忌部広成《いんべのひろなり》(6)の撰、大同二年（八〇七）の成立で、鎮魂の祭儀については次のように記されている。

「凡ソ鎮魂之儀者天ノ鈿女ノ命之遺跡ナリ。然則御巫之職応任旧氏。而今所選不論他ノ氏ヲ」

つまり、鎮魂の儀は天鈿女命《あめのうずめのみこと》の遺跡であるというのである。そして、その天鈿女命については、天照大神が天石窟戸に幽居《こもりましぬ》というときに、「又令天ノ鈿女ノ命ヲシテ古語天乃於須女。其神強悍猛固《フヨクタケシ》。故レ以為名ト。今俗強女謂之於須志此縁也。以真辟ノ葛ヲ為鬘ニ、以蘿葛為繦蘿葛者比可気。以竹葉飯憩ノ木ノ葉ヲ為手草、今多久佐。手持着鐸《サナキ》之矛ヲ。而於石窟戸ノ前ニ覆誓槽。古語宇気布禰。約誓之意。挙庭燎ヲ巧ニ作俳優。相与歌舞」と、記紀神話の伝承と共通する内容を記している。つまり『古語拾遺』は、鎮魂祭の起源は、天岩戸神話と天鈿女命にあると述べ、一方、儀式内容については、前述の『貞観儀式』に記された、①神宝、②御衣匣、③宇気槽を桙で十度撞く儀礼、④神祇伯が木綿を結ぶ儀礼、⑤猨女舞、という五つの要素のうち、③と⑤だけに言及している。著者の忌部広成はみずからを「愚臣広成。朽邁之齢。既逾八十」といい、日付を「大同二年二月十三日」と記しており、その大同二年（八〇七）に仮に八一歳とすれば、八世紀前半の神亀三年（七二六）ごろの生まれとなる。そのような長寿の忌部広成が、この③と⑤の伝承が古くからのものであると言明しているということは、大宝令において整備されていた鎮魂祭においては、③と⑤の伝承はその当初から付随していたものと考えてよいであろう。

『先代旧事本紀』にみる起源伝承

鎮魂祭の起源伝承を記す文献のもう一つが『先代旧事本紀』である。この『先代旧事本紀』は、序文に蘇我馬子や聖徳太子の撰であるなど荒唐無稽な内容が記され、また本文もそのほとんどが『古事記』や『日本書紀』さらには『古語拾遺』を引用連綴《れんてつ》した文からなっており、近世以降は後の世の偽書として評価されないものとみなされてきた。しかし、戦後になって、あらためて「天孫本紀」その他の部分には物部氏に関する独自の伝承を載せていることから、後世の捏造《ねつぞう》によるものではなく、物部氏関係の祖先伝承が記されている可能性があるとの指摘もなされている。[7] 物部氏は天武朝以降は石上朝臣《いそのかみのあそん》へと改姓したが、その一族の間に伝えられていた古伝承が記されているのではないか、と期待する視点である。しかし、この『先代旧事本紀』の記す鎮魂祭の記事内容を熟読してみれば、そのような古伝承が含まれているとはいいがたいというのが、率直な印象である。

鎌田純一氏によれば、承平の『日本紀私記』の中で「先師説」として『先代旧事本紀』について記していることから藤原《ふじわらの》春海《しゅんかい》の延喜講書のころには本書はすでに成立していたとみられ、およそ九世紀中ごろの撰と考えられるという。(8) その『先代旧事本紀』が鎮魂の祭儀について語る部分は、「天孫本紀」と「天皇本紀」との二ヵ所であり、いずれも神武天皇即位の年の一一月朔庚寅に、物部氏の祖である饒速日尊《にぎはやひのみこと》の子の宇摩志麻治命《うましまぢのみこと》が、天璽瑞宝《てんじずいほう》を殿内に奉献して、天皇と皇后の御魂を鎮め祭り寿祚を祈り奉った、それが鎮魂祭の起源である、という内容の記事である。その要点は以下のとおりである。

①神武天皇とその皇后の寿祚を祈念する鎮魂祭がその後の仲冬寅日の鎮魂祭の起源となった。

②その神武と皇后のための鎮魂祭は物部氏の祖神の饒速日尊が天から受けてきた十種の天璽瑞宝をその子の宇摩志麻治命が奉献して行なったものである。

③天璽瑞宝十種とは、瀛津鏡・邊都鏡・八握剣・生玉・足玉・死反玉・道反玉・蛇比礼・蜂比礼・品物比礼の十種である。(9)

④十種神宝を「一二三四五六七八九十《ヒトフタミヨイツムユナナヤココノタリ》」と数えて、「布瑠部由良由良止布瑠部《フルヘユラユラトフルヘ》」と唱えて振れば、死人も生き返る。

⑤鎮魂祭の日には猨女君《さるめのきみ》等がおおぜいの歌姫たちを率いてそれを唱え、かつ神楽や歌舞を演じる。

表　鎮魂関係史料

『大宝令』（700年撰進、701年施行）
『養老令』（718年撰進、757年施行）
「古記」天平年間（729〜748）　（『令集解』が引用〈貞観式の871年以前に成立〉）
「令釈」延暦年間（782〜805）　（『令集解』が引用〈貞観式の871年以前に成立〉）
『古語拾遺』（807年撰）
『弘仁式』（820年撰進）
「穴記」弘仁・天長年間（810〜823／824〜833）　（『令集解』が引用〈貞観式の871年以前に成立〉）
『令義解』（833年完成）
『貞観儀式』（872年以降の編纂）
『先代旧事本紀』（9世紀中後期成立・日本紀講筵の「延喜講書＝延喜4年（904）〜6年（906）」以前に成立）
『延喜式』（927年完成）
『清涼記』（967年以前成立）
『西宮記』（源高明〈914〜982〉著）
『北山抄』（藤原公任〈966〜1041〉編）
『江家次第』（大江匡房〈1041〜1111〉編）

つまり、先の『古語拾遺』が、鎮魂祭の起源を天岩戸神話と天鈿女命にあり、というのに対して、この『先代旧事本紀』は、神武天皇の即位にあたって天皇と皇后の「寿祚」を祈念するために、御魂を鎮め祭ったことに由来する、という。両者には大きな相異が存在するのである。

そして、前述の『貞観儀式』からわかる、①神宝、②御衣匣、③宇気槽を桙で十度撞く儀礼、④神祇伯が木綿を結ぶ儀礼、⑤猨女舞、という鎮魂の祭儀を構成する五つの要素との関係でいえば、この九世紀中後期の成立と推定される『先代旧事本紀』が言及しているのは、①と⑤である。先の『古語拾遺』が言及するのは③と⑤であり、⑤は共通しているが、肝心な②と④には両者ともに言及がない。逆に『先代旧事本紀』には、④の一二三四五六七八九十と数えて布瑠部由良由良止布瑠部《フルヘユラユラトフルヘ》と唱えて振る、という独特の方法が伝えられている。しかし、それは『貞観儀式』にはみられない。

これに対して、一〇世紀後半の『政事要略《せいじようりやく》』所引の『清涼記《せいりようき》』には、「衝宇気之間、蔵人開御服箱振動」という記事がみられ、その段階では天皇の御服箱を振動させる所作があったことが知られる。この十宝を振るというのと、御服箱を振るというのとでは、大きな違いがあるが、鎮魂の祭儀に神宝もしくは御服の振動の所作があるという伝承としては注目される。

御服箱振動の伝承

九世紀後半期の『貞観儀式』の「内侍令賚御衣匣自大内退出」という記事には、「御衣匣」の記事はあるが「振動」の記事はない。しかし、一〇世紀後半の『清涼記』には「衝宇気之間、蔵人開御服箱振動」として、「御服箱」の「振動」の記事がある。この「振動」の所作の由来として想定されるのは、先の九世紀中後期の成立とされる『先代旧事本紀』の記す物部氏系の「布瑠部由良由良止布瑠部《フルヘユラユラトフルヘ》」という「振動」の所作である。この「振動」の所作はその後の有職故実書の類にも記載され、一〇世紀後半から一一世紀の鎮魂祭では定着していたものといってよい。『清涼記』と同じ時代で一〇世紀後半成立の『西宮記《さいきゆうき》』（源高《みなもとのたか》明《あきら》〈九一四〜九八二〉著）でも、鎮魂祭には天皇の御服箱が開かれそれを「振動」するという所作が行なわれていたことを記す。一一世紀前半成立の『北山抄《ほくざんしょう》』（藤原公任《ふじわらのきんとう》〈九六六〜一〇四一〉編）も、一一世紀末から一二世紀初頭の成立と考えられる『江家次第《ごうけしだい》』（大江匡《おおえのまさ》房《ふさ》〈一〇四一〜一一一一〉編）も、同様である。

その、『先代旧事本紀』のいう「神宝」の振動から、『清涼記』のいう「御服箱」の振動へ、という変化は、おそらく一〇世紀の『延喜式』編纂のころであったと推定される。これは重要な変化である。それというのも、『延喜式』の記述において鎮魂祭の位置づけに関する理解の上で大きな変化が現れるからである。

木綿の糸を結ぶ儀礼の伝承——「むすび」から「むすひ」へ

鎮魂祭における「振動」のほかにもう一つの重要な儀礼が、④神祇伯が木綿を結ぶ儀礼、である。これは前述のようにすでに『貞観儀式』の記述の中にもみえており、早い時期から行なわれていたことと考えられる。その貞観期の『三代実録《さんだいじつろく》』の貞観二年（八六〇）八月二七日条には、「夜、偸児開神祇官西院斎戸神殿。盗取三所斎戸衣。并主上結御魂緒等」とあり、幼帝清和天皇の御魂緒《みたまお》が衣服とともに盗みだされたという。その神祇官西院に納められていた御魂緒は前年一一月の鎮魂祭で結ばれていたものと考えられ、当時この糸を結ぶ儀礼がたしかに存在したことを物語る貴重な記事である。

この木綿結びの儀礼に関連する平安貴族たちの身体観・霊魂観として、伴信友《ばんのぶとも》(10)が指摘してそれ以来注目されているのが、次のような歌にみられるそれである。

「思ひあまり出でにし魂《たま》のあるならむ　夜深く見えば魂むすびせよ」（伊勢物語）

「嘆きわび空にみだるるわが魂《たま》を結びとどめよ　したがひのつま」（源氏物語）

「たましひの通ふあたりにあらずとも結びやせまし　したがひのつま」（狭衣物語）

「あくがるるわが　魂《たましひ》もかへりなむ　思ふあたりにむすびとどめば」（狭衣物語）

「もの思へば沢の蛍もわが身より　あくがれ出づる玉かとぞみる」（後拾遺和歌集）

つまり、肉体を離れて魂があくがれ出ずることがあるので、しっかりと魂結びをしておかなければならない、という考えかたであり、その魂結びのための具体的な方法が木綿結びであったと考えられるのである。これは古くは『万葉集』にみえる次のような松の枝を結ぶ習俗と観念にも通じるものであると安江和宣《やすえかずのり》氏は指摘している。(11)

「磐代の浜　松が枝を引き結び　真幸《まさき》くあらばまた還り見む」（有馬皇子の歌）

「たまきはる　命は知らず松が枝《え》を　結ぶ情《こころ》は長くとぞ思ふ」（大伴家持の歌）

「八千種《やちぐさ》の花は移ろふ常盤《ときは》なる　松のさ枝《えだ》をわれは結ばな」（大伴家持の歌）

その一方で、この魂結びと密接な関係があると考えられるのが、鎮魂祭に勧請される神として一〇世紀の『延喜式』が記す、次の八座の神と大直神一座である。

「神八座　神魂　高御魂　生魂　足魂　魂留魂　大宮女　御膳魂　辞代主」

この八座の神は、同じく『延喜式』「神名帳」の記す「宮中神卅六座」の内の「神祇官西院坐御巫等祭神廿三座」の内の「御巫等祭神八座」としてあげられているところの、「神産日神、高御産日神、玉積産日神、生産日神、足産日神、大宮売神、御食津神、事代主神」の八座の神と共通するものである。この神祇官西院というのは、前述のように貞観年間に清和天皇の鎮魂の祭儀で結ばれた御魂緒が納められていた場所である。

そこで、「結び」の意味としては、具体的な木綿の糸を「結ぶ」行為を表すAタイプの意味と、抽象的な「産日《むすひ》」という霊力の生成という観念を表すBタイプの意味との両者が含まれていると考えられる。しかしここで注意しなければならないのは、『延喜式』「神名帳」では「産日」と書き「鎮魂祭」の条では「魂」と書いているが、いずれもその古い表記としては『日本書紀』神代上の第一段一書（第四）では、「高皇産霊尊、神皇産霊尊」の名をあげながら、「皇産霊、此をば美武須毘《みむすひ》と云ふ」と記し、『古事記』では「高御産巣日神、神産巣日神」と記していることである。これら霊力の生成を表すBタイプは、元来「むすひ」と清音であり、Aタイプの濁音の「むすび」とは発音も語源も異なる言葉であったということである。(12)

したがって、八世紀の記紀万葉の時代には、Aタイプの「むすび」はそれなりに人びとの霊力や生命力を守り強化するしるしとして、上記のような松が枝を結ぶなどの具体的な習俗と観念として存在しながら、同時にBタイプの「むすひ」という産霊の神観念も一方に別に存在していたことと考えられる。それらが決して混同されることはなかったという点が重要である。それが平安時代になってしだいに混同されるようになり、両者ともに「むすび」と発音され語義も通じるものと理解されるようになったということである。(13)

たとえば、清少納言の父親とされる清原元輔《きよはらのもとすけ》（九〇八～九九〇）がその『元輔集《もとすけしゅう》』（九九〇年ごろの成立『続国歌大観』所収）で、「たかときが子の賀茂の祭の日、袴着しはべりしに」という詞書を付けて詠んでいる、

「千歳とは我ならねども　ゆふだすき　むすびの神も祈りかくらむ」

という歌などは、すでに当時そのような混同が起こってきていたことを示す例としてよくあげられるものである。ここでは、「むすび」（濁音）の「神」（むすひ・清音のはず）という、かつてはありえなかったような表現となっている。

以上のような知見と情報をもとに勘案するならば、九世紀後半期の『貞観儀式』の段階でみられた、④神祇伯が木綿を結ぶ儀礼、の場合は、まだ産霊という清音の「むすひ」の観念とはむすびついてはいなかったということ、それは八世紀以来の具体的な結び、濁音の「むすび」の習俗と観念とが儀礼化していたものであったということ、が考えられる。そして、それが、「産霊」や「魂」という文字で表される「むすひ」と結びついていったのは、ほかならぬ『延喜式』の神八座の勧請を記す段階であった可能性が大である。つまり、鎮魂の祭儀においては、あくまでも神の「産霊」の「むすひ」ではなく、人、つまり天皇の「鎮魂」の意味が本来的であり主要な観念であったと考えられるのである。前掲のような『万葉集』に詠まれている「むすび」の習俗の存在からすれば、大宝令以来の鎮魂祭においても、④の要素、つまり糸を結ぶ儀礼は存在していた可能性が大であるといってよいであろう。

以上をまとめると、『貞観儀式』の記述からわかるところの、①神宝、②御衣匣、③宇気

槽を桙で十度撞く儀礼、④神祇伯が木綿を結ぶ儀礼、⑤猨女舞、という鎮魂の祭儀を構成する五つの要素のうち、③、④、⑤は、大宝令以来の鎮魂祭において存在した可能性がきわめて高い。それに対して、①、②は、それに次いで存在の可能性は認められるのであるが、その「振動」の儀礼についてはその段階では確証はなく、やはりそれを明記している『清涼記』や『西宮記』などの一〇世紀まで留保しておくべきであろう。「結び」が、むすひの「産霊・産日・魂」と混同されてくるのも、前述のように『延喜式』の段階であったと推定される。鎮魂祭の儀礼や解釈にもこのように九世紀後半から一〇世紀にかけて大きな変換があったのである。

（3）〈祭祀王〉清和の誕生と鎮魂祭

国史初見の鎮魂祭

鎮魂祭の実態についての歴史的な追跡の結果、確認されたのは、九世紀後半の『貞観儀式』だけが信頼するに足る鎮魂祭の儀礼内容を伝えているということである。このことと符合するのが六国史《りっこくし》の記す情報である。具体的に一一月に鎮魂祭が執行されるものであったことを記す初見史料は、ほかならぬ天安二年（八五八）一一月二〇日条の『三代実録』の清和天皇の即位に関連する記事である。それも、二〇日丁丑日で寅日ではなく、その初見の記事は「鎮魂新嘗等諸祭皆停止」という唐突な、その鎮魂祭の中止という内容の記事なのである。そして、翌貞観一年（八五九）一一月一五日の寅日には鎮魂祭が執行されており、「十五日丙寅。於神祇官。修鎮魂祭。十六日丁卯。車駕幸朝堂院斎殿。親奉大嘗祭」とある。つまり、天安二年（八五八）八月の文徳天皇《もんとくてんのう》の崩御の年には、幼帝清和の鎮魂祭も停止され、あらためて翌貞観一年（八五九）一一月に鎮魂祭と大嘗祭とが執行されたというのである。

こののち、毎年の恒例として一一月の鎮魂祭と新嘗祭との記事は継続しており、その後、宮廷年中行事として定着していったことが知られる。しかし、ここで注意されるのが、その貞観二年（八六〇）八月二七日の、即位まもない清和天皇の御衣と御魂結びの緒が何者かによって盗まれるという盗難事件の勃発である。国史初見の清和の貞観一年（八五九）一一月の鎮魂祭の御衣と御魂結びの緒が、早速に盗みだされているのである。政略の限りをつくして太政大臣藤原良房が即位させた幼帝清和の鎮魂を祈念した御衣と御魂結びの緒とが盗難にあったということは、当時の政局不安を知らせる情報である。そして、そこからあらためて、鎮魂祭の意義について検討する契機が与えられる。

つまり、ここで注目されるのが、

⑴国史の中で毎年一一月の鎮魂祭が記述されるようになる画期が、この幼帝清和の即位の時点にあったということ。

⑵鎮魂祭の儀式次第が明確に記述されている現在最古の史料が『貞観儀式』であるということ。

である。そして、それに加えて本書の古代王権論の観点からいえば、
(3)この藤原良房による幼帝清和の擁立というのは、まさに画期的な天皇の誕生を意味した。
つまり、第一章と第二章で詳述してきた、〈祭祀王〉の誕生をここにみることができるのである。
その新たに純化した〈祭祀王〉にとっての最重要の儀礼として、鎮魂祭が新たに再編成された可能性がきわめて大なのである。その再編成された儀礼内容とは、同時代の撰になる『貞観儀式』に記す内容であり、前述の①、②、③、④、⑤という五つの要素から構成されるものと考えられる。

鎮魂祭の始動から完成へ

以上のように、〈世俗王〉と〈祭祀王〉という二つの属性を併せ体現する〈超越神聖王〉として君臨しようとした天武と持統の段階で、大和王権は独自の呪的で霊威力の強い王権儀礼としての鎮魂祭の創始へと始動したのであったが、それが制度的に実体化したのは文武朝の大宝令施行の段階であったと想定されるわけである。それは出雲国造神賀詞奏上儀礼などが暗示するように、出雲の伝統的な外来魂祭祀としての龍蛇神祭祀からの影響のもとでのことであったと考えられる。この外来魂の吸収という儀礼的な意味を最初に指摘したのは折口

信夫の鎮魂論であるが、文武朝の大宝令施行の段階での鎮魂祭については史料情報が欠乏しており、文献史料の操作と解読によってその儀礼内容を確認することはできない。しかし、逆に、この九世紀後半の貞観期という古代国家の大きな転換期を前にした時点で、藤原良房の後ろ盾のもとに幼帝清和という〈祭祀王〉が誕生し、それまで大和王権が必要不可欠としてきた〈外部〉としての出雲、を必要としなくなる段階、つまり、新たに、内なる〈外部〉としての摂関や内覧という〈世俗王〉としての装置を創りだしていく段階で、平安京の王権があらためて独自の呪的で霊威的な王権儀礼としての鎮魂祭を再構築していったのであり、鎮魂祭が大宝令以来のいわば第一期鎮魂祭の段階から、より整備された第二期鎮魂祭の段階へと進んだことが想定されるのである。すなわち、鎮魂祭という、大和王権の〈祭祀王〉にとって必要不可欠な王権儀礼の創生が、天武・持統の段階で始動し、律令王権としての文武・元明・元正の令制下で現実化し、清和以降、新たな整備を達成していったものととらえることができるのである。

鎮魂祭の「本義」とは外来魂の来触・密著にあるという、折口信夫の解釈に揺らぎはない。ただし鎮魂祭の「発生」は、胚胎・胎動から揺籃・誕生・生育へ、そして完成・整備へという展開過程の全体の視野の中ではじめて看取できる。鎮魂祭の創生には未熟から成熟へという変遷史があるのであり、そしてそのことは、それを活用する王権の性質とそれが深く関係したものであることを物語っているのである。

なお、当時の政治情勢として考えるならば、このような鎮魂祭の再編成へという権力内部の需要に対応しそれに応答していくという動機をもって撰述されたのが、同時代である貞観期の成立になると考えられる『先代旧事本紀』という書物ではなかったか、という視点も開けてくる。それは、より呪術的で霊威的な鎮魂法の提唱でもあった。そして、そのような鎮魂祭の儀礼的再編成の延長線上にあったのが、前述のような『延喜式』における勧請神八坐の祭祀へという大きな変化であり、それに連動する「結び」と「産霊・魂（むすひ）」の混同からその結合へという一〇世紀の摂関貴族社会における鎮魂祭に対する新解釈であった。それは鎮魂の祭儀が、本来はあくまでも天皇に対する外来魂の吸収儀礼であったのに対して、それに加えて、特別な神霊を勧請して行なわれる神事儀礼へという大きな変化である。そうして、『清涼記』や『西宮記』が記し、そののちの『北山抄』や『江家次第』が当然の伝承として記す「御服」の「振動」がその象徴的な儀礼の一つとなったのである。それが今日まで古代、中世、近世を通じて強い伝承力をもちつつ断絶と再興の歴史を重ねながら、伯家神道に伝えられた鎮魂祭が復活されて、現在の宮中祭祀儀礼へとつながっているのである。(14)

3　鎮魂祭の解釈

伴信友の鎮魂論

鎮魂祭に関する研究として現在も大きな位置を占めているのは、伴信友の『鎮魂傳《ちんこんでん》』[15]と『比古婆衣《ひこばえ》』[16]である。情報源を明記するかしないかはその後の研究者の姿勢しだいであるが、鎮魂祭の研究において、この伴信友の学恩を蒙っていない研究はまずないといってよい。筆者もその末席に連なるかもしれないのであるが、伴信友の史料情報収集実績が、その後の鎮魂研究の基礎を築いていることにまちがいはない。

その伴信友が注目した問題の一つが、鎮魂の訓読であった。『延喜式』四時祭式では、オホムタマフリと、オホムタマシヅメと両方の訓がさしてあり、同時に二つの読みかたが行なわれていた。伴は鎮魂の訓として併用されている、タマフリとタマシヅメの両者について、『比古婆衣』の中で次のような解釈を示している。「タマフリといふは用《はたらき》なり、タマシヅメといふは体にて、其の行ふ旨は全く同じ」である、魂が離遊《あくが》れ出るのを身体の中府に鎮坐《しずめお》くのがタマシヅメで、その魂の威《いきおい》の活《はたら》き震《ふる》うのがタマフリである、というのである。そして、『日本書紀』に恩頼、神霊、皇霊之威などとあるのをミタマノフユと訓んでいるのに対して、その「フユはフルフの義にて神の霊の威震《いきほひふる》ひて、ことさらに幸ひ給ふを辱なみ称へてミタマノフユと云へるなり」という。つまり、タマシヅメとタマフリ、そしてミタマノフユヘ、という関係がそこではじめて明確に論じられているのである。[17]

折口信夫の鎮魂論

古代の『令義解《りょうのぎげ》』や『令集解《りょうのしゅうげ》』以来、近世の伴信友まで一貫してきたのは「遊離魂」という解釈であった。それに対して、まったく新しい衝撃的な解釈を提示したのが折口信夫である。古代の法曹家や有職故実家たちから近世の学者伴信友にいたるまで、身体から離遊する霊魂をとどめて身体の中府に鎮めおくことと、その霊魂・生命力を活き活きと振るわせ活性化させることが鎮魂の本義であると考えられていた。それに対して折口は、毎年冬に寄り来る魂＝外来魂を天皇の身体に固着させるための儀礼である、という解釈を示したのである。

折口は、大正一五年（一九二六）の「小栗外傳《おぐりがいでん》」[18]で次のようにいう。

「鎮魂祭の儀を見ると、単に主上の魂の游離を防ぐ為、とばかり考へられないことがわかる。年に一度、冬季に寄り来る魂があるのである。御巫《ミカムコ》の『宇気《ウケ》』を桙で衝くのは、魂を呼び出す手段である。いづれ平安朝に入つての替へ唱歌であらうが、鎮魂祭の歌の『……みたまかり、たまかりましし神《わか》は、今ぞ来ませる』と言ふ文句を見ると、外来魂を信じた時代からのなごりを残したのが訣る。而《しか》も、主上の形身なる御衣の匣を其間揺り動すのは、此に迎へ移さうとするのである。魂の緒を十度結ぶことは、魂を固著させる為である。魂の来り触れて一つになる時だから、たまふりと言ふので、鎮魂の字面とは、意義は似てゐて、内容が違ふのだ。『ふるへふるへ。ゆらゆらにふるへ』と言ふ咒言《じゆごん》は、『触れよ。不可思議霊妙なる宜しき状態に、相触れよ。寄り来る御魂よ』の意であらう。触るは、ふらふ・ふらばふなど再活用を重ねる。ふるふもふらふと一つ形である。荒魂・和魂を以て、外来魂と内在魂との対立を示す様になつてからも、其以前に固定した形の、合理化の及ばない姿を存して居た事は、鎮魂祭の儀礼からも窺はれた」

また、昭和六年（一九三一）の「原始信仰[19]」では次のようにいう。

「臣下、或は被征服の種族は、一定の時期に宮廷に参朝して、自家の守霊を奉ることが年々繰り返されて居たので、初春に群臣が朝廷に参つて賀詞《ヨゴト》を奏上したのも、実は、さうした意味があつたと見られるのだが、更に適切な例をとつて言ふなら、出雲の国造が、その代替り毎に、その年と翌年と、引き続いて二度まで宮廷に朝し、所謂出雲国造神賀詞《カムヨゴト》なる古詞を奏上してゐるのは、明らかにそれだと言へる」

また、次のような言及もみられる。

「完全にものいみが遂げられた時に、外来魂は来触して、内在魂となる。古語ふるは、此作用をあらはした言葉である。即、ふるは、単なる接触の意義を持つただけでなく、衝突・附著の古義を持つて居た。さうして、此儀礼を、たまふりと言ふた。第一義の鎮魂である。ふるなる語も、発音が変化して、これがふゆとなると共に、意義にも分化を起して、増殖の意味を持つやうになつた。来触・附著から転化して、内在魂の分割と言つた内容を持つ様になつたのである。そして、それから、尊者の分霊を受けて、その威力にあやかる信仰が発した。又、尊者の分霊をうけるといふ事は、一面に於て、恩寵を蒙る事になると信じたので、それから、みたまのふゆなる古い用語例が生じ、それを分け与へられる祭りをみたまのふゆまつりと言ひ、その祭りの行はれる時期を以てふゆと称した事から、後には、ふゆなる語が、冬期を意味する冬に固定して、季節をあらはす言葉となつた」[20]

まとめると、折口の鎮魂論の主要な論点は以下のとおりである。

①鎮魂祭というのは、単に天皇の魂の遊離を防ぐためではなく、新たに寄り来る外来魂を身に鎮めて威力を新しく加えることであり、外来魂を密著させる意味で、魂が来り触れて一つになることから、たまふりといった。

②外来魂は来触して内在魂となるのであり、威力ある霊魂を天皇に密著させて、必要な時にはその新しい威力を発揮させようとした。

③古代においては、各々の国や氏のもつ威霊を天子の御体に鎮めようとした。その鎮魂法は、国や氏によりそれぞれみな固有なものがあった。石上の鎮魂法は、その由来を伝えた古いものの一つである。天子の聖躬には、氏や国の魂が入って、威力を集めているわけである。

④臣下、あるいは被征服の種族は、一定の時期に宮廷に参朝して、自家の守霊を奉ることが年々繰り返されていた。出雲の国造が、その代替わりごとに宮廷に参朝し、出雲国造神賀詞を奏上しているのは、その典型例である。

⑤たまふりの、ふるという語がふゆへと、発音が変化し、意義にも分化を起こして、増殖

の意味をもつようになった、つまり来触・付著から転化して、内在魂の分割というような内容をもつようになった。

⑥尊者の分霊を受けて、その威力にあやかる信仰が発生し、その尊者の分霊を受けるということが恩寵を蒙ることになると信じられ、みたまのふゆ、という古い用語例が生じた。

ここでさらにまとめれば、折口の説く鎮魂祭とは、たまふりという、外来魂を来触・密著させる儀礼であり、たましずめといわれるように内在魂となった、威力ある天皇の霊魂が必要に応じてその霊威力を発揮する、そして、みたまのふゆといって増殖した天皇の内在魂は、その分霊が臣下や氏人に分かち与えられ、臣下や氏人はその恩寵を蒙ることとなる、というものである。これにより、外来魂から内在魂へという動態関係、そして、たまふり—たましずめ—みたまのふゆ、という循環関係が示され、王権をめぐる霊威力の入力と出力という循環構造が提示されたのであった。そして、その折口に外来魂の来触・密著という新解釈を気づかせたのが、他ならぬ記紀の出雲神話であり、出雲国造による出雲国造神賀詞の奏上であった。

終　章　〈日本〉誕生への三段階

伊勢神宮の創祀

本書における伊勢神宮の創祀をめぐる考察は、必然的に古代の大和王権をめぐる歴史を追跡する作業となっている。柳田國男が提唱し折口信夫が参加して創られた日本民俗学の立場からこれらの古代史の問題を考えてみることは、「はじめに」でものべたとおり、『古事記』『日本書紀』『隋書』などの文献史料が発信している伝承情報を比較論的に整理分析してみることであった。これまでの文献史学の研究成果を参考にしながら、伊勢神宮の創祀について民俗学の視点から整理分析した本書の結論は以下のとおりである。もちろん多くの紙幅を費して論じた点は、これら以外にも多岐にわたっており、それぞれの結論は各節ごと各項目ごとにまとめているので、それらを参照していただきたい。

伊勢神宮の創祀の問題は、その歴史的奉祭過程について整理するところから解読される。そして、以下の⑴～⑻の諸点が指摘できる。

⑴遣隋使の派遣による文化衝撃から、一連の推古朝の改革の一環として「天皇記」「国記」などの国史の編纂があり、その時点で「日神」祭祀の王権神話が構想された可能性が大であ

る。
(2)現在の推古紀には日神祭祀の神話記事はないが、用明紀が引く「もう一つの推古紀」にはそれが存在した可能性が大である。しかし、『日本書紀』の編者によってその記事は一定の脚色を与えられながらより古い時代の崇神紀・垂仁紀へと移動された可能性が大である。
(3)垂仁紀が記す天照大神の奉祭地をもとめての大和から伊勢への移動の物語における近江から美濃への迂回伝承は、壬申の乱の地理的展開からの反映が色濃く見いだせる。そして、その伝承が『古事記』にないということは、稗田阿礼が誦習した天武の勅語にはそれがまだなかったことを意味する。つまり、この鎮座伝承は天武・持統朝よりも以降の『日本書紀』の編纂段階での脚色による可能性が大である。
(4)天皇が皇女をして天照大神に奉仕させる斎宮の制について『日本書紀』には、崇神、垂仁、景行、雄略、継体、欽明、敏達、用明、天武、の歴代の記事がみえるが、そのうち歴史的事実と考えられるのは泊瀬の斎宮から伊勢へと派遣された天武天皇の皇女の大来皇女（大伯皇女）の例のみである。持統朝には新たに斎宮が派遣された記事はなく、政局混乱を胚胎していた持統朝においては未だ斎宮の派遣の制度的な整備にはいたっておらず、次の文武朝以降に制度化されたものと考えられる。
(5)壬申の乱の最中に大海人皇子（天武）が望拝した天照太神は、すでに伊勢の地に祭られていたのか、まだ大和の地に祭られていたのか。前者であればそれはいつからか、後者ならその宮処はどこかという問題が残る。また、御杖代《みつえしろ》の皇女の存在が最重要である点からすれば、いまだいずれへも祭られていなかったという可能性もある。この記事の出典とされる『安斗智徳日記』も後世の『釈日本紀』所引の『私記』を引くものであり、同時代史料ではない。したがって、この朝明郡の迹太川の辺における天照太神の望拝の記事自体が戦時物語の一部として演出的に脚色されたものである可能性が大である。

(6)伊勢神宮創祀の歴史的過程としては、推古朝における日神祭祀、斉明朝における出雲の祭祀世界の重要な要素の吸収、持統朝における社殿造営と行幸、という三代の天皇の治世下における三つの大きな画期があったと考えられる。

(7)確実な伊勢神宮の造営は、天武二年（六七三）四月の大来皇女（大伯皇女）の泊瀬の斎宮への籠もりから翌三年（六七四）一〇月の伊勢への出発の段階である。持統六年（六九二）の持統天皇の伊勢行幸に際して伊勢神宮の社殿が存在したことは確実であろう。その時点では伊勢神宮の造営や修理や祭祀の用度などの諸費用を負担し供御充当する神郡の設置が、あらためて大規模な社殿造営を実現させる画期であったと考えられる。つまり、律令制的な税制度のもとでの伊勢神宮の造営であり、それは新益京（藤原京）という新たな都城の造営と対をなす国家的事業であった。五十鈴川のほとりの現在地への遷座は文武二年（六九八）のことであり、元明天皇は和銅一年（七〇八）一〇月、平城京への遷都と平城宮の造営を告げるためその伊勢神宮へと奉幣を行なっている。政治権力の基盤としての「律令制と都城制」に対応する宗教権威の基盤としての「神祇制と官寺制」という律令国家の体系のもとで、その神祇制の中核として伊勢神宮の造営と祭祀が完成されたのである。

(8)天照大神のモデルとなったのは高天原広野姫天皇をその諡号とする持統天皇であり、天照大神と皇孫瓊瓊杵尊《ににぎのみこと》の関係は持統天皇と文武天皇の関係を投影しており、神話世界における天照大神の「天壌無窮」の神勅は、持統天皇がその父親である天智天皇に仮託して構想し妹の元明天皇の即位に際して言明された「不改常典」の詔を反映したものといえる。

〈外部〉としての出雲

伊勢神宮の祭祀という問題は、伊勢神宮の歴史的な展開を追跡するだけでは重要な点が見えてこない。記紀になぜ出雲神話が存在するのかという問題も含めて、出雲大社の祭祀と対をなすものととらえるとき、はじめて大和王権の祭祀世界が見えてくるのである。そのとき〈外部〉としての出雲、という概念設定が有効になる。そして、以下の(1)〜(8)の諸点が指摘できる。

(1)壬申の乱に勝利して世俗王権と祭祀王権とを合体した超越神聖王権をめざした天武と持統の大和王権が奉祭した伊勢神宮は、日神であり皇祖神である天照大神を祀る神社であるが、大和の飛鳥の地からみて東方に清新なる海上から太陽の昇る地を求めれば、伊勢志摩の海岸へと至るのは地理的必然であった。それは異国との対外的緊張関係から解放された地理的条件をそなえる「常世の浪の重浪帰する国」「傍国の可怜し国」であり、新鮮で神聖な御贄や供御の豊富な地域でもあった。大和から見て東方に昇る太陽、海上から昇る清新な太陽を拝することができる地、伊勢に自らの皇祖神天照大神を祭った天武と持統の大和王権が、その対比として強く意識し、記紀の神統譜の中に特別な位置を占めるかたちで設定したのが、西方の海上に赤く輝く美しい太陽が沈み行く、天日隅宮《あめのひすみのみや》とも呼ばれた大己貴神を祭る杵築大社を中心とする出雲の神々の世界であった。

(2)天武・持統が必要としたのは、朝鮮半島と大陸に面するという緊張世界、辺境世界、境界世界にあって、毎年、西方からの荒れる海流に乗って寄り来る霊妙な龍蛇を迎えて祭る龍蛇神祭祀という自然信仰的で呪的な霊威力更新の術を保持していた出雲の地方王権の祭祀王としての属性であり、それを大和王権の神話世界へと取り込むことであった。

(3)そうして天武と持統の大和王権を守る装置として位置づけられたのが、東西の海に面した伊勢と出雲という両端の象徴的霊威的存在であった。それは、王権神話で政治は皇孫に、神事は大己貴神に、との分業を語ると同時に、東（対外的安全領域たる太平洋の海辺）―西（異国に向き合う対外緊張の日本海の海辺）、朝日（日昇）―夕陽（日没）、太陽―龍蛇、陸（新嘗祭）―海（神在祭）、陽―陰、現世（顕世）―他界（幽世）、という対照性のコスモロジーの中に位置づけられる関係性であった。すなわち〈内部〉としての伊勢、〈外部〉としての出雲、という対照的位置づけである。七世紀末から八世紀初頭にかけて成立した大和の超越神聖王権とは、〈外部〉としての出雲の存在を必要不可欠とする王権であった。

(4)その出雲の神々の世界とは、青銅器祭祀（一世紀中葉に消滅）、墳墓祭祀（六世紀中葉に頂点から終焉へ）、神祇祭祀（六世紀後半から高揚）の三段階、つまり、精霊崇拝的な自然霊への信仰である青銅器祭祀、威力ある首長の具体的な身体と武力と霊力への崇拝にもとづく人間霊への信仰である墳墓祭祀、王のイメージを中核としながらもその身体性を捨象し霊性や霊力を抽出した神霊への信仰である神祇祭祀、の三段階を経たものであった。出雲大社の創建については、淵源は寛文五年（一六六五）に大社に近接する真名井遺跡から出土した銅戈と翡翠の勾玉からの推定により弥生中期に求められるが、本格的な造営は墳墓祭祀を超克した段階であり、出雲の東西の勢力が大和王権の進出に対応していく六世紀後半のことと推定される。

(5)考古学的知見と記紀神話の分析からは、弥生時代前期に朝鮮半島から日本海を渡って寄り来たった楽器としての銅鐸などを原点として、その後の出雲で発達した青銅器祭祀の時代から、新たな首長墳墓祭祀の時代へ、そしてさらには新たな大和王権の進出と服属へ、という記憶の中で、まさに隠れて見えなくなった出雲の青銅器祭祀の世界とその後の墳墓祭祀の時代の出雲の王たちの歴史の中の記憶が蓄積し重層し混淆し凝縮して、六世紀後半の出雲と大和の王権の交流の中で神話的に結晶化したのが大己貴神の原像であったと考えられる。

(6)大和王権を異様な霊威力で支えるという関係性にもとづいて設定されていた、〈外部〉としての出雲の地位が失われる画期の一つは、九世紀の藤原良房による幼帝清和の擁立にあった。霊威力によって支える〈外部〉としての出雲に代わって、平安京の王権はその内部に新たな〈外部〉を創設したのである。そうして〈祭祀王〉へと純化した天皇に対応する新たな〈外部〉として誕生したのが摂関という〈世俗王〉であった。それまでの出雲という〈外部〉は、大和王権の〈祭祀王〉としての不完全性を補完するための〈外部〉であった。しかし、平安京の王権が〈祭祀王〉として純化したとき、そのような出雲の役割はもはや必要ではなくなった。

つまり、〈祭祀王〉と〈世俗王〉という二つの属性を具有していた天皇の不安定性を〈外部〉として支えていた出雲の機能は、天皇の〈祭祀王〉としての権能に対する霊的守護機能、霊的輔弼機能にあったのであるが、あらためて〈祭祀王〉に純化した天皇の不安定性を〈外部〉として支えることとなったのが、その政治的輔弼機能による新しい〈外部〉たる摂関であったわけである。

(7)律令制から摂関制へという九〜一〇世紀の古代国家の転換は、東アジア的な現象として九〇七年の唐の滅亡、九三五年の新羅の滅亡、国内の承平・天慶の乱（九三九〜九四一）、などとの関係でとらえることができる。この時期の日本社会の大転換は多くの点で連動しており、天皇の〈祭祀王〉への純化、〈外部〉としての出雲の地位の喪失、新たな〈外部〉としての摂関の成立は、王権儀礼の中核をなす鎮魂祭の変容と再構成、荷前使による陵墓祭祀の伝統から洛外墓地の設営による死穢忌避の強調へ、そして死穢や血穢の忌避から肉食禁忌へという平安貴族の極端な触穢思想の形成、などへと連動しているのであり、それらが波状的に起こって九〜一〇世紀の日本という国家をその根底から大きく変換させ、新たに再出発させたのであった。つまりここでふたたび新しい「天皇」と「日本」とが誕生したのである。

第一の、五世紀の倭王武（ワカタケル・雄略天皇）による覇権の確立が、「倭」と「大王」

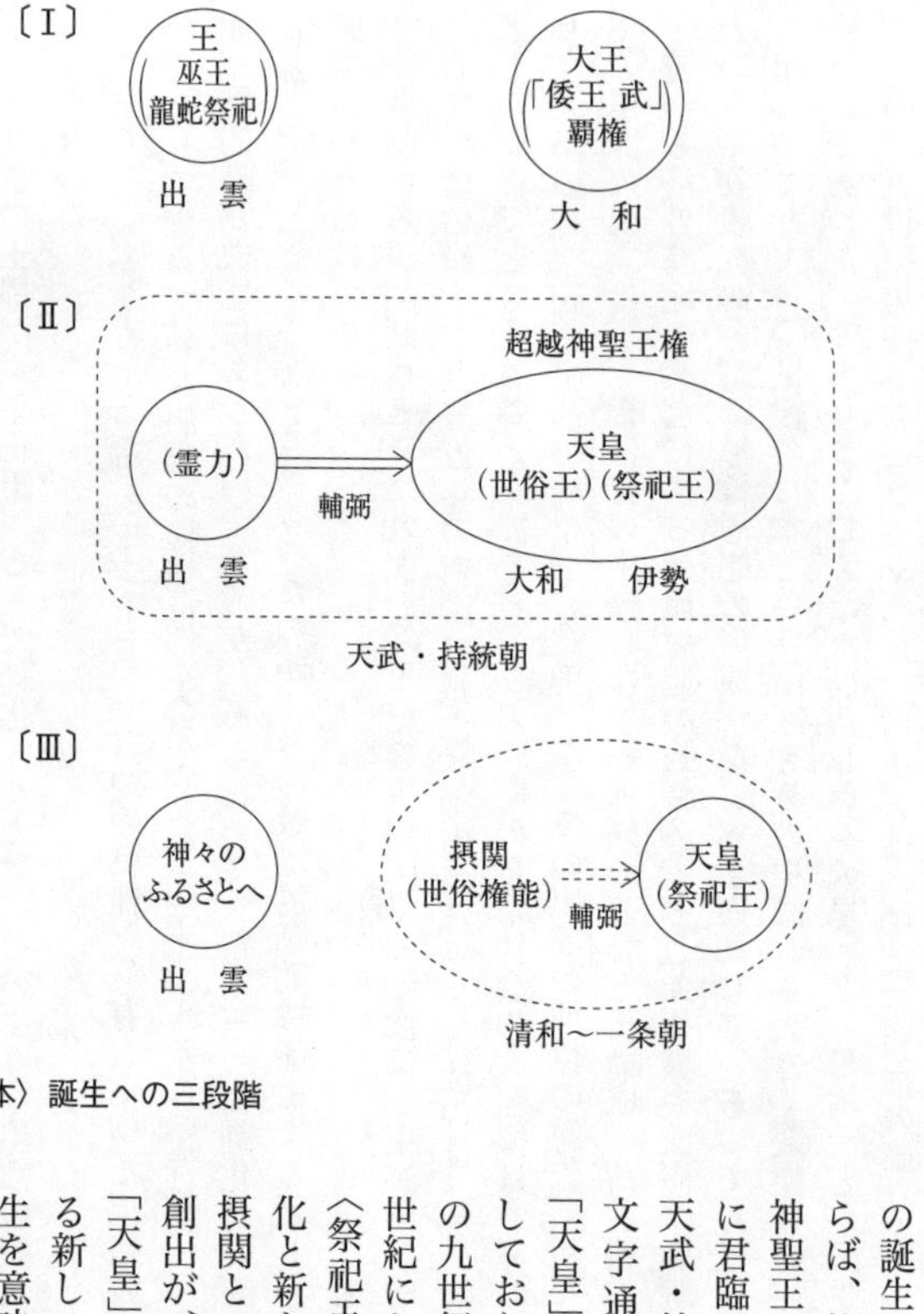

〈日本〉誕生への三段階

の誕生の画期とするならば、第二には、超越神聖王として律令国家に君臨した七世紀末の天武・持統の王権が、文字通り「日本」と「天皇」の誕生を意味しており、第三に、この九世紀後半から一〇世紀にかけての天皇の〈祭祀王〉としての純化と新たな令外官《りょうげのかん》たる摂関という〈外部〉の創出が、まさに新しい「天皇」とその統治する新しい「日本」の誕生を意味したのであった。

(8)しかし、出雲の神々の記憶は無化したわけではなかった。これ以降、出雲国は母神の伊弉冊尊《いざなみのみこと》を慕って素戔嗚尊が赴いた国と見なされるようになる。そして素戔嗚尊は『古今和歌集』の序にもみられるように、和歌の始祖と考えられるようになっていった。こうして、神無月には素戔嗚尊にあやかり全国の神々が孝養のために母神の鎮座する出雲国に参集するという解釈が示されるようになり、出雲は神々の原郷、神々のふるさとと考えられるようになった。

祭祀王と鎮魂祭

民俗学の王権論といえば折口信夫のそれが有名である。大嘗祭《だいじょうさい》と鎮魂の祭儀を中心に考察する折口の王権論によれば、鎮魂とは外来魂のたまふり（鎮魂）とたましずめ（鎮魂）とからなる王権儀礼であり、天皇は霊妙なる外来魂を集めるとともに豊かな内在魂の分与（みたまのふゆ：皇霊之威・恩頼）を行なう存在である。また地方の小王から中央の大王へと献上される御贄や采女などの媒介項にも注目している。そのような折口信夫の視線に導かれながら到達したのが、次の(1)〜(7)の結論である。

(1)超越神聖王権としての性格の実現をめざした天武・持統の王権の段階では、大嘗祭と伊勢神宮祭祀は実現したが、鎮魂祭の整備にまでは至らず、それが成立したのは文武朝の大宝令制下の神祇令によってであった。

(2)しかしこの大宝令制下での儀礼内容の詳細は不明であり、鎮魂祭の内容を記す最古の文献は九世紀後期の『貞観儀式』である。この段階では①神宝、②御衣匣、③御巫が宇気槽を覆した上に立ち桙でその槽を十度撞く儀礼、④神祇伯が筥中に木綿を結ぶ儀礼、⑤猨女舞、の五つの要素が注目される。八世紀の大宝令制下の鎮魂祭において存在していた可能性が高いのは、③と⑤の伝承である。

(3)④の神祇伯が木綿を結ぶ儀礼は、大宝令以来存在していたとも考えられるが、その段階では濁音の「むすび」(結び)の観念にもとづくものであり「産霊」や「魂」という文字で表される清音の「むすひ」の観念とは結びついてはいなかった。その両者が結びついていったのは『延喜式』の神八座の勧請を記す段階であった。つまり、鎮魂とは「産霊」や「神八座」への祭祀ではなく、あくまでも天皇に対する「鎮魂」の儀礼というのがその本義であった。

(4)九世紀後半の貞観期という古代国家の大きな転換期を前にした時点で、藤原良房の後ろ盾のもとに幼帝清和という〈祭祀王〉が誕生し、逆にそれまで大和王権が必要不可欠としてきた〈外部〉としての出雲を必要としなくなった。つまり、内なる〈外部〉としての摂関や内覧という〈世俗王〉としての装置を創りだしていったこの新たな段階で、呪的で霊威的な王権儀礼としての鎮魂祭が、大宝令以来のいわば第一期鎮魂祭の段階から、より整備された第二期鎮魂祭の段階へと進んだことが想定される。それは〈世俗王〉と〈祭祀王〉の二つの属性を同時にもちながら、必ずしも安定化していなかった古代天皇のありかたを、より純粋な

〈祭祀王〉へと純化させ、その存在を安定化させた一大転換であった。このような天皇の〈祭祀王〉への純化と王権儀礼としての鎮魂祭の整備は表裏一体の関係にあり、相互連繫、相互補完の関係にあったといえる。

(5)鎮魂祭という、大和王権の〈祭祀王〉にとって必要不可欠な王権儀礼の創生は、天武・持統の段階で胎動し、律令王権としての文武・元明・元正の令制下で誕生し、清和以降、新たに整備されていったものである。このような視点に立つとき、「発生」論、「本義」論的な折口信夫の民俗学からの鎮魂論と、文献史学的な歴史展開の追跡による鎮魂論とが協業可能となる視点が開けかつそれを生産的に共有できる。

(6)天皇の鎮魂の祭儀とは、外来魂を集める、むすび（結び）とむすひ（産霊）、その外来魂を天皇の身体に定着させる、たまふり（鎮魂）、そして内在魂となった天皇の霊魂を増殖し活性化させる、たましずめ（鎮魂）、さらにその天皇の創造力豊かな内在魂を臣民へと分与する、みたまのふゆ（皇霊之威・恩頼）、までを含むものであり、天皇という存在と機能の基本がその霊魂力（生命力）の不断の更新とその臣民への分与にあることをあらわしている。

(7)それは、神聖なる天皇への御贄の供御とその直会としての官人への給付、つまり、古代史学が注目する「供御と人給」の循環関係にも見いだされる関係性であり[1]、同時に蛇足ながら、カール・ポランニー（Karl Polanyi、一八八六～一九六四）のいうところの[2]、共同体の財がいったん中央の一ヵ所に集められ貯蔵されて、それが儀礼など共同体の活動を通して再度分配される、といういわゆる中心性（centricity）と再分配（redistribution）の構造とみることもできる。

注

はじめに

（1）柳田國男「先祖の話」、「神道と民俗学」（『定本』第10巻）、「氏神と氏子」、「山宮考」（『定本』第11巻）折口信夫「国文学の発生（第三稿）」（『全集』第1巻）、「古代生活の研究」（『全集』第2巻）、「霊魂の話」（『全集』第3巻）

（2）新谷尚紀『ケガレからカミへ』木耳社一九八七（新装版　岩田書院一九九七）

（3）平川南『日本の原像』（『日本の歴史』第2巻）小学館二〇〇八　天武・持統朝における「天皇」号の成立の背景としては、唐の高宗の治世下で、高宗を「天皇」、則天武后を「天后」と称したことからの影響、また道教思想からの影響などが推定されている。

第一章

（1）田中卓『伊勢神宮の創祀と発展』（『田中卓著作集』4）国書刊行会一九八五

（2）津田左右吉『日本古典の研究』岩波書店一九四八

（3）直木孝次郎「伊勢神宮の起源」藤谷俊雄・直木孝次郎『伊勢神宮』三一書房一九六〇、同『日本古代の氏族と天皇』塙書房一九六四

（4）桜井勝之進『伊勢神宮』学生社一九六九

（5）丸山二郎「伊勢大神宮の奉祀について」『日本古代史研究』大八洲出版一九四八

（6）瀧川政次郎「天武天皇」『人物新日本史〔第一〕上代編』明治書院一九五三、同「律令における太神宮」『神道史研究』9巻4号　一九六一

（7）田村圓澄『伊勢神宮の成立』吉川弘文館一九九六

(8) 伊勢神宮の創祀に関する研究は他にも多く、水野祐「伊勢神宮の創祀と浦嶋子伝説」『古代社会と浦島伝説』雄山閣一九七五、上田正昭『日本神話』岩波書店一九七〇、同『伊勢の大神』筑摩書房一九八八、上山春平『シンポジウム伊勢神宮』人文書院一九九三、岡田精司『古代王権の祭祀と神話』塙書房一九七〇など、また民族学や神話学の分野では、岡正雄『異人その他』言叢社一九七九、三品彰英『建国神話の諸問題』(『三品彰英論文集』第2巻) 平凡社一九七一、松前健「日本古代の太陽信仰と大和国家」『東アジアの古代文化』24号 一九八〇など多数ある。また最近では、千田稔『伊勢神宮』中公新書二〇〇五がある。

(9) 家永三郎「解説」『日本書紀 上』(『日本古典文学大系』) 岩波書店一九六七

(10) 太田晶次郎「上代に於ける日本書紀講究」史学会編『本邦史学史論叢』上巻 富山房一九三九

(11) 『古事記』の最古の写本は賢瑜筆の『古事記』三帖とされている。それは名古屋市の宝生院(真福寺)に伝来される真福寺本(応安四年〈一三七一〉、五年〈一三七二〉の書写)である。また『古事記』の現存最古の註書は文永一〇年(一二七三)の「古事記裏書」とされている。

(12) 『日本書紀』の編纂に関連する記事としては、以下の①~⑤がある。①天武天皇一〇年(六八一)三月丙戌条「天皇御于大極殿、以詔川嶋皇子・忍壁皇子・広瀬王・竹田王・桑田王・三野王・大錦下上毛野君三千・小錦中忌部連首・小錦下阿曇連稲敷・難波連大形・大山上中臣連大嶋・大山下平群臣子首、令記定帝紀及上古諸事。大嶋・子首親執筆以録焉」(『日本書紀』)、②持統天皇五年八月に一八の氏族にその祖等の墓記の提出を命じる。③元明天皇 和銅七年(七一四)二月戊戌「従六位上紀朝臣清人、正八位下三宅臣藤麻呂に詔して、国史を撰ばしむ」(『続日本紀』)。④元正天皇 養老四年(七二〇)五月『日本紀』30巻・系図1巻・撰上。⑤編修に当たった人物として、紀清人、三宅藤麻呂のほかに、太安万侶をあげるのが『弘仁私記』序だが、これは後世の記録であり疑問である。

(13) 遠山美都男「日本書紀の区分論」『日本書紀の読み方』講談社現代新書二〇〇四

(14) 森博達『日本書紀の謎を解く』中公新書一九九九によれば、巻1神代上~巻13允恭・安康と、巻22推古と巻23舒明と、巻28天武上と巻29天武下と、この3グループはβ群(倭風の文章で記され倭習も多く漢語・漢文の誤用や奇用だらけで正規の漢文ではない）に属し、巻14雄略～巻21用明・崇峻と、巻24皇極～巻27天智と、この2グループはα群（原資料を尊重しながら正しい漢文で記されている）に属するという。α群（中国人執筆か）が先に編纂、つまり、まず雄略朝の記事から編纂執筆が開始され、そのα群の編纂が終わってから後にβ群（日本人執筆か）が編纂されている。その時期についてはα群が天武朝、β群が文武朝、と考えられるという。

(15) 津田左右吉『日本古典の研究』前掲注（2）

(16) 『古事記』も上巻を神代、中巻を神武からと区切っており、上巻（神代）・中巻（神武～応神）・下巻（仁徳～推古）としている。『日本書紀』は神武が東征の計画を宣言する時点を天孫降臨から一七九万二四七〇年余が経過したといい、神武の東征開始の年を「是年、太歳甲寅」として出発の日を「冬十月丁巳朔辛酉（五日）」としている。そして、橿原宮に即位して天皇元年としたのが、辛酉年の正月庚辰の朔であったとする。

(17) 田中卓『伊勢神宮の創祀と発展』前掲注（1）など

(18) 津田左右吉は『古事記及び日本書紀の新研究』一九一九では、崇神天皇の実在性を否定したが、戦後刊行の『日本古典の研究』前掲注（2）では肯定する説に立っている。井上光貞『神話から歴史へ　日本の歴史1』中央公論社一九六五も実在性を否定してはいない。

(19) これは『宋書倭国伝』にみえる讃・珍・済・興・武という倭の五王と符合するということで、井上光貞『神話から歴史へ　日本の歴史1』前掲注（18）、水野祐『日本古代王朝史論序説』小宮山書店一九五四などもその和風諡号や叙述内容から実在性を認める立場にある。

(20) 岸俊男「画期としての雄略朝」『日本政治社会史研究』上、塙書房一九八四、加藤謙吉「『歴史の出発点』としての雄略朝」『日本書紀の読み方』講談社現代新書二〇〇四など、これを支持する見解は現在の古代史研究者の間での通説といってよい。

(21) 中国南朝の宋の何承天の編になる暦で百済を経て日本に最初に伝えられた暦。

(22) 津田左右吉『日本古典の研究』前掲注（2）

(23) 第九段一書第五のいう吾田鹿葦津姫が一夜の間に有身めりという話題は、雄略紀に同類の記事がある。
(24) これは『日本書紀』の記述であり、『古事記』ではより素朴に三嶋溝咋の女子の勢夜陀多良比売（別名：ホトタタライススキヒメ・ヒメタタライスケヨリヒメ）が大便をしているところに、美和の大物主神（蛇体の神）が丹塗矢となって溝から流れていきその美人のホトを突いたところから結ばれて生まれた子とされている。
(25) 津田左右吉『日本古典の研究』前掲注（2）
(26) 同書の記事内容から成立年代が大宝（七〇一～七〇四）、慶雲（七〇四～七〇八）以前と推定されている第一の皇室系譜の記事の部分、つまり欽明から推古までの五代の天皇の事跡の記事の部分。
(27) 東野治之『遣唐使と正倉院』岩波書店一九九二
(28) 岩波古典文学大系『日本書紀 下』の一九〇頁の、一の注記にもこの解説がある。
(29) 推古朝に古代史上の大きな画期があったことは、坂本太郎「聖徳太子の鴻業」『岩波講座日本歴史』岩波書店一九三四、黛弘道「推古朝の意義」『岩波講座日本歴史2 古代2』一九六二などをはじめ多くの研究者の認めるところであり、現在では「推古朝の改革」という文言は歴史教科書の見出しともなっている。
(30) 津田左右吉説ではこれらの伝承の成立は推古朝とみなされている。
(31) 大野晋「解説」『日本書紀』（『日本古典文学大系』）岩波書店一九六七
(32) 広瀬和雄『前方後円墳国家』角川書店二〇〇三
(33) 林巳奈夫『漢代の神神』臨川書店一九八九年
(34) 前田晴人「『飛鳥仏教史』を読み直す」『日本書紀の読み方』講談社現代新書二〇〇四
(35) 前田晴人「『飛鳥仏教史』を読み直す」前掲注（34）
(36) 田村圓澄『伊勢神宮の成立』前掲注（7）
(37) 田村圓澄『伊勢神宮の成立』前掲注（7）、山田英雄「古代の天皇の諡について」『日本書紀研究』7 塙書房一九七三

(38)「不改常典」というのは、『続日本紀』慶雲四年（七〇七）七月壬子（一七日）条の元明天皇即位詔に、「かけまくもかしこき近江の大津の宮にあめのしたしらしめしし大倭根子天皇の天地とともに長く日月とともに遠く改むまじき常の典と立てたまひ敷きたまへる」とあるものをいう。元明天皇はその続柄からいえば文武天皇の母親であり、通常は息子の跡、その皇位を相続する母親など考えられない。そのような異常な皇位継承と即位を正当化するために用意されているのが、天智天皇が定めたという「不改常典（改むまじき常の典）」である。壬申の乱でその意志が壊滅した天智天皇であったが、仮にその遺命であれば、大友皇子への皇位継承の遺命にちがいない。つまり、この「不改常典」は不自然な元明天皇の即位の正当化のために天智天皇に仮託された架空の遺命であり、それを遺制として利用しようとする政治的な経略によるものである。それは元明天皇の自らの意志もあったであろうが、それ以上にその姉であり、文武の祖母で、超越的神聖王権確立へむけて志半ばで身まかった持統天皇が、自らの皇統を固守しようとした堅い意志の表れであり、それを政治的に利用しようとした勢力の存在が想定される。そのような宮廷政治の中に存在した人物とは、自らの利害関係もこの皇位継承に大きく関わっていた藤原不比等であろうと推定される。その藤原不比等は、かつて草壁皇子からその死の直前に護刀《まもり》の「黒作り懸佩《かけはき》の刀」を譲られたというエピソードを強調しているが、それも政治的な演出と考えられる。なお、この「不改常典」は古代史の大きな問題としてこれまでも多くの論考があり、その一部をあげるだけでも以下のとおりである。
岩橋小弥太「天智天皇の立て給ひし常の典」『増補上代史籍の研究　下巻』吉川弘文館一九七三（初出は『日本学士院紀要』9巻1号　一九五一）
高橋崇「天智天皇と天武天皇　続紀宣命より見たる」『続日本紀研究』1‐9　一九五四
直木孝次郎「天智天皇と皇位継承法」『人文研究』6‐9　一九五五
北山茂夫「壬申の乱の論点」『日本古代政治史の研究』岩波書店一九五九
井上光貞「古代の女帝」「古代の皇太子」『日本古代国家の研究』（『井上光貞著作集』第1巻）一九八五（初出は『歴史と人物』吉川弘文館一九六四）

田村圓澄「不改常典考」『律令国家と貴族社会』吉川弘文館一九六九
武田佐知子「『不改常典』について」『日本歴史』309　一九七四
水野柳太郎「『不改常典』をめぐる試論　大王と天皇」『日本史研究』150－151合併号　一九七五
佐藤宗諄「元明天皇論　その即位をめぐって」『古代文化』30－1　一九七八
長山泰孝「不改常典の再検討」『日本歴史』446　一九八五
早川庄八「天智の初め定めた『法』についての覚え書き」『名古屋大学文学部研究論集』史学34　一九八八
森田悌「不改常典について」『日本律令制論集　上巻』吉川弘文館一九九三
篠川賢「皇統の原理と『不改常典』」『日本古代の社会と政治』吉川弘文館一九九五
星野良作「壬申の乱原因論と『不改常典』法の研究史的考察」『壬申の乱研究の展開』吉川弘文館一九九七
(39)筑紫申真『アマテラスの誕生』角川書店一九六二は、度会郡大宮町滝原の滝原宮がその多気大神宮であったと想定している。

第二章

(1)桜井勝之進『伊勢神宮』学生社一九六九
(2)網野善彦・上野千鶴子・宮田登『日本王権論』春秋社一九八八
(3)ジョルジュ・デュメジルの著名な学説は印欧語族の神話群に共通した特徴として、世界を「聖性（主権）」、「戦闘性（戦闘）」、「豊饒性（生産）」という三つの要素もしくは機能からなるものととらえるいわゆる三区分イデオロギーである。その聖性・主権の機能は呪術的至上権と法律的至上権とに分割され、相互補完的に機能するという。『神々の構造──印欧語族三区分イデオロギー』国文社一九八七他
(4)岡田荘司「出雲と大和の神社神殿の創建」『神道宗教』第182号二〇〇一で整理されているように、熊野大社とみる論者が、井上光貞、上田正昭、平野邦雄の諸氏、出雲大社とみるのが、門脇禎二、

（5）新野直吉、松前健の諸氏で、現在も両論並立の状況である。古代王権と東西軸の方位観については、最近の『神道宗教』第182号 二〇〇一においても多くの研究者から指摘されてきているところである。また、出雲世界をその異界性や境界世界、交流の結節地などの視点でとらえる見解は、千家和比古「古代出雲大社の心象風景」『古代出雲大社の復元』学生社一九八九などで提示されている。

（6）岡田荘司「出雲と大和の神社神殿の創建」前掲注（4）

（7）佐原眞「銅鐸の祭り」『大陸文化と青銅器』講談社一九七四

（8）春成秀爾「銅鐸の埋納と分布の意味」『歴史公論』4巻3号 雄山閣一九七八、酒井龍一「銅鐸・その内なる世界」『摂河泉文化資料』10号 一九七八、寺沢薫「銅鐸埋納論（下）」『古代文化』44巻6号 古代学協会一九九二

（9）乙益重隆『弥生農業と埋納習俗』六興出版一九九二

（10）鬼頭清明「原始経済の発展」『日本経済史を学ぶ 上』有斐閣一九八二

（11）桑原久男「弥生時代における青銅器の副葬と埋納」『西谷真治先生古稀記念論文集』勉誠社一九九五

（12）松本岩雄「第三章 まとめ—銅鐸埋納の意味—」『青銅器埋納地調査報告書Ⅰ（銅鐸編）』島根県埋蔵文化財調査センター・島根県古代文化センター二〇〇二、増田浩太「第四章 まとめ」『青銅器埋納地調査報告書Ⅱ（武器形青銅器編）』島根県埋蔵文化財調査センター・島根県古代文化センター二〇〇六　一方、文献史学の立場からの解釈について整理しているのが、錦田剛志「附編1 ［研究解題］青銅器埋納をめぐるもうひとつの視座～荒神谷遺跡・加茂岩倉遺跡の大量青銅器発見をめぐる文献史学の動向～」『青銅器埋納地調査報告書Ⅱ（武器形青銅器編）』前掲である。そこでは、各論者による隠匿説や埋納祭祀説などが整理されているが、その中で紹介されている、関和彦「加茂岩倉遺跡の史的発掘」『祭祀考古学』第2号 二〇〇〇では、銅剣と蛇神の象徴性や銅鐸の入れ子状態に対する陰陽生成や霊魂信仰などの可能性が推定されている。

（13）『青銅器の同笵関係調査報告書Ⅰ』島根県古代文化センター・島根県教育庁埋蔵文化財調査センター二

(14)松本岩雄「神庭荒神谷の青銅器は何を語るか」『古代出雲文化展』島根県教育委員会・朝日新聞社一九九七
(15)松本岩雄「神庭荒神谷の青銅器は何を語るか」『古代出雲文化展』前掲注(14)、『青銅器の同笵関係調査報告書I』前掲注(13)
(16)松本岩雄「神庭荒神谷の青銅器は何を語るか」『古代出雲文化展』前掲注(14)
(17)難波洋三「第四章　出土銅鐸の概要」『加茂岩倉遺跡発掘調査概報I』加茂町教育委員会一九九七、同「加茂岩倉銅鐸が語るもの」『古代出雲文化展』前掲注(14)
(18)注(17)に同じ
(19)注(17)に同じ
(20)注(17)に同じ
(21)陝西省周原考古隊「陝西岐山鳳雛村西周建築基址発掘簡報」『文物』一九七九-10、王恩田「岐山鳳雛村西周建築群基址的有関問題」『文物』一九八一-1
(22)丹羽野裕「四隅突出型墳丘墓の世界」『古代出雲文化展』前掲注(14)
(23)渡辺貞幸「弥生墳丘墓の祭祀と古墳の祭祀」『古代出雲文化展』前掲注(14)、『加茂岩倉遺跡発掘調査概報I』前掲注(17)
(24)池淵俊一「方墳の世界—出雲の前期古墳文化—」『古代出雲文化展』前掲注(14)
(25)蓮岡法暲「景初三年銘三角縁神獣鏡の発見」『古代出雲文化展』前掲注(14)
(26)小林行雄「同范鏡による古墳の年代の研究」『考古学雑誌』第38巻3号一九五二、同「初期大和政権の勢力圏」『史林』第40巻4号一九五七
(27)王仲殊『三角縁神獣鏡』学生社一九九二
(28)福永伸哉「三角縁神獣鏡の歴史的意義」『倭人と鏡』その2(第36回埋蔵文化財研究集会発表要旨資料)一九九四、「景初三年銘鏡と東アジア」『古代出雲文化展』前掲注(14)

(29) 大谷晃二「『出雲国』の支配者たち」『古代出雲文化展』前掲注(14)
なお、蘇我氏の地方進出については、加藤謙吉『蘇我氏と大和王権』吉川弘文館一九八三が参考になる。
(30) 清水みき「湯舟坂2号墳出土環頭大刀の文献的考察」『湯舟坂2号墳』久美浜町教育委員会一九八三
(31) 勝部昭「隠岐の古代遺跡」『歴史手帖』7巻12号　一九七九、勝部昭他『郡山東古墳』海士町教育委員会一九八四、山中章「律令国家と海部―海浜部小国・人給制度にみる日本古代律令支配の特質―」『支配の古代史』学生社二〇〇八
(32) 平石充「額田部臣と部民制」『古代出雲文化展』前掲注(14)
(33) 大谷晃二「『出雲国』の支配者たち」『古代出雲文化展』前掲注(14)
(34) 千家和比古「出雲大社の原風景」『古代出雲文化展』前掲注(14)
なお、佐草自清『御造営日記』・『命主社神器出現之記』(佐草平安氏蔵)には寛文五年(一六六五)から同六年にかけて数度にわたって掘り出されたという記載がある。
(35) 出雲大社境内遺跡の発掘情報は、『出雲大社境内遺跡』大社町教育委員会二〇〇四と、椙山林継・岡田荘司・牟禮仁・錦田剛志・松尾充晶『古代出雲大社の祭儀と神殿』学生社二〇〇五に詳しい。松尾充晶「第九章　考古学的知見のまとめ」『出雲大社境内遺跡』参照。
(36) 新谷尚紀「龍蛇祭祀の儀礼と神話」『神々の原像――祭祀の小宇宙』吉川弘文館二〇〇〇
(37) 名越左源太『南島雑話』平凡社一九八四
(38) 比嘉康雄『神々の原郷　久高島　上・下』第一書房一九九三
(39) 夏子陽『使琉球録』原田禹雄訳注　榕樹書林二〇〇一
(40) 汪楫『冊封使琉球雑録』原田禹雄訳注　榕樹書林一九九七
(41) 周煌『琉球国志略』原田禹雄訳注　榕樹書林二〇〇三
(42) 山中章「律令国家と海部―海浜部小国・人給制度にみる日本古代律令支配の特質―」『支配の古代史』前掲注(31)

（43）水野祐「伊勢神宮の創祀と浦嶼子伝説」『古代社会と浦島伝説』雄山閣一九七五
（44）岡田荘司『平安時代の国家と祭祀』続群書類従完成会一九九四
（45）新谷尚紀「墓の歴史」『生と死の民俗史』木耳社一九八六
（46）岡田荘司『平安時代の国家と祭祀』前掲注（44）
（47）角田文衞『紫式部とその時代』角川書店一九六六
（48）Gadd, C. J., *Ideas of Divine Rule in the Ancient East* (London 1948), Frankfort, H., *Kingship and the Gods, A Study of Ancient Near Eastern Religion as the Integration of Society and Nature* (Chicago, 1948), Meyerowitz, E. L. R., *The Divine Kingship in Ghana and Ancient Egypt* (London 1960), Posener, G., *De la divinité du Pharaon* (Paris, 1960)
（49）大本敬久「古代の穢について」国立歴史民俗博物館国際シンポジウム要旨集『生・老・死――日本人の人生観』一九九八年、同「日本古代におけるケガレについて」立正大学大学院修士論文一九九四年
（50）三橋正「弘仁・貞観式逸文について――『延喜式』穢規定成立考」『国書逸文研究』22号　一九八九
（51）平林章仁『神々と肉食の古代史』吉川弘文館二〇〇七
（52）「日本経済新聞」二〇〇七年七月八日
（53）『日本歌学大系』大明社一九四〇
（54）『国文註釈全書』巻18　國學院大學出版部一九一八　六五～六六頁
（55）出雲大社の縁結びの信仰が語られている早い例は、井原西鶴の『好色五人女』（一六八六）や『世間胸算用』（一六九二）である（品川知彦「縁結びと神集い」『日本の神々と祭り――神社とは何か？』〈国立歴史民俗博物館　企画展示図録〉二〇〇六）。
（56）出雲大社の大国主神が福の神の大黒様としての信仰も集めるようになったことを記す古い例は享保一〇年（一七二五）の勧化帳に付された「御縁起」である（岡宏三「ダイコクと福神信仰」『日本の神々と祭り――神社とは何か？』前掲注〈55〉）。

第三章

（1）この点はすでに、伴信友の『鎮魂傳』（『伴信友全集』巻二）国書刊行会一九七七（明治四〇年刊行の復刻版）が指摘している。近年では、安江和宣「鎮魂祭の儀―特に木綿結びについて―」『大嘗祭の研究』皇學館大学出版部一九七八や、新川登亀男『道教の攻防』大修館書店一九九九などがそれを情報的に深化させて新たな知見が開拓されている。

（2）なお、中国の鎮魂法について注目したのが藤野岩友「『鎮魂』の語義とその出典と」『國學院雜誌』69-11一九六八である。それによれば、宋代の道教書『雲笈七籤』巻77・方薬に「鎮魂固魄飛騰七十四方、霊丸」とあり、その霊丸の薬草が「白朮」で、天武紀の一四年一〇月条の天武の「招魂」の際に百済僧法蔵たちが献上した「白朮」に共通するものと指摘している。そしてさらに、楚の屈原の作と伝えられる『楚辞』の中の「招魂歌」にも注目している。その藤野岩友に学びながら、安江和宣「鎮魂祭の儀―特に木綿結びについて―」前掲注（1）は、鎮魂祭における「御衣振動」もそうした中国からの輸入ではないかと論じている。

（3）黒須利夫「補注三　小野宮年中行事所引の式逸文について」虎尾俊哉編『弘仁式貞観式逸文集成』国書刊行会一九九二によれば、『小野宮年中行事』が引く『弘仁式』の鎮魂祭の記事は、『清涼記』からの引用であり、弘仁式の本文とは認められないという。本書もその観点に立つ。

（4）一〇世紀後半の『清涼記』の記す「蔵人開御服箱振動」、つまり天皇の御服の入った箱を振動させるという儀礼は、まだ『貞観儀式』では明記されていない。

（5）『貞観儀式』では、「伯、結木綿鬘」と記されているが、安江和宣「鎮魂祭の儀―特に木綿結びについて―」前掲注（1）も指摘しているように、神祇伯が結ぶのは「木綿鬘」ではなく、「木綿」の誤記であろう。なぜなら「鬘木綿」というのは、『延喜式』（大蔵省式）や『北山抄』、『江家次第』などにも記されているように、鎮魂祭に奉仕する諸官が麻苧を冠の磯にそって額のほうから後ろへまわし、纓壺のところで諸鉤に結ぶこと、つまり冠に結ぶ木綿の飾りのことであり、現在も重要な神事に奉仕する神職の装いの一種である。それに対して、鎮魂の祭儀において、御巫が宇気槽を覆した上に立ち桙をもって槽を十度撞くのにあわせて神祇伯が筥の中に木綿を結ぶ所作というのは、鎮魂祭の秘儀の一つであり、冠飾りの鬘木綿とは異なるものである。したがって両者は別のものであり、「伯、結木綿鬘」と記されているのは、「伯、結木綿」の誤記と推定されるのである。

(6) 生没年不詳、八〇七年当時すでに八〇歳を越えたとある。

(7) 鎌田純一『先代旧事本紀の研究』吉川弘文館一九六〇

(8) 注(7)に同じ

(9) これらの神宝のうち、「鏡・剣・玉」の三点セットは、記紀の伝える三種神器に通じるものであるが、蛇比礼・蜂比礼は、『古事記』の記す、大穴牟遅神が、須佐能男命の根堅洲国を訪れて、蛇の室に入れられたとき、須勢理比売が蛇の害から避ける力のある呪物として授けてくれたものである。正式の国史である『日本書紀』に載せないこうした伝承を、私的な『古事記』と『先代旧事本紀』とが共有しているという点は、古代史の史料の情報伝達の上からも興味深い。

(10) 伴信友『鎮魂傳』前掲注(1)

(11) 安江和宣「鎮魂祭の儀—特に木綿結びについて—」前掲注(1)

(12) 岩波古典文学大系本『日本書紀　上』では、国語学者の大野晋の見解と推定されるその見解が七八頁の注と、五四九頁の補注で解説されている。

(13) 『日本国語大辞典』(小学館)の解説でもこのような見解が示されている。安江和宣「鎮魂祭の儀—特に木綿結びについて—」前掲注(1)もこの点に注意しているが、安江は「結び」と「産霊」とを関連づける見解に立っている。

(14) 安江和宣「鎮魂祭の儀—特に木綿結びについて—」前掲注(1)

(15) 伴信友『鎮魂傳』前掲注(1)

(16) 伴信友『比古婆衣　下』(林陸朗編集・校訂)現代思潮社一九八七

(17) 「みたまのふゆ」の記事は、『日本書紀　上』(『日本古典文学大系』)一二八頁に「恩頼」、二八〇頁に

「神霊」(垂仁紀)、三〇〇頁に「神霊」(垂仁紀)、三〇二頁に「皇霊之威」(景行紀)、「皇祖之霊」(神功紀)、『日本書紀　下』「頼」(欽明紀)とみえる。

(18) 折口信夫「小栗外傳」『民族』2-1　一九二六(『全集』第2巻)

(19) 折口信夫「原始信仰」『郷土科学講座1』一九三一(『全集』第20巻)

(20) 西村亨編『折口信夫事典　増補版』大修館書店一九九八の「たまふり・たましずめ」(皆川隆一執筆)は、折口の鎮魂論の展開過程を含めてその要点を適切にまとめている。小川直之「折口信夫の霊魂論覚書」『明治聖徳記念学会紀要』(復刊第44号)二〇〇七も、折口の霊魂論をよく追跡整理し、ウィルヘルム・ヴントや鈴木重胤、また沖縄の霊魂観からの影響を指摘している。なお、折口以後の研究で、鎮魂祭について論じたものとしては、土橋寛『古代歌謡と儀礼の研究』岩波書店一九六五、肥後和男「鎮魂の儀について」『千家尊宣先生還暦記念神道論文集』、田中初男「鎮魂伝承攷」『踐祚大嘗祭』木耳社一九七五などがあることも付記しておく。

終章

(1) 山中章「律令国家と海部―海浜部小国・人給制度にみる日本古代律令支配の特質―」『支配の古代史』学生社二〇〇八、吉野秋二「『人給所』木簡・墨書土器考―律令制下の食料支給システム―」『古代文化』54巻9号　二〇〇二

(2) カール・ポランニーの著作の邦訳には、『大転換――市場社会の形成と崩壊』東洋経済新報社一九七五、『経済の文明史――ポランニー経済学のエッセンス』日本経済新聞社一九七五(ちくま学芸文庫二〇〇三)、『経済と文明――ダホメの経済人類学的分析』サイマル出版会一九七五(ちくま学芸文庫二〇〇三)、『人間の経済(1)市場社会の虚構性』岩波書店一九八〇、『人間の経済(2)交易・貨幣および市場の出現』岩波書店一九八〇などがある。その中でもとくに『人間の経済(2)交易・貨幣および市場の出現』の第一部には、「社会における経済の位置」という論文が配置され、この再分配と中心性の問題が論じられている。ポランニーは、近代の市場社会の虚構性と前近代の非市場社会の普遍性とを

論じる中で、前近代の非市場社会における公的生活の場では、首長の重要な機能は富を儀礼的な機会に徴集した上で分配すること、すなわち首長のもとに集められ貯えられた生産物の再分配にあったとするる。物資の徴集のサンクション（規範的強制）は、結果として、この再分配へと向かうための貯蔵であるというのである。この再分配のためにはある程度の中心性が必要であり、初期国家の中央組織は政治的、経済的機能上の理由から必要とされたと同時に、財物再分配の機能が重要であったと述べている。この中心性と再分配というポランニーの関係論における経済的財物に代えて、宗教的財物、つまり霊魂力や生命力という財物を代入すれば、構造と機能の点で、古代天皇に対する御贄の献上や、その鎮魂の祭儀の根本に、同じく中心性（centricity）と再分配（redistribution）という構造的に相同な関係性が指摘できるのである。

あとがき

本書の執筆と刊行にあたっては、じつに多くの皆様方のご厚情がありました。ここにあつくお礼を申し上げます。その機縁となったのは二〇〇〇年度以降の科学研究費による研究プロジェクト「神社資料の多面性に関する総合的研究」の採択でした。そして、それを起点とした国立歴史民俗博物館の基幹研究「神仏信仰に関する通史的研究」と、研究展示『日本の神々と祭り　神社とは何か？』（二〇〇六年三〜五月）という研究実践的なプログラムの実現でした。しかし、もちろんそれだけではありません。

ここでまず何よりも特筆させていただきたいのは、このような研究と展示へのご理解とご協力とご教示をいただくことができた神社の宮司様をはじめ関係者の皆様方への感謝の気持ちです。古代以来の長い歴史を通じてご奉仕されてきている伊勢神宮の皆様方、神宮司廳の皆様方、そして、出雲国造家の皆様方、出雲大社の皆様方、厳島神社の皆様方、祇園八坂神社の皆様方、とくにそのご奉仕の中核である宮司様には、衷心よりここに重ねてあつくお礼を申し上げます。

私どもの基幹研究や企画展示の計画について、ご挨拶にうかがったその日からその後も何度かお会いするたびに、あたたかいご理解とご教示をいただきまして、ただただ感激の一念であります。その折々をいつも思い出しながら、そのお名前は、それこそ神様へのご奉仕にかかわることでもあり、「もったいない」という気持ちから、ここではあえてあげさせていただかないでおき、そのぶんこれから一生をかけて感謝の気持ちを高めつづけていきたいと思っているところであります。ただ、出雲大社権宮司の千家和比古氏には研究者どうしでもあり、敬意と友誼の意味をこめながら日頃の格別な学恩への感謝の意を表させていただきたいと思います。

また、基幹研究と研究展示でご一緒いただくことができた多くの研究者の皆様方お一人お一人にここであらためてあつくお礼を申し上げます。とくにその研究と展示のプロジェクトの副代表として縁の下の力持ちの役で実質的にその推進と運営にあたった同僚の関沢まゆみ氏には、内輪のことではありますがあえてここに大きな謝意を捧げたいと思います。

研究情報提供の上でお世話になった皆様方も多く、前述の二〇〇六年開催の研究展示『日本の神々と祭り　神社とは何か?』で特別協力をいただいた島根県立古代出雲歴史博物館の松本岩雄氏と錦田剛志氏には、このたびも出雲の古代史に関して貴重な研究情報の提供をいただきました。また、古代史研究に関しては、同窓の畏友、関和彦氏や加藤謙吉氏から提供いただいた情報もたくさんありました。皆様方に心よりあつく感謝申し上げます。

民俗や歴史を学ぶ者として、もう一つ言及させていただきたいのは、このような神社や古代天皇をめぐる研究が、拙い著書ではありながらもこうして刊行が可能となっている現代社会への感謝です。そしてそれを実現しうるまでの、たとえば近世末期の平田篤胤や伴信友、また近代の津田左右吉をはじめとする数え切れない先人たちへの感謝です。権力や暴力が言論を封殺してきた歴史とその悲劇を私たちはいやというほど知っています。はじめに讃仰か否定か、そのような動機をもつ先入観に導かれた研究というのは、神社のような具象と抽象の両界にわたる崇高な文化的存在を対象とする場合には、不遜でありむしろ不敬であると私は思っています。本書は日本の歴史を考察するものではありますが、文献史学や考古学の専門の立場からのものではなく、柳田國男が中心となって折口信夫の参加のもとで創生された日本民俗学という、もう一つの広義の歴史学の立場からの仮説です。目標としてははじめにあるのは、所与の讃仰でも否定でもなく、史実の確認とそれを実体化した過去の人たちへの敬意です。このような学問の基本が政治や思想の圧力から離れたところで保証されている現代社会と、そこまで創造的にたどりつくことができた先人たちの息づまるような人生をかけた歴史の上での努力にただただ感謝するしだいです。

最後になってしまいましたが、本書の執筆を辛抱強く待っていただき、このたびの刊行にこぎつけていただいた、講談社選書出版部の山崎比呂志氏には、本書の構成と編集の上で実質的な多大なご協力をいただきました。あつくお礼を申し上げます。ほんとうにありがとうございました。

二〇〇九年一月

新谷尚紀

倭姫命　30, 32-34, 57, 72, 73, 94, 102, 108, 111
倭比売命　54
山中章　168, 169
山辺皇女　84
遊離魂　217
雄略天皇　23, 39, 95, 96, 105, 107, 222, 227
弓削道鏡　179
煬帝　47, 48
用明天皇　36, 95, 108, 169, 222
『養老令』 201
四隅突出型墳丘墓　122, 137, 141
四区袈裟襷文銅鐸　126, 128, 129

ラ

『琉球国志略』 163
龍蛇（神）（祭祀）　6, 146, 147, 159, 165, 166, 189, 198, 213, 225
龍蛇さん　158, 160, 165
「両先島在番往復文書」 164
『令義解』 143, 217
『令集解』 143, 217
『類聚三代格』 184

ワ

稚足姫皇女　36, 108
『和歌童蒙抄』 187, 194
和気清麻呂　178
倭の五王　7, 39, 62, 65, 105, 166
倭風飾大刀　142

54-58, 60-62, 65, 69, 91, 93, 95-98, 108, 209, 221-224
日御碕神社　63, 119
日祀部　63
卑弥呼　31, 39, 62-64, 105, 106, 123, 140, 141
日向　26-28, 69, 178
姫蹈鞴五十鈴姫　28
平林章仁　183
広形銅戈　122, 136
広形銅矛　122, 136
広瀬和雄　64
広瀬の大忌神祭　84
福永伸哉　141
藤原京　5, 87, 99, 200, 223→新益京
藤原氏　172
藤原清輔　187, 190, 193
藤原春海　204
藤原仲麻呂の乱　178
藤原範兼　187
藤原不比等　92
藤原良房　6, 172, 212-214, 226, 230
プリースト・キング　175
文屋有季　191
平群臣子首　19
法蔵　200
『北山抄』 207, 215
本牟智和気　111, 113
誉津別王　30, 98
ポランニー, カール　8, 231
「本辞」 53

マ

益田直金鐘　200
真名井遺跡　148, 226
丸山二郎　16
『万葉集』 23, 72, 84, 94, 109, 168-170, 179, 190-193, 197, 208, 210
三毛入野命　73
水野祐　170
御杖代　34, 77, 101, 222
三橋正　181
御贄の供御　167, 231
宮田登　104
『名語記』 188
三輪高市麻呂　90
三輪山　29, 113, 158
本居宣長　18
『元輔集』 210
物部氏　203, 204, 206
物部尾輿　40
森博達　20
文徳天皇　212
文武天皇（軽王） 86, 92, 103, 120, 214, 224, 231

ヤ

八上比売　150, 152
八坂瓊の勾玉　153
安江和宣　208
頭八咫烏　70, 71
八束水臣津野命　118
柳田國男　3, 221
山背姫王　83, 99
山代二子塚古墳　142
八岐大蛇　24, 113, 117, 151, 153-156
八俣遠呂智　46, 50, 69, 154
日本武尊　29, 30, 154
倭迹迹日百襲姫　29, 102
倭大神　33
倭大国魂神（日本大国魂神） 29, 32, 34, 57, 78, 101, 102

113
——神代下第９段　151
——神代下第９段（一書１）
27, 153
——神代下第９段（一書２）
110, 119, 153
——神武紀　22, 71
——崇神紀　15, 29, 34, 38, 54, 57, 61, 69, 71, 96, 101, 222
——崇神６年　32, 57, 108
——垂仁紀　15, 30, 33, 34, 38, 54, 57, 61, 69, 72, 73, 75, 77, 78, 94, 96, 101, 102, 110-112, 222
——垂仁25年３月10日　32, 73
——景行紀　103
——神功摂政紀　55, 91, 94, 98
——雄略紀　23, 34, 36
——顕宗即位前紀　94
——継体紀　34
——継体紀１年２月条　66
——欽明紀　34, 36, 41, 97
——敏達紀　36, 63
——用明天皇即位前紀　108
——用明紀　36-38, 43, 56, 57, 95, 96, 197, 222
——推古紀　37, 38, 43, 47, 52, 56-59, 61, 95, 96, 222
——推古15年２月９日戊子
51
——皇極紀　66, 197
——皇極１年７月条　183
——皇極１年８月条　65
——皇極３年７月条　66, 94
——斉明紀　98
——斉明５年　109, 112
——天武紀　37, 66, 91, 112, 197
——天武２年12月丙戌条
200
——天武10年正月己丑条
112
——天武10年３月丙戌条
19, 53
——天武10年５月己卯条
66, 78
——持統紀　198
『日本霊異記』　23, 183
仁徳天皇　22, 32, 39, 65, 105
仁明天皇　114
額田王　78
額田部皇女　143→推古天皇
沼河比売　151, 152
渟名城入姫命　29, 32, 34, 57, 78
渟名城稚姫命　33, 34
野見宿禰　30

ハ

裴清　47, 49
裴世清　49, 50
白村江　68, 109
箸墓　29, 64, 140
箸墓の戦い　70
秦造河勝　67
八度拝　93
伴信友　207, 216, 217
稗田阿礼　53, 54, 69, 77, 91, 222
日置郷　63
日置臣　63, 118-120
比嘉康雄　162
『比古婆衣』　216
『常陸国風土記』　197
敏達天皇　95, 169, 222
肥長比売　113
日神（祭祀・奉祭）　4, 36-38, 52,

『徒然草』 188, 189, 193
「帝紀」 53, 54, 69, 77
デュメジル，ジョルジュ 104
天円地方 64
天寿国繡帳銘 58
天神地祇 52, 78, 83, 87, 143, 146, 189, 195
天智天皇 68, 78, 85, 86, 224→中大兄（皇子）
「天皇記」 52, 53, 55, 58, 60, 61, 93, 221
天武天皇（大海人皇子） 6, 23, 34, 53-56, 69, 72, 73, 75-78, 83-86, 91, 93, 95-97, 102, 106-111, 118-120, 166, 170, 171, 173, 199, 200, 213, 214, 222, 224, 225, 228, 229, 231
東野治之 47
十市皇女 34, 78, 85, 99
遠山美都男 20
常世（国） 30, 33, 67, 72, 73, 94, 111, 224
常世神 67, 94, 183
十握剣 153-155
突線鈕式銅鐸 122, 136
『止由気宮儀式帳』 17, 102
豊受大神宮 102
豊鍬入姫命 29, 32, 34, 57, 101, 108
豊耜入姫命 32, 57, 73, 102
豊鉏比売命（豊鉏入日売命） 54

ナ

直木孝次郎 15, 16
長髄彦 69, 70
中臣大嶋 87, 198
中臣鎌子 40, 66
中大兄（皇子） 52, 67→天智天皇
名越左源太 162
奴国王 105
乃楽山の戦い 70
『南島雑話』 162
新嘗祭 6, 83, 84, 103, 146, 171, 197-199, 201, 212, 225
和魂 31, 98, 114, 119, 120, 218
二重王権論 104, 106
『日本王権論』 104
『日本紀私記』 203
『日本紀略』 114, 175
『日本後紀』 114
『日本三代実録』 180
　――仁寿元年6月3日条 180
　――天安2年11月20日条 211
　――貞観2年8月27日条 207
『日本書紀』 3, 15, 16, 18-20, 22-24, 27, 31-34, 36, 38-41, 43, 46-52, 54, 55, 57, 58, 60, 63, 65, 76, 77, 84, 86, 87, 91, 92, 94-96, 106, 108-110, 112, 113, 119, 120, 151, 153, 178, 179, 183, 194, 195, 197, 200, 203, 209, 216, 221, 222
　――神代紀 94
　　――神代上第1段（一書4） 209
　　――神代上第5段（一書6） 178
　　――神代上第7段・素戔嗚尊 197
　　――神代上第8段 151, 153
　　――神代上第8段（一書2） 154
　　――神代上第8段（一書3） 26, 154
　　――神代上第8段（一書4） 154
　　――神代上第8段（一書6）

酢香手姫皇女　36-38, 56-58, 108
少名毘古那神　113
少彦名命　151, 152
須久奈比古命　117
素戔鳴尊　7, 24, 26, 55, 113, 117, 119, 151, 153-156, 193-195, 197, 229
素盞烏尊　189, 190
須佐之男命（速須佐之男命）　46, 50, 69, 115, 154
須佐乃烏命　117
崇峻天皇　36, 169
崇神天皇　22, 28, 29, 33, 54, 71, 95, 222
須勢理毘売　150, 152
西周　136
『政事要略』　206
『清涼記』　206, 207, 211, 215
清和天皇　6, 172, 173, 191, 207, 209, 211-214, 226, 230, 231
染穢　181, 182
遷宮　101, 103
『先代旧事本紀』　202-207, 215
前方後円墳　64, 65, 141, 142
『宋書倭国伝』　23, 32, 39, 62, 105, 106
蘇我氏　40, 41, 48, 49, 52, 66, 98, 107, 142, 143, 147, 150, 168
蘇我赤兄　85
蘇我稲目　40, 41, 143
蘇我入鹿　52
蘇我馬子　43, 48, 49, 51, 59, 143, 169, 203
蘇我蝦夷　66

タ

醍醐天皇　190
大嘗祭　6, 83, 84, 90, 93, 197-201, 212, 229
『大神宮諸雑事記』　103
『大智度論』　47
『大日如来剣印』　179
大念寺古墳　142
『大宝律令』　92
『大宝令』　201
大陸風飾大刀　142
高木神　71
高倉下　71
瀧川政次郎　16
多気の大神宮　99
多紀皇女　83, 99
栲幡姫皇女　36
高市県主許梅　71
高市皇子　72, 73, 75, 76, 85, 86, 94, 109
武内宿禰　31
武埴安彦　29, 71
武甕雷神　71
建御名方神　151, 152
建王　98, 112
田道間守　30
橘奈良麻呂の変　178
龍田の風神祭　84
立石古墳　143, 168
田中卓　15, 16
たまふり（鎮魂・招魂）　7, 199, 200, 217-220, 229, 231
田村圓澄　16
『陀羅尼集経』　179
仲哀天皇　31
『鎮魂傳』　216
都久豆美命　117
造山1号墳　141
津田左右吉　15, 22, 25, 28, 70
角田文衛　174
罪穢れ　179

孝徳天皇　67, 68
『弘仁私記』17-19
『後漢書』章帝紀　63
『後漢書東夷伝』62, 105, 137
『古今和歌集』190-194, 229
『古語拾遺』17, 202, 203, 205
『古事記』3, 16, 18, 19, 22-24, 27, 32, 46, 50, 52-56, 65, 69, 71, 91, 94, 98, 102, 106, 112, 113, 150-152, 154, 178, 203, 209, 221, 222
『故実叢書』201
後醍醐天皇　174
「国記」52, 53, 55, 58, 60, 61, 93, 221
事代主神　28, 71, 151, 152, 209
後鳥羽上皇　174
小林行雄　140
『今昔物語集』185

サ

『西宮記』181, 182, 206, 211, 215
斎宮　4, 33, 34, 36-38, 43, 72, 77, 78, 83, 84, 87, 95, 96, 98, 101, 102, 108, 222, 223
斉明天皇　67, 68, 100, 112
幸魂　98, 113, 151, 152
『冊封使琉球雑録』163
桜井勝之進　16, 102
佐太神社　158, 189, 195
『佐陀大社縁起』159, 195
狭穂彦王　30
三角縁神獣鏡　140, 141, 155, 157
塩津山１号墳　140
持統天皇（鸕野讃良皇女）5, 6, 85-87, 90-92, 99, 100, 103, 106-111, 119, 120, 166, 170, 171, 173, 200, 213, 214, 223-225, 228, 229, 231
『釈日本紀』17, 76, 77, 223
釈由阿　159, 188, 190
蛇神祭祀　157
周煌　163
『貞観儀式』201, 202, 205-207, 210-213, 230
『上宮聖徳法王帝説』36
称徳女帝　178, 179
聖徳太子伝私記法起寺塔婆露盤銘　58
昭和天皇　174
触穢忌避　177, 182
『続日本紀』19, 20, 92, 114, 179, 180, 183, 184
　――大宝３年12月17日条　92
　――和銅７年２月戊戌10日　20
　――養老４年５月条　19
『続日本後紀』103, 180
　――承和３年９月11日条　180
白河上皇　174
『使琉球録』163
『詞林采葉抄』159, 188-190, 194, 195
神功皇后　31, 32, 39, 120
壬申の乱　16, 23, 55, 57, 61, 70-73, 75-77, 83, 86, 91, 93, 94, 97, 98, 107-110, 167, 222, 224
『新撰姓氏録』23
神武天皇　23, 24, 27-29, 70, 72, 204, 205
神武東征　55, 69-73, 94
新益京　5, 87, 99, 223→藤原京
推古天皇　36, 48, 100, 143, 169→額田部皇女
帥升（倭国王）105
『隋書倭国伝』38, 43, 48, 62
垂仁天皇　28, 29, 33, 54, 95, 98, 113, 222

大寺古墳　141
大友皇子　85
大伴旅人　169
大伴吹負　70, 71
大伴道臣命　72
大己貴神　6, 7, 110, 113, 115, 117, 119, 148, 150-153, 155, 156, 194, 196, 225, 226
大己貴命　151, 190
大穴持神　146, 149
大穴持命　117
大成古墳　141
大野果安　70
多人長　18, 19
太安万侶　16, 18, 19, 53
大生部多　67
大水口宿禰　33
大本敬久　179
大物主神　29, 102, 113, 151
岡田荘司　171
岡田山１号墳　143, 147
隠岐　142, 143, 168, 169
置始連菟　70, 71
「小栗外傳」　217
白朮　200
小野妹子　48-50
折口信夫　3, 213, 214, 217, 221, 229, 231

カ

『懐風藻』　84-86
柿本人麻呂　72, 94, 109, 170
炊屋姫天皇　36-38, 56, 57
鹿島神宮　102
夏子陽　163, 164
葛野王　85, 86
鎌田純一　203
神在祭　6, 158, 159, 189, 225
『神々と肉食の古代史』　183
『神々の原郷　久高島』　162
神之宮　68, 97, 109, 112
神賀詞　113, 114
加茂岩倉遺跡　122, 124, 129, 135, 140, 156, 157
『漢書地理志』　62, 105
神無月　158, 160, 187, 188, 190, 192-195, 229
神庭荒神谷遺跡　120, 122, 124, 135, 156
神原神社古墳　140, 141, 157
『魏志倭人伝』　31, 39, 48, 62, 105, 106, 123, 140, 141, 177
杵築大社　46, 109, 110, 118, 146-150, 189, 190, 194, 225
清原元輔　210
欽明天皇　40, 95, 107, 118, 222
草壁皇子　78, 85, 86, 170
草薙剣　30, 154-156
「旧辞」　53, 54, 69, 77
奇魂　98, 113, 151, 152
久高島　160-165
国譲り　24, 26, 110, 113, 115, 117, 150-153, 155, 156
熊野大社　109, 146
久米歌（来目歌）　72, 94
来目部　71
景行天皇　28, 95, 118, 222
「原始信仰」　218
元正天皇　19, 20, 92, 120, 214, 231
元明天皇　20, 53, 78, 92, 99, 120, 214, 223, 224, 231→阿閉皇女
皇極天皇　65, 107
『江家次第』　207, 215
皇大神宮　102
『皇大神宮儀式帳』　17, 90, 102

索引

ア

赤嶺政信　160, 165
阿古志海部河瀬麻呂　90
安曇氏　168, 169
『安斗智徳日記』 76, 77, 223
阿閉皇女　78, 99→元明天皇
海人　167, 168
網野善彦　104
天鈿女命　202, 205
天日隅宮　46, 110, 119, 151, 225
天日槍　30
天穂日命　146, 151
天稚彦　197
現人神　103
荒魂　31, 98, 119, 120, 218
「ある夜の紫式部」 174
「淡路国正税帳」 184
安康天皇　23, 39, 105
家永三郎　18
壱伎史韓国　71
伊弉冊尊　7, 189, 195, 229
石川夫人　83, 99
出雲臣　116, 147, 148
出雲国造　68, 93, 97, 109, 112, 113, 119, 143, 146, 220
出雲国造弟山　114
出雲国造神賀詞　118, 158, 175, 190, 194, 196, 213, 218-220
出雲国造国成　114
出雲国造旅人　114
出雲国造豊持　175
出雲国造果安　114
出雲国造広嶋　116
『出雲国風土記』 63, 116, 117, 119, 147, 157, 159
石上神宮　30, 36
一条天皇　175
乙巳の変　52, 67
五瀬命　70
因幡白兎　118
稲羽の素兎　150
稲荷山古墳出土鉄剣銘　23, 40
イラブー　160-165
忌部宿禰色夫知　87
斎部（忌部）広成　17, 202, 203
上野千鶴子　104
宇摩志麻治命　204
厩戸皇子（聖徳太子） 37, 43, 46-52, 57-62, 203
卜部兼文　18
卜部（吉田）兼好　188, 190, 193
江田船山古墳出土大刀銘　23, 40
『延喜式』 84, 93, 113, 175, 181, 182, 184, 185, 190, 194, 207-211, 215, 216, 230
『延暦儀式帳』 170
『奥義抄』 187-189, 192, 194
汪楫　163
応神天皇　22, 31, 32, 39, 105
王仲殊　140
大江匡房　174, 207
大国主神　7, 117, 118, 150, 151, 190, 194, 196
大来皇女（大伯皇女） 4, 55, 72, 77, 78, 84, 86, 87, 91, 96, 98, 108, 222, 223
大田田根子　29, 102
大田皇女　78, 86
大津皇子　73, 78, 84-87, 96

本書の原本は、二〇〇九年に講談社選書メチエより刊行されました。

新谷尚紀（しんたに　たかのり）

1948年広島県生まれ。早稲田大学大学院文学研究科史学専攻博士後期課程単位取得。現在，國學院大學大学院客員教授，国立総合研究大学院大学・国立歴史民俗博物館名誉教授。社会学博士。『伊勢神宮と三種の神器』『氏神さまと鎮守さま』（以上，講談社選書メチエ），『ケガレからカミへ』（木耳社）など多数の著書がある。

講談社学術文庫

定価はカバーに表示してあります。

伊《い》勢《せ》神宮《じんぐう》と出雲大社《いずもたいしゃ》

「日本《にっぽん》」と「天皇《てんのう》」の誕生《たんじょう》

新谷尚紀《しんたにたかのり》

2020年２月10日　第１刷発行

発行者　渡瀬昌彦
発行所　株式会社講談社
東京都文京区音羽 2-12-21 〒112-8001
電話　編集（03）5395-3512
販売（03）5395-4415
業務（03）5395-3615
装　幀　蟹江征治
印　刷　株式会社廣済堂
製　本　株式会社国宝社
本文データ制作　講談社デジタル製作

© Takanori Shintani　2020　Printed in Japan

落丁本・乱丁本は，購入書店名を明記のうえ，小社業務宛にお送りください。送料小社負担にてお取替えします。なお，この本についてのお問い合わせは「学術文庫」宛にお願いいたします。
本書のコピー，スキャン，デジタル化等の無断複製は著作権法上での例外を除き禁じられています。本書を代行業者等の第三者に依頼してスキャンやデジタル化することはたとえ個人や家庭内の利用でも著作権法違反です。Ⓡ〈日本複製権センター委託出版物〉

ISBN978-4-06-518534-6

「講談社学術文庫」の刊行に当たって

これは、学術をポケットに入れることをモットーとして生まれた文庫である。学術は少年の心を養い、成年の心を満たす。その学術がポケットにはいる形で、万人のものになることは、生涯教育をうたう現代の理想である。

こうした考え方は、学術を巨大な城のように見る世間の常識に反するかもしれない。また、一部の人たちからは、学術の権威をおとすものと非難されるかもしれない。しかし、それはいずれも学術の新しい在り方を解しないものといわざるをえない。

学術は、まず魔術への挑戦から始まった。やがて、いわゆる常識をつぎつぎに改めていった。学術の権威は、幾百年、幾千年にわたる、苦しい戦いの成果である。こうしてきずきあげられた城が、一見して近づきがたいものにうつるのは、そのためである。しかし、学術の権威を、その形の上だけで判断してはならない。その生成のあとをかえりみれば、その根は常に人々の生活の中にあった。学術が大きな力たりうるのはそのためであって、生活をはなれた学術は、どこにもない。

開かれた社会といわれる現代にとって、これはまったく自明である。生活と学術との間に、もし距離があるとすれば、何をおいてもこれを埋めねばならない。もしこの距離が形の上の迷信からきているとすれば、その迷信をうち破らねばならぬ。

学術文庫は、内外の迷信を打破し、学術のために新しい天地をひらく意図をもって生まれた。文庫という小さい形と、学術という壮大な城とが、完全に両立するためには、なおいくらかの時を必要とするであろう。しかし、学術をポケットにした社会が、人間の生活にとってより豊かな社会であることは、たしかである。そうした社会の実現のために、文庫の世界に新しいジャンルを加えることができれば幸いである。

一九七六年六月　　　　野間省一

仏教民俗学
山折哲雄著

日本の仏教と民俗は不即不離の関係にある。日本人の生活習慣や行事、民間信仰などを考察しながら、民衆に育まれてきた日本仏教の独自性と日本文化の特徴を説く。仏教と民俗の接点に日本人の心を見いだす書。

1085

民俗学の旅
宮本常一著（解説・神崎宣武）

著者の身内に深く刻まれた幼少時の生活体験と故郷の風光、そして柳田國男や渋沢敬三ら優れた師友の回想など生涯にわたり歩きつづけた一民俗学徒の実践的踏査の書。宮本民俗学を育んだ庶民文化探求の旅の記録。

1104

憑霊信仰論《ひょうれい》
小松和彦著（解説・佐々木宏幹）

日本人の心の奥底に潜む神と人と妖怪の宇宙。闇の歴史の中にうごめく妖怪や邪神たち。人間のもつ邪悪な精神領域へ踏みこみ、憑霊という宗教現象の概念と行為の体系を介して民衆の精神構造＝宇宙観を明示する。

1115

蛇　日本の蛇信仰
吉野裕子著（解説・村上光彦）

古代日本人の蛇への強烈な信仰を解き明かす。注連縄・鏡餅・案山子は蛇の象徴物。日本各地の祭祀と伝承に鋭利なメスを加え、洗練と象徴の中にその跡を隠し永続する蛇信仰の実態を、大胆かつ明晰に論証する。

1378

アマテラスの誕生
筑紫申真著（解説・青木周平）

皇祖神は持統天皇をモデルに創出された！　壬申の乱を契機に登場する伊勢神宮とアマテラス。天皇制の宗教的背景となる両者の生成過程を、民俗学と日本神話研究の成果を用いダイナミックに描き出す意欲作。

1545

境界の発生
赤坂憲雄著（解説・小松和彦）

現今、薄れつつある境界の意味を深く論究。生と死、昼と夜などを分かつ境はいまや曖昧模糊。浄土や地獄も消え、生の手応えも稀薄。文化や歴史の昏がりに埋もれた境界の風景を掘り起こし、その意味を探る。

1549

池田弥三郎著
性の民俗誌
民俗学的な見地からたどり返す、日本人の性。一夜妻、一時女郎、女のよばい等、全国には特色ある性風俗が伝わってきた。これらを軸とし、民謡や古今の文献に拠りつつ、日本人の性への意識と習俗の伝統を探る。
1611

宮本常一著（解説・網野善彦）
日本文化の形成
民俗学の巨人が遺した日本文化の源流探究。生涯の実地調査で民俗学に巨大な足跡を残した筆者が、日本文化の源流を探査した遺稿。畑作の起源、海洋民と床住居など、東アジア全体を視野に雄大な構想を掲げる。
1717

野本寛一著（解説・赤坂憲雄）
神と自然の景観論　信仰環境を読む
日本人が神聖感を抱き、神を見出す場所とは？　人々を畏怖させる火山・地震・洪水・暴風、聖性を感じさせる岬・洞窟・淵・滝・湾口島・沖ノ島・磐座などの自然地形。全国各地の聖地の条件と民俗を探る。
1769

石毛直道著
麵の文化史
麵とは何か。その起源は？　伝播の仕方や製造法・調理法は？　厖大な文献を渉猟し、「鉄の胃袋」をもって精力的に繰り広げたアジアにおける広範な実地踏査の成果をもとに綴る、世界初の文化麵類学入門。
1774

西田正規著
人類史のなかの定住革命
「不快なものには近寄らない、危険であれば逃げてゆく」という基本戦略を捨て、定住化・社会化へと方向転換した人類。そのプロセスはどうだったのか。遊動生活から定住への道筋に関し、通説を覆す画期的論考。
1808

五来《ごらい》　重《しげる》著（解説・上別府　茂）
石の宗教
日本人は石に霊魂の存在を認め、独特の石造宗教文化を育んだ。積石、列石、石仏などは、先祖たちの等身大の信心の遺産である。これらの謎を解き、記録に残らない庶民の宗教感情と信仰の歴史を明らかにする。
1809

日本の古典

古事記（上）（中）（下）
次田真幸全訳注

本書の原典は、奈良時代初めに史書として成立した日本最古の古典である。これに現代語訳・解説等をつけ、素朴で明るい古代人の姿を平易に説き明かし、神話・伝説・文学・歴史への道案内をする。（全三巻）

207〜209

竹取物語
上坂《うえさか》信男全訳注

日本の物語文学の始祖として古来万人から深く愛された「かぐや姫」の物語。五人の貴公子の妻争いは風刺を盛った民俗調が豊かで、後世の説話・童話にも発展する。永遠に愛される素朴な小品である。

269

言志四録《げんししろく》（一）〜（四）
佐藤一斎著／川上正光全訳注

江戸時代後期の林家の儒者、佐藤一斎の語録集。変革期における人間の生き方に関する問題意識で貫かれた本書は、今日なお、精神修養の糧として、また処世の心得として得難き書と言えよう。（全四巻）

274〜277

和漢朗詠集《わかんろうえいしゅう》
川口久雄全訳注

王朝貴族の間に広く愛唱された、白楽天・菅原道真の詩、紀貫之の和歌など、珠玉の歌謡集。詩歌管絃に秀でた藤原公任の感覚で選びぬかれた佳句秀歌は、自然の美をあまねく歌い、男女の愛怨の情をつづる。

325

日本霊異記《にほんりょういき》（上）（中）（下）
中田祝夫《のりお》全訳注

日本霊異記は、南都薬師寺僧景戒の著で、日本最初の仏教説話集。雄略天皇（五世紀）から奈良末期までの説話百二十篇ほどを収めて延暦六年（七八七）に成立。奇怪譚・霊異譚に満ちている。（全三巻）

335〜337

伊勢物語（上）（下）
阿部俊子全訳注

平安朝女流文学の花開く以前、貴公子が誇り高く、颯爽と行動してひたむきな愛の遍歴をした。その人間悲哀の相を、華麗な歌の調べと絢い合わせ纏め上げた珠玉の歌物語のたまゆらの命を読み取ってほしい。

414・415

日本の歴史・地理

福沢諭吉著（解説・小泉 仰）

明治十年丁丑《ていちゅう》公論・瘠我慢《やせがまん》の説

西南戦争勃発後、逆賊扱いの西郷隆盛を弁護した「丁丑公論」、及び明治維新における勝海舟、榎本武揚の挙措と出処進退を批判した「瘠我慢の説」他を収録。諭吉の抵抗と自由独立の精神を知る上に不可欠の書。

675

金達寿《キムタルス》著

日本古代史と朝鮮

地名・古墳など日本各地に現存する朝鮮遺跡や、記紀に見られる高句麗・百済・新羅系渡来人の足跡等を通して、密接な関係にあった日本と朝鮮の実像を探る。豊富な資料を駆使して描いた古代日朝関係史。

702

金達寿著

古代朝鮮と日本文化 神々のふるさと

高麗神社、百済神社、新羅神社など、日本各地に散在する神々は古代朝鮮と密接な関係があった。神社・神宮に関する文献や地名などを手がかりにその由来をたどり、古代朝鮮と日本との関わりを探る古代史への旅。

754

朝河貫一《あさかわかんいち》著（解説・由良君美）

日本の禍機《かき》

世界に孤立して国運を誤るなかれ――日露戦争後の祖国日本の動きを憂え、遠く米国からエール大学教授の朝河貫一が訴えかける。日米の迫間で日本への批判と進言を続けた朝河の熱い思いが人の心に迫る名著。

784

石村貞吉著（解説・嵐 義人）

有職《ゆうそく》故実《こじつ》（上）（下）

国文学、日本史学、更に文化史・風俗史研究と深い関係にある有職故実の変遷を辿った本書には官職位階・平安京及び大内裏・儀式典礼・年中行事・服飾・飲食・殿舎・調度輿車・甲冑武具・武技・遊戯等を収録。

800・801

直木孝次郎著

日本神話と古代国家

記・紀編纂の過程で、日本の神話はどのような潤色を加えられたか……。天孫降臨や三種の神宝、ヤマトタケルなどの具体例をもとに、文献学的研究により日本の神話が古代国家の歴史と形成に果たした役割を究明。

928

《講談社学術文庫　既刊より》